reinhardt

Dieser Band gehört zu einer Sachbuchreihe, herausgegeben vom Deutschen Jugendinstitut e. V. (DJI), München

Das Deutsche Jugendinstitut e. V. (DJI) ist ein zentrales sozialwissenschaftliches Forschungsinstitut auf Bundesebene. Es führt sowohl eigene Forschungsvorhaben als auch Auftragsforschungsprojekte durch. Die Finanzierung erfolgt überwiegend aus Mitteln des Bundesministeriums für Familie, Senioren, Frauen und Jugend und im Rahmen von Projektförderung aus Mitteln des Bundesministeriums für Bildung und Forschung. Weitere Zuwendungen erhält das DJI von den Bundesländern und Institutionen der Wissenschaftsförderung. Anschrift: DJI, Nockherstr. 2, D-81541 München. www.dji.de

Klaus Wahl • Katja Hees

Täter oder Opfer?

Jugendgewalt – Ursachen und Prävention

Ernst Reinhardt Verlag München Basel

Prof. Dr. Klaus Wahl, Sozialwissenschaftler, leitet die wissenschaftliche Stabsabteilung des Deutschen Jugendinstituts, forscht über aggressive Kinder und Jugendliche, lehrt an der Universität München und war Fellow am Hanse-Wissenschaftskolleg, Delmenhorst.
Katja Hees, Dipl.-Kulturwirtin, arbeitet als selbstständige Journalistin in München. Sie war Stipendiatin der Evangelischen Journalistenschule, Berlin.

Covergestaltung: zero (unter Verwendung eines Fotos
von © photocase.de/Nanduu)

Bibliografische Information der Deutschen Nationalbibliothek

Die Deutsche Nationalbibliothek verzeichnet diese Publikation in der Deutschen Nationalbibliografie; detaillierte bibliografische Daten
sind im Internet über <http://dnb.d-nb.de> abrufbar.
ISBN 978-3-497-02037-9
1. Auflage

Printed in Germany
Reihenkonzeption Umschlag: Oliver Linke, Augsburg
Satz: ew print & medien service gmbh, Würzburg
Druck und Bindung: Friedrich Pustet, Regensburg

Ernst Reinhardt Verlag, Kemnatenstr. 46, D-80639 München
Net: www.reinhardt-verlag.de E-Mail: info@reinhardt-verlag.de

Inhalt

Jugendgewalt – ein allgegenwärtiges Phänomen?

Was im Dezember 2007 in der Münchner U-Bahn geschah, zog hunderte Medienberichte nach sich: Ein 17- und ein 20-Jähriger verprügelten dort einen Pensionär, weil er sie gebeten hatte, ihre Zigaretten auszudrücken. Die Brutalität der Jugendlichen schockierte die Menschen: Immer wieder schlugen und traten die Täter den am Boden liegenden Mann, der jüngere der beiden stieß ihm mit aller Kraft gegen den Kopf und verletzte ihn lebensgefährlich: Der Pensionär erlitt einen mehrfachen Schädelbruch mit Gehirnblutungen.

In der Folge entbrannte in ganz Deutschland die Diskussion darüber, ob bzw. warum Jugendliche immer gewalttätiger werden und was am besten dagegen zu tun sei. Schneller als die Polizei und Gewaltexperten schienen Journalisten und Politiker die Tatmotive, Ursachen und Gegenmaßnamen zu kennen und peitschten den Skandal hoch: So titelte etwa Der Spiegel (2/2008) „Junge Männer: Die gefährlichste Spezies der Welt". Einige Politiker versuchten, die Debatte für den Wahlkampf zu nutzen und forderten prompt und lautstark drastischere Sanktionen für gewalttätige Jugendliche.

Gewalt von Jugendlichen beunruhigt aber nicht nur die Menschen in *Deutschland*. Als während der Fasnacht 2008 ein 22-jähriger Student in der *Schweiz* auf der Straße zu Tode geprügelt und gegen drei junge Ausländer als mutmaßliche Täter ermittelt wird, bricht auch unter den Eidgenossen eine heftige Diskussion über Gewalt, ihre Ursachen und Gegenmaßnahmen aus – unter anderem denkt man über die Ausbürgerung von Kriminellen nach (Neue Zürcher Zeitung 4.2.2008). Im *österreichischen* Zell am See wurden an Ostern 2008 britische Urlauber von einer Jugendbande durch die Stadt gejagt; ein Tourist wurde niedergeschlagen und erlitt eine lebensgefährliche Gehirnblutung. Von Januar bis Ostern 2008 wurden aus Zell am See rund neunzig Schlägereien gemeldet. Nun setzen sich Gemeinde, Polizei und Behörden zu Beratungen zusammen (ORF 17.4.2008). In *Frankreich* machen junge Leute, insbesondere aus den Einwanderungskulturen, aggressiv auf ihre soziale Lage aufmerksam, und das amerikanische Nachrichtenmagazin Time brachte eine Titelgeschichte über Jugendgewalt in *Großbritannien*: „Unglücklich, ungeliebt und außer Kontrolle“ (Time 7.4.2008).

Es sind nicht nur die Gewalttaten einzelner Jugendlicher, die Besorgnis in der Gesellschaft erregen. Auch über *Jugendszenen*, die zu Gewalt neigen, zerbricht man sich den Kopf: über Hooligans, rechtsextreme Skinheads, linksextreme Autonome, Cliquen türkischer Jugendlicher und russischstämmiger Aussiedler oder über fundamentalistische islamische Gruppen. Immer wieder geht es um Fragen, die im Grunde Jahrtausende alt sind, über die z. B. schon die griechischen Philosophen grübelten: Warum sind die Jugendlichen so unerträglich, anscheinend ohne Sinn für Verantwortung und überhaupt nicht so, wie wir früher als Jugendliche waren? Hat die Erziehung versagt? Warum gelingt es Politik und Gesellschaft nicht, bestimmte Gruppen von Kindern und Jugendlichen an Bildung, Arbeit und Wohlstand teilhaben zu lassen?

Um ein umfassenderes Bild zu erhalten, sollte man sich nicht nur auf die dramatischen Gewalttaten Jugendlicher fixieren, sondern sensibel werden für Zwischentöne. Dann erkennt man, dass Gewalt viele Formen annehmen kann und dass sie je nach Kultur und Zeit unterschiedlich bewertet wird. Dazu ein Beispiel: Vor ein paar Jahren präsentierten amerikanische Wissenschaftler auf einer internationalen Konferenz über Gewalt Zahlen zu Gewalttaten in den USA – im Vergleich dazu nahm sich die Anzahl ähnlicher Delikte in Deutschland gering aus. Verglich man jedoch die Zahlen aus Deutschland mit denen aus Japan, so erschienen diejenigen aus Deutschland wiederum sehr viel höher als die japanischen. Es gibt demnach so etwas wie unterschiedliche „Gewaltkulturen“: Sie unterscheiden sich in der Häufigkeit, mit der Gewalt auftritt, aber auch in der Bewertung und im Umgang mit Gewalt. Was die eine Kultur als Gewalt einordnet und bestraft, bewertet eine andere als akzeptabel. Man denke nur an die „Ehrenmorde“, die (nicht nur) in muslimischen Kulturen gelegentlich begangen und dort teilweise anerkennend hingenommen werden. In vielen anderen Ländern werden „Ehrenmörder“ jedoch strafrechtlich verfolgt. Nicht alles, was Erwachsene bei Jugendlichen als Gewalt ausmachen, bewerten diese ebenso. Wo Erwachsene eine durch Norm- und Orientierungslosigkeit bedingte „sinnlose“ Gewalt vermuten, sehen die Täter durchaus „Sinn“, der sich z. B. an *ihren* Normen ausrichtet; etwa an ihrer „Ehre“, ihrer Männlichkeit oder am Bestreben, ihre Familie zu verteidigen (Findeisen/Kersten 1999).

Bei Kindern kommt es zuweilen vor, dass sie ausrasten, toben und um sich schlagen, wenn sie etwas nicht bekommen. Sie fechten in Raufereien ihre Ränge aus und wollen, dass die Eltern ihnen Spielzeugwaffen kaufen. Das hat noch vor einigen Jahren manche Pädagogin und manchen Pädagogen erzürnt. Heute sehen die meisten solche kindlichen Aktivitäten gelassener. Die Forschung hat gezeigt, dass ein gewisses Maß an Aggressivität zur kindlichen und jugendlichen Entwicklung dazugehört.

Dieses Buch gibt zunächst anhand **statistischer Daten** Antwort auf die Frage, ob tatsächlich immer mehr Jugendliche gewalttätig werden. Es beschreibt **gewalttätige Jugendszenen** und beleuchtet exemplarisch die Lebensgeschichten einzelner Gewalttäter.

Das Buch informiert auch über die unterschiedlichen Ebenen, auf denen die Wissenschaften heute nach den **Ursachen von Aggression** bei jungen Leuten und in ihren Szene-Gruppierungen suchen, und es beantwortet die Frage, wie Aggression und Gewaltneigung in Menschen entstehen. Die Autorin und der Autor gehen zudem auf sensible Entwicklungsphasen von Kindern ein, in denen sie Friedfertigkeit statt Aggression einüben können.

Abschließend stellen die Autoren moderne und ansatzweise auf ihre Wirksamkeit getestete **Präventionsmöglichkeiten** gegen Gewalt vor, die in Elternhäusern, Kindertagesstätten und anderen Einrichtungen der Kinder- und Jugendhilfe sowie in Schulen eingesetzt werden können. Das Buch versammelt vor allem Erkenntnisse aus verschiedenen Abteilungen und Projekten des Deutschen Jugendinstituts (DJI) – aus wissenschaftlichen Untersuchungen über aggressive Kinder, Jugendliche und junge Gewalttäter, über Elemente der Erziehung in Familien, die Kinder aggressiv machen können, aber auch aus Studien über unterschiedliche Maßnahmen, die der Gewalt vorbeugen sollen. Die Informationen aus dem DJI werden ergänzt durch Hinweise auf internationale Forschungsergebnisse und durch Praxisbeispiele aus der Gewaltprävention. Eltern und andere Ratsuchende erfahren hier, wohin sie sich wenden können, wenn sie Hilfe beim Umgang mit Kindern und Jugendlichen suchen.

Unser Dank gilt jenen aus dem DJI, die uns Informationen geliefert, Teile des Manuskripts gelesen, Korrekturen und Verbesserungen angeregt haben: Beatriz Barquero, Kirsten Bruhns, Bernd Holthusen, Sabrina Hoops und Susanne Nothhafft. Klaus Wahl ist auch dem Hanse-Wissenschaftskolleg, Delmenhorst, zu Dank verpflichtet, weil es ihm anlässlich eines Forschungsaufenthalts dort einige idyllisch ruhige Wochenenden schenkte, um das Manuskript fertig zu stellen.

Eine Anmerkung zur Handhabung weiblicher und männlicher Berufs- bzw. Personenbezeichnungen: Wir haben uns bemüht, eine lesbare Mischung zu finden; es sind selbstverständlich stets beide Geschlechter angesprochen. In manchen Kapiteln geht es – wie bei gewalttätigen Mädchen – rein thematisch nur um ein Geschlecht.

Klaus Wahl, Katja Hees
München, im Juli 2008

I Was die Polizeistatistik sagt und was sie nicht sagt

1 Werden immer mehr Jugendliche gewalttätig?

Wer Zeitungen aufschlägt oder ins Fernsehen schaut, könnte den Eindruck gewinnen, dass nicht nur mehr Kinder und Jugendliche gewalttätig sind als früher, sondern dass sie auch häufiger zuschlagen und sich brutaler verhalten: Tatortberichte, Reportagen von Schulhöfen, Interviews mit Polizisten, Lehrerinnen, Sozialarbeitern und mit Politikern nähren diesen Eindruck. So mancher Zeitgenosse wiegelt jedoch ab und meint, auch der Großvater habe ihm schon von gewalttätigen Aktionen in seiner Jugend berichtet. Andere verweisen auf die lange Tradition von Streichen: Sägten nicht schon Max und Moritz, die bösen Jungen von einst, „voller Tücke“ Brücken an und stopften Flintenpulver in die Lehrerpfeife?

Wer wissen möchte, ob die Gewalt unter Kindern und Jugendlichen im Lauf der Jahre zu- oder abgenommen hat, kann in Deutschland die **Polizeiliche Kriminalstatistik (PKS)** heranziehen – sie beruht vorwiegend auf Straftatbeständen (Bundesministerium des Innern 2008; Bundeskriminalamt 2008). Bei der Erfassung von Gewaltdelikten legt sie einen relativ engen Gewaltbegriff zugrunde; er umfasst vor allem Tötungsdelikte, gefährliche und schwere Körperverletzungen, Raubdelikte, sexuelle Nötigungen und Vergewaltigungen. Der Anteil dieser Gewaltdelikte an der Gesamtkriminalität ist gering, aber gerade sie finden den Weg in die Medien und in die Öffentlichkeit. Neben der PKS liefern sozialwissenschaftliche Untersuchungen und andere Quellen Anhaltspunkte zum Ausmaß von Gewalt: So schlagen sich bestimmte Schäden in Unfallstatistiken und bei Versicherungen nieder, etwa beim Bundesverband der Unfallkassen (2005). Allerdings ist die Aussagekraft all dieser Statistiken und insbesondere der Polizeilichen Kriminalstatistik beschränkt:

Auf der einen Seite kann die PKS nur erfassen, was der Polizei bekannt wird; sie zählt Tatverdächtige auf der Grundlage angezeigter oder von der Polizei selbst ermittelter Fälle. Straftaten, die nicht entdeckt werden, fließen nicht in die polizeiliche Statistik ein – das ist das sogenannte *Dunkelfeld* (siehe Kapitel I, 3). Auf der anderen Seite ist die Zahl der polizeilich erfassten Tatverdächtigen höher als die Zahl der später als Täter verurteilten Personen (letztere werden von der Verurteiltenstatistik erfasst). Denn wenn Staatsanwälte und Richter die Gewalttaten bearbeiten, erweist sich nur ein Teil der Verdächtigungen als haltbar: manche Tatverdächtige stellen sich als unschuldig heraus, anderen kann die Tat nicht eindeutig nachgewiesen werden, wieder andere sind nicht zurechnungsfähig.

Darüber hinaus schränken weitere Faktoren die Aussagekraft der PKS ein: So wurden in der Vergangenheit Gesetze geändert, die definieren, was eine Straftat ist und was nicht. Mitunter wird heute statistisch als Straftat erfasst, was früher noch als Bagatelldelikt statistisch unter den Tisch gefallen wäre oder umgekehrt. Auch ist die Öffentlichkeit für bestimmte Delikte sensibilisiert – Straftaten werden heute möglicherweise eher angezeigt als früher – nach Einschätzungen der Polizei auch angestoßen durch die öffentliche Diskussion über Kinder- und Jugenddelinquenz. Aus diesen Gründen lässt sich nur unter Vorbehalten sagen, in welchem Ausmaß Gewalttaten im Lauf der Jahre tatsächlich zu- oder abgenommen haben.

Entwicklung der Kinder- und Jugenddelinquenz insgesamt

Bei der Analyse der deutschen PKS sollte man also im Auge behalten, dass sie die Realität nicht eins zu eins widerspiegelt, sondern lediglich Anhaltspunkte liefern kann. Die PKS unterscheidet folgende Altersgruppen:

- Strafunmündige Kinder (bis unter 14 Jahre)
- Strafmündige Jugendliche (14 bis unter 18 Jahre)
- Heranwachsende (18 bis unter 21 Jahre)
- Junge Erwachsene (21 bis unter 25 Jahre).

Nach der aktuell vorliegenden PKS (für das Jahr 2007) stellen Kinder, Jugendliche und Heranwachsende zusammen ein gutes Viertel aller Tatverdächtigen, was die gesamte Kriminalität in Deutschland betrifft – also nicht nur Gewaltdelikte. Obwohl die Gesamtzahl der Tatverdächtigen gestiegen ist, ging die Zahl der tatverdächtigen **Kinder** in den vergangenen zehn Jahren, von 1997 bis 2007, erheblich zurück – nicht dagegen im längerfristigen Vergleich ab 1987. 2007 machten Kinder 4,4% aller Tatverdächtigen aus. Auch die Zahl der tatverdächtigen **Jugendlichen** hat in den letzten zehn Jahren geringfügig abgenommen (vor allem bei Nichtdeutschen), nicht aber im längerfristigen Vergleich zu 1987. 2007 waren 12,1% aller Tatverdächtigen Jugendliche. Bei den **Heranwachsenden** gab es nur wenige Schwankungen in den letzten 20 Jahren. 2007 stellten sie 10,6% aller Tatverdächtigen. Bei Aussagen über Zu- und Abnahmen von Kriminalität ist folglich immer der Zeitraum entscheidend, den man betrachtet. Insgesamt sind nur wenige Kinder, dafür etwas mehr Jugendliche und Heranwachsende wegen Kriminalität erfasst worden: 2007 wurden (bezogen auf deutsche Staatsangehörige) 1,9% der Kinder, 7,0% der Jugendlichen und 7,5% der Heranwachsenden als Tatverdächtige registriert. Bei den **Erwachsenen** ab 21 Jahren insgesamt waren es 2,2% (Bundesministerium des Innern 2008, 4; Bundeskriminalamt 2008).

In *Österreich* stellte die Polizei fest, dass die Kriminalität der 14- bis 18-Jährigen von 2001 bis 2006 um etwa 51% gestiegen ist (Bundesministerium für Inneres 2007). In der *Schweiz* nehmen die Verurteilungen von Jugendlichen schon seit Jahrzehnten kontinuierlich zu, die wegen Gewaltkriminalität allerdings erst seit etwa 20 Jahren (Bundesamt für Statistik 2007, 11ff).

Delinquenz und Kriminalität bei Kindern und Jugendlichen

Wenn Kinder sich durch ihr Verhalten auffällig von anderen Kindern unterscheiden, indem sie z. B. anhaltend überdurchschnittlich aggressiv sind, spricht man von **abweichendem Verhalten** oder **Devianz**.

Von **Delinquenz** ist die Rede, wenn es um die Übertretung rechtlicher Grenzen bzw. um Straffälligkeit geht, z. B. wenn ein anderer Mensch absichtlich körperlichen verletzt wird. Kommen Kinder mit Gesetzen in Konflikt, nennt man das **Kinderdelinquenz**. Kinder sind bis zum vollendeten 14. Lebensjahr strafunmündig, können also nicht verurteilt werden.

Erst ab dem Alter von 14 Jahren wird meist von **Kriminalität** gesprochen. In Deutschland greift für Jugendliche zwischen 14 und 18 Jahren das Jugendstrafrecht, bei dem der Erziehung- und nicht der Strafgedanke im Vordergrund steht (das Gericht kann das Jugendstrafrecht für Straffällige bis zum Alter von 21 Jahren anwenden, wenn es die Reife des Angeklagten noch als jugendlich einschätzt). Für ältere Straffällige gilt das Erwachsenenstrafrecht – es lässt drastischere Strafen zu als das Jugendstrafrecht.

Polizei registriert steigende Jugendgewalt

Für den engeren Bereich der *Gewaltkriminalität* zeigt die PKS, dass diese Delikte *von 1997 bis 2007* in Deutschland zugenommen haben, auch unter Jugendlichen. Dabei wurde vor allem ein **Anstieg von Körperverletzungen** durch lose Gruppen von Jugendlichen beobachtet, kaum jedoch durch geschlossene Gangs. Mehr Jugendliche und junge Erwachsene waren auch als *Opfer von Gewaltkriminalität* betroffen.

Betrachtet man speziell die Zahlen der *gefährlichen und schweren Körperverletzungen* für den längeren Zeitabschnitt von 1987 bis 2007, zeigt sich ein differenziertes Bild für die unterschiedlichen Altersgruppen. Während sich diese Delikte bei den noch strafunmündigen Kindern bis unter 14 Jahre zwar auf einem niedrigen Niveau bewegen, aber insgesamt doch stark zunahmen, und bei den Erwachsenen ab 21 Jahren leicht zunahmen, sind sie bei den Jugendlichen zwischen 14 und unter 18 Jahren sowie bei den Heranwachsenden zwischen 18 und unter 21 Jahren deutlich angestiegen (Bundeskriminalamt 2008; siehe Abbildung 1).

In *Österreich* haben in den letzten Jahren besonders die Delikte Raub und schwerer Raub zugenommen (Brenner 2008). Seit eine Studie der Weltgesundheitsorganisation (WHO) 2001/2002 für Öster-

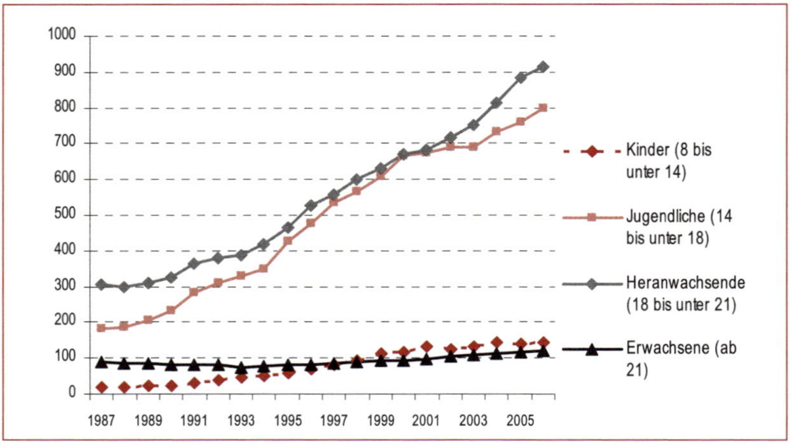

Abbildung 1: Tatverdächtigenbelastungszahlen für deutsche Tatverdächtige bei gefährlicher und schwerer Körperverletzung nach Alter (pro 100.000 Einwohner der Altersgruppe; eigene Darstellung in Anlehnung an Bundeskriminalamt 2008)

reich auch besonders häufiges „Bullying“ an Schulen nachgewiesen hatte, werden dort verstärkt Gegenmaßnahmen in Erwägung gezogen (Bundesministerium für Gesundheit, Familie und Jugend o. J.).

In der *Schweiz* hat sich die Zahl der ermittelten minderjährigen Täter, die Körperverletzungen begangen haben, von 1999 bis 2006 verdoppelt (Eidgenössische Justiz- und Polizeidepartement 2008, 11).

Internationale Vergleiche der Statistiken zur Kriminalität sind sehr schwierig, weil in jedem Land unterschiedliche Definitionen von Delikten in den Strafgesetzen vorliegen und unterschiedliche Erhebungsverfahren genutzt werden. Eine polizeiliche Kommission in Deutschland wagte jedoch den Schluss, dass in den meisten europäischen Ländern die Zahlen jugendlicher Gewalttaten in den letzten Jahren zugenommen haben (Bund-Länder-AG 2007, Anlage 3).

Werden Mädchen immer gewalttätiger?

Die Medien berichten immer wieder von äußerst grausamen Mädchen. Der Eindruck, heute seien deutlich mehr Mädchen gewalttätig als früher, bestätigt sich laut der deutschen PKS aus dem Jahr 2007 jedoch nicht. Demnach waren etwa 83% aller Tatverdächtigen männlich, und **nur etwa 17% weiblich** – allerdings mit steigender Tendenz seit 1993 (11% Mädchen). Die meisten *Gewaltdelikte* wurden dabei von den 16- bis 20-jährigen männlichen und von den 14- bis 17-jährigen weiblichen Jugendlichen verübt. 2007 wurden 1,7% der männlichen, aber nur 0,4% der weiblichen Jugendlichen einer Gewaltstraftat verdächtigt (Bundeskriminalamt 2008; Bundesministerium des Innern und Bundesministerium der Justiz 2006, 59, 67).

Der langfristige Verlauf der Statistiken über gefährliche und schwere Gewaltdelikte von 1987 bis 2006 zeigt, dass sich bei den noch strafunmündigen Kindern unter 14 Jahren die Zahlen jeweils für Jungen und Mädchen in ähnlichem Umfang erhöht haben. Bei den 14- bis unter 18-jährigen Jugendlichen sind die Zahlen für Mädchen etwas stärker gestiegen als für Jungen, sie bleiben aber auf durchweg niedrigerem Niveau. Bei den 18- bis unter 21-jährigen Heranwachsenden haben gefährliche und schwere Gewaltdelikte in etwa gleichem Umfang zugenommen, wenn man nach Geschlechtern differenziert (Bundeskriminalamt 2008).

Sind Ausländer krimineller als Einheimische?

In der Öffentlichkeit werden gerne die Tatverdächtigenbelastungszahlen von Deutschen und Nichtdeutschen verglichen (die **Tatverdächtigenbelastungszahl** ist die Zahl der registrierten Tatverdächtigen einer Altersgruppe im Verhältnis zu 100.000 Einwohnern derselben Alters- und Personengruppe). In vergleichenden Berechnungen fällt diese Zahl für die statistische Gruppe der Ausländer regelmäßig höher aus als für die Gruppe der Deutschen. Einerseits wird eine überproportionale Ausländerkriminalität von der PKS immer wieder belegt, andererseits ist die Zahl der tatverdächtigen Ausländer zwischen 1997 und 2006 deutlich gesunken (Bund-Länder-AG 2007, 4; Bundesministerium des Innern 2008).

Der Vergleich von Tatverdächtigen mit und ohne Migrationshintergrund ist allerdings problematisch, denn es handelt sich hier um zwei unterschiedlich strukturierte soziale Gruppen. So sind die Altersstrukturen in den Bevölkerungsteilen mit deutschem und mit Migrationshintergrund unterschiedlich. Die Bevölkerung mit Migrationshintergrund ist im Schnitt jünger und dadurch stärker mit jugendtypischen Delikten behaftet. Darüber hinaus unterscheiden sich die schulischen, beruflichen, wirtschaftlichen und kulturellen Verhältnisse, in denen Deutsche und Menschen mit Migrationshintergrund leben, und die die Kriminalitätsrate beeinflussen. Des weiteren haben Studien gezeigt, dass Gewalttaten junger Migranten gegen Deutsche häufiger bei der Polizei angezeigt werden als Gewalttaten von Deutschen untereinander (Pfeiffer/Wetzels 2001). Oft ist auch statistisch nicht einfach zu erfassen, wer überhaupt zur Personengruppe „mit Migrationshintergrund“ zu zählen ist: Ein Teil der Migranten besitzt einen deutschen Pass – etwa die aus der ehemaligen Sowjetunion zugewanderten Aussiedler –, ein anderer Teil lebt in der zweiten oder dritten Generation hier, aber immer noch mit ausländischer Staatsangehörigkeit, wieder andere werden nach wenigen Jahren eingebürgert. Das alles macht Kriminalitätsvergleiche schwierig.

Migrationshintergrund

Der Begriff „Migrationshintergrund“ wird bei vielen offiziellen statistischen Angaben in Deutschland im Prinzip für diejenigen Personen samt ihren Nachkommen verwendet, die seit 1950 nach

Deutschland zugewandert sind. Damit wird das Problem des älteren Begriffs „Ausländer“ vermieden, da hierbei eine große Migrantengruppe, die „Aussiedler“ aus der Ex-Sowjetunion und anderen Ostgebieten, die als Nachfahren früher ausgewanderter Deutscher automatisch einen deutschen Pass bekamen, unberücksichtigt blieb, die Aussiedler aber ähnliche Kulturübergänge erleben wie Ausländer.

Im Detail definiert das Statistische Bundesamt so: Zu den Menschen mit Migrationshintergrund zählen „alle nach 1949 auf das heutige Gebiet der Bundesrepublik Deutschland Zugewanderten, sowie alle in Deutschland geborenen Ausländer und alle in Deutschland als Deutsche Geborenen mit zumindest einem zugewanderten oder als Ausländer in Deutschland geborenen Elternteil“ (Statistisches Bundesamt 2007, 6).

Dagegen macht die Polizeistatistik noch die Differenz Deutsche/Nichtdeutsche (also Ausländer) (Bundesministerium des Innern 2008, 2).

2 Selten, aber hoch kriminell: Mehrfach- und Intensivtäter

Ein genauer Blick auf die Statistiken offenbart, dass einige wenige Täter überdurchschnittlich viele Straftaten begehen. **„Mehmet“** aus München etwa wurde bei der Polizei und in der öffentlichen Diskussion legendär. Bislang haben sich die Bundesländer nicht auf eine einheitliche Definition des *„Mehrfach- und Intensivtäters“* verständigt. Das ist problematisch, denn wer in einem Bundesland als Mehrfach- und Intensivtäter registriert ist, kann in einem anderen Land noch als „normaler“ Tatverdächtiger durchgehen. Die Polizei geht davon aus, dass etwa die Hälfte aller registrierten Straftaten von einem kleinen Teil, d. h. von nur etwa 10% der jungen Tatverdächtigen einer Altersgruppe, begangen wird. Sie sind überwiegend männlichen Geschlechts mit Migrationshintergrund (Arbeitsstelle Kinder- und Jugendkriminalitätsprävention 1999; Steffen 2003).

Einer von ihnen ist **Ali**, geboren 1984 in München. Erstmals wird er 1995 wegen schweren Diebstahls von der Polizei registriert. Bis 1998 – das Jahr, in dem er strafmündig wird – hat er insgesamt 57 polizeiliche Eintragungen, wegen gefährlicher Körperverletzung, schwerem Raub, Diebstahl usw. (Steffen 1999, 10). Ein anderer ist der

20-jährige **Serkan**, der zusammen mit dem 17-jährigen **Spiridon** in einer U-Bahn-Station zur Weihnachtszeit 2007 einen 76-jährigen Pensionär fast totschlägt, der sie um Einhaltung des Rauchverbots in der U-Bahn bittet. Serkan war zuvor wegen Schwarzfahrens, Diebstahl, Bedrohung, Unterschlagung, Sachbeschädigung, Raub, gefährlicher Körperverletzung, Wohnungseinbruch und Besitz von Drogen mehrfach vor dem Richter gestanden und hatte wiederholt Jugendarrest sowie ein Jahr Haft auf Bewährung bekommen (Focus 2008).

Häufige Gewalttaten von Jugendlichen

Folgende Gewalttaten werden von Jugendlichen häufig verübt:

Körperverletzung (§ 223 StGB) begeht, wer eine andere Person körperlich misshandelt oder an der Gesundheit schädigt.

Gefährliche Körperverletzung (§ 224 StGB) erfolgt bei bestimmten Merkmalen der Tat wie der Verwendung von Gift, von Waffen oder gefährlichen Werkzeugen, durch einen hinterlistigen Überfall, mit anderen Beteiligten oder durch eine lebensgefährliche Behandlung.

Schwere Körperverletzung (§ 226 StGB) bezieht sich auf Folgen für das Opfer und auf die Absicht. Sie liegt z. B. vor bei Verlust des Sehvermögens, des Gehörs, eines Körperglieds oder bei einer nachfolgenden Behinderung. Eine absichtliche oder wissentlich begangene Tat wird schärfer bestraft.

Gerichte ahnden die genannten Delikte bei Jugendlichen mit Geld- und Freiheitsstrafen unterschiedlicher Höhe bzw. Länge. Die häufigsten Delikte sind laut Polizeilicher Kriminalstatistik in Deutschland bei *Kindern* Diebstahl (vor allem Ladendiebstahl) vor Sachbeschädigung und Körperverletzung, bei *Jugendlichen* Ladendiebstahl und Körperverletzung. *Mord, Totschlag* und *Körperverletzung* mit *Todesfolge* werden nur selten von Kindern und Jugendlichen verübt.

Bestimmte Arten von Aggression unter Kindern und Jugendlichen sind nicht strafrechtlich ausgewiesen. Doch kann das **Bullying** in Schulen neben verbalem Schikanieren auch Formen der Körperverletzung annehmen.

3 Licht ins Dunkelfeld: Repräsentativstudien bezweifeln steigende Jugendgewalt

Während die Polizeiliche Kriminalstatistik bei Gewaltdelikten nur das Hellfeld der Tatverdächtigen erfasst, können Repräsentativumfragen auch ins Dunkelfeld der nicht amtlich ermittelten Taten hinein leuchten. Solche Studien fragen z. B. einen repräsentativen Querschnitt von Jugendlichen, welche Delikte sie begangen haben oder ob sie Opfer von Gewalt geworden sind. Derartige kriminologische Dunkelfelduntersuchungen stellten fest, dass die Gewaltkriminalität in Deutschland in den vergangenen Jahren tatsächlich nicht angestiegen ist. Als Grund für den polizeistatistischen Anstieg nennen sie die **gestiegene Anzeigebereitschaft** (Bund-Länder-AG 2008, 5ff, 15). Auch die von der Schweizer Polizei für die letzten Jahre registrierte Zunahme an Jugendgewalt ist unter Schweizer Kriminologen umstritten. Die eine Forschergruppe verweist auf niederländische, schwedische und deutsche Befragungen von Jugendlichen über ihre Täter- und Opfererfahrungen und nimmt an, nur die Anzeigenbereitschaft sei gestiegen, nicht aber die tatsächliche Jugendgewalt (Eisner et al. 2006). Eine weitere Forschergruppe kommt auf der Basis einer schweizerischen Untersuchung jedoch zu einem anderen Ergebnis: Jugendliche würden seltener angezeigt, aber die Gewalt zwischen Jugendlichen habe zugenommen (Gabaglio 2005).

Die **Shell Jugendstudie 2006** fragte eine repräsentative Stichprobe von über 2.500 zwölf- bis 25-Jährigen in Deutschland nach ihrer „Verwicklung in gewaltsame Auseinandersetzungen“ in den letzten 12 Monaten, wobei bewusst nicht zwischen Tätern und Opfern unterschieden wurde, da sie ohnehin oft nicht zu trennen sind. Insgesamt berichtete mehr als ein Fünftel (22%) der befragten Jugendlichen, in Schlägereien verwickelt gewesen zu sein – etwa in Kneipen, Discos, auf Partys oder in Schulen. Unterschiede zwischen verschiedenen sozialen Kategorien zeigen sich auch hier: Knapp ein Drittel (29%) der männlichen, aber nur 14% der weiblichen Jugendlichen waren in Schlägereien verwickelt; 37% der Hauptschüler, aber nur 21% der Gymnasiasten wurden handgreiflich. Jugendliche, die häufig Alkohol trinken, prügelten sich etwa doppelt so oft wie Jugendliche, die nie oder selten zur Flasche greifen; „materialistisch“ Eingestellte (in dieser Studie definiert als die am eigenen Wohlergehen Interessierten) fast dreimal so häufig wie „idealistisch“ Eingestellte (die sich für das Gute, Wahre und Schöne engagieren). Ebenfalls mehr Erfahrungen mit Schlägereien hatten Jugendliche, in deren Familien viel Streit herrschte, die ihre Bildungs- und Berufsziele nicht oder schwer erreichten, die sich wegen ihrer Nationalität diskriminiert fühlten oder Vorbehalte gegenüber gesellschaftlichen Randgruppen hatten, sowie westdeutsche Jugendliche im Vergleich zu ihren ostdeutschen Altersgenossen (Shell Deutschland Holding 2006, 140ff).

Wenn also mehr als jeder fünfte deutsche Jugendliche in eine Schlägerei verwickelt war und wenn das für knapp ein Drittel der männlichen Jugendlichen und ein gutes Drittel der Hauptschüler galt: **Ist das viel?** Ja, wenn man davon ausgeht, dass Kinder und Jugendliche eigentlich friedlich aufwachsen sollten. Nein, wenn man weiß, dass Aggression offenbar ein in der Evolution der Menschheit stets vorhandenes, für das Überleben „erfolgreiches" Muster sozialen Verhaltens war und ist, das die Gesellschaften im Verlauf der Geschichte freilich durch Moral, Gesetze und andere Gegenmaßnahmen einzudämmen versuchten. Eine gewisse Aggressivität von Kindern und insbesondere von männlichen Jugendlichen ist seit alters her eine für diese Lebensphasen typische Erscheinung. Sie hat mit dem Testen von Grenzen, mit der Suche nach Spaß im Wettbewerb mit anderen, mit der Kombination von Lust am Draufschlagen und Angst vor dem Geschlagenwerden zu tun. Bei den meisten Kindern und Jugendlichen lässt diese Aggression im Lauf des Lebens wieder nach.

Im internationalen Vergleich scheint die Aggressivität von Kindern und Jugendlichen in Deutschland nicht übermäßig hoch zu sein. Eine Schweizer Repräsentativbefragung von fast 7.000 Acht- bis Zehntklässlern im Alter von 13 bis 17 Jahren fand heraus, dass ein Drittel der Jungen und ein Siebtel der Mädchen im letzten Jahr in der Schule mindestens einen Kampf begonnen hatten. Es zeigte sich auch, dass insbesondere Jungen deutlich häufiger Gewalt anwenden oder Opfer von Gewalt werden, wenn sie zuviel Alkohol konsumieren (Kuntsche et al. 2006).

Militante Jugendgruppen – klein, aber spektakulär

Gewalt unter Jugendlichen findet oft zwischen Gruppen statt – da prügelt sich beispielsweise eine Clique fremdenfeindlicher Skinheads mit einem Trupp linksextremer Autonomer. Laut Schätzungen der Polizei gehören in ganz Deutschland (82 Mio. Einwohner) nur etwa 22.000 Personen aggressiven Jugendgruppen und -szenen an – das entspricht dem Umfang einer Kleinstadt. Die Mitgliedschaft bei militanten Jugendgruppen oder -szenen ist jedoch nicht einfach zu ermitteln, weil sich die Anhänger extremer Gruppierungen bei Umfragen nicht unbedingt zu erkennen geben. Neben der Polizeistatistik liefert die repräsentative, also alle gesellschaftlichen Schichten und Milieus umfassende Studie „DJI-Jugendsurvey" für das Jahr 2003 Anhaltspunkte: In ihr räumten 4% der etwa 7.000 befragten 16- bis 29-Jährigen ein, mit rechten Gruppierungen wie Faschos, Neonazis oder Skinheads zu sympathisieren (siehe Kapitel II, 3). 7% fühlten sich zu linken Gruppierungen hingezogen (siehe Kapitel II, 4), 3% zu den Autonomen und Anarchos (siehe Kapitel II, 4). Die Sympathien für die rechten Gruppierungen sind im Osten Deutschlands und bei weniger Gebildeten ausgeprägter. Für die linken Gruppierungen erwärmen sich eher Abiturienten. Die überwiegende Mehrheit aller Jugendlichen lehnt aber extreme Gruppen ab, besonders den rechtsextremen Teil des Spektrums (Gaiser/de Rijke 2006, 237ff).

II Jugendgewalt: Orte, Szenen, Gruppen

1 Tatort Schule: Vandalismus, Bullying, Amokläufe

Erstes Beispiel – jemand berichtet aus der Schule: „Unsere Klasse hatte beschlossen, gegen die Parallelklasse zu kämpfen. Das ging nach dem Alphabet: ‚Heute bist du dran, da kämpfst du gegen den und den.' Ich hatte Glück, ich kriegte so einen Mickerling und, obwohl er mir leidtat, und ich mich nicht gern schlug, habe ich ihn zusammengehaun, denn auf den Stufen ganz oben stand ein Mädchen, B... Ritz, der ich imponieren wollte."

Zweites Beispiel – aus einem Interview mit einer Lehrerin: „Ja, da kann ich sagen, dass bei uns in der Schule unheimlich viel zerstört wird. Im Gebäude, in der Küche und in den Werkräumen und auf dem Schulhof wird unheimlich viel geprügelt. Also ich könnte schon sagen, dass jede Woche entweder ein Kind ins Krankenhaus muss oder der Krankenwagen kommt und aber wirklich auch teilweise unheimlich brutal. Einer hatte in der letzten Woche den Kopf eines Schülers unter dem Arm und hatte den Kopf fünf bis sechs Mal gegen die Wand gestoßen, so dass der eine Gehirnerschütterung bekam. Also da auf dem Schulhof, da passieren da ganz schön üble Dinge. Auch nach der Schule, da gibt es so eine Art Gang, die so Schlägerringe baut ..."

Drittes Beispiel – eine Untersuchung unter 12- bis 16-jährigen Schülern unterschiedlicher Schulen zeigte, dass nach Einschätzung der Lehrer bis zu 7% der Jungen als „Schläger" und etwa ebenso viele als „Prügelknaben", als Opfer, in Erscheinung traten. Als Schläger und Opfer in der gleichen Person wurden etwa 10% der Schüler klassifiziert. Zieht man die zumindest tendenziellen Schläger und Opfer mit heran, verdoppeln sich diese Anteile in etwa.

Zitate von einem Schüler, einer Lehrerin und aus einer wissenschaftlichen Untersuchung über das Problem „Gewalt in der Schule" –

kommt Ihnen dies vertraut vor, steht so etwas nicht fast jeden Tag in der Zeitung? Haben wir es aktuell in Deutschland mit einer besonderen Welle von Aggressionen in den Schulen zu tun?

Nicht unbedingt: Der zitierte Schüler im ersten Beispiel ist 1941 geboren und berichtet über seine Schulerfahrungen in der Nachkriegszeit, also vor etwa 60 Jahren (Kempowski 1976, 61). Die Lehrerin im zweiten Beispiel wurde 1976 interviewt, also vor über 30 Jahren (Grauer et al. 1976, 37f). Die Untersuchung im dritten Beispiel stammt ebenfalls aus den 70er Jahren, aus Schweden, von Dan Olweus, dem Pionier der Forschung zu Aggression an Schulen (Olweus 1978, 47f). Ganz neu ist das Thema „Gewalt an Schulen" also nicht.

Im Zentrum öffentlicher Aufmerksamkeit stand das Thema schon oft, so etwa nach dem Hilferuf der **Rütli-Schule** in Berlin im Frühjahr 2006. Damals wussten die Rütli-Lehrer keinen Rat mehr, weil sie das Gefühl hatten, die Gewalt ihrer Schüler nicht mehr kontrollieren zu können. Die Schule im Problembezirk Neukölln stand kurz vor ihrer Auflösung; mittlerweile ist sie durch gezielte Maßnahmen zum Vorzeigeobjekt für gelungene Integration avanciert.

Gewalt an Schulen umfasst auch die seltenen, aber dramatischen Fälle von Schussattacken, die in Deutschland als sogenannte *Amokläufe*, in den USA als „School Shootings" bezeichnet werden und auf die später gesondert eingegangen wird.

Vor allem seit den 1990er Jahren werden in Deutschland verstärkt Untersuchungen zum Thema Gewalt an Schulen durchgeführt, zu Schlägereien und Vandalismus im Schulbereich, wie er vor allem von Jungen begangen wird (Schubarth/Melzer 1994; Tillmann 1994; Richter et al. 2007). In den vergangenen Jahren hat die Politik Konsequenzen aus den Untersuchungsergebnissen gezogen und eine Vielzahl an Initiativen gegen Gewalt an Schulen gestartet – einige zentrale Programme und Maßnahmen werden in Teil IV vorgestellt.

Aggression und Gewalt

In der Umgangssprache werden die Begriffe „Aggression" und „Gewalt" häufig synonym verwendet. In den Wissenschaften wird beides unterschieden – wenngleich mit jeweils fachspezifischer Nuancierung. Aggression gilt als der umfassendere Begriff.

Aggression: Aus biologischer Sicht ist Aggression die in der Evolution entwickelte Durchsetzungsfähigkeit von Tieren und Menschen, die sich in unterschiedlicher Stärke von der Drohung bis zur Verletzung und Tötung von Artgenossen ausdrückt.

Aus psychologischer Sicht ist Aggression ein schädigendes Verhalten, das sich gegen Menschen, Tiere, Gegenstände und Symbole (z. B. Landesflagge, Graffitis) richtet. Aggressives Verhalten ist gerichtet, d. h. es ist willentlich gesteuert und nicht zufällig (Selg et al. 1988, 14f). Aggression kann langfristig geplant sein („Instrumentell-aggressives Verhalten", z. B. ein Überfall auf Schwächere aus dem Hinterhalt) oder kann impulsiv auftreten („impulsiv-aggressives Verhalten", z. B. spontan-emotionale Reaktion auf eine Beleidigung) (Schmeck/Poustka 2000, 4).

Unter Aggressivität versteht man die erhöhte Neigung zu aggressivem Verhalten.

Gewalt: Aus soziologischer Sicht definieren Gesellschaften und Staaten Gewalt, indem sie Normen dafür festlegen, welches Maß an Aggression in bestimmten Bereichen gefordert, geduldet, verboten oder bestraft wird, wie z. B. im Sport, im Management oder auf der Straße.

Der Begriff Gewalt hat mehrere Bedeutungszusammenhänge, die in der englischen Sprache durch verschiedene Termini auseinandergehalten werden:

- Herrschaftliche oder staatliche Gewalt (engl. **„power"**).
- (Verletzende) Gewalttätigkeit (engl. **„violence"**).
- (Körperliche) Kraft, Stärke, Gewalt (engl. **„force"**) (Wahl 2007, 30; Imbusch 2002).

Im Gegensatz zum Begriff „Aggression" wird bei „Gewalt" erstens häufig ein hierarchisches soziales Verhältnis zwischen Mächtigen und weniger Mächtigen angenommen (z. B. Vater gegenüber Kind, Staat gegenüber Bürgern). Zweitens hat der „Machtinhaber" in der Regel auch die Mittel zur Verfügung, seine Ziele (z.B. durch den Einsatz körperlicher Stärke) gewaltsam durchzusetzen. Doch ist in der Fachliteratur auch von der Gegengewalt der Schwächeren die Rede (z. B. bei gegen die Staatsgewalt rebellierenden Gruppen).

Andere Definitionen von Gewalt betreffen ihre Formen und Funktionen:

- Physische Gewalt: Verletzung eines anderen durch körperliche Aggression.

- Psychische Gewalt: Schädigung eines anderen durch Vorenthaltung von Zuwendung und Vertrauen, durch seelisches Quälen und emotionales Erpressen.
- Verbale Gewalt: Psychische Verletzung eines anderen durch beleidigende, erniedrigende und entwürdigende Worte.
- Vandalistische Gewalt: Physische Beschädigung und Zerstörung von Gegenständen.
- Individuelle, kollektive (von Gruppen) und staatliche Gewalt.
- Legitime und illegitime Gewalt.
- Gewalt aus Lust, zur emotionalen Selbstbefriedigung.

Nicht alles, was Polizei und Erwachsene als jugendliche „Gewalt" erleben, empfinden die Heranwachsenden selbst auch so. Oft ist es bei ihnen nur eine altersgemäße Rauferei, um die eigenen Grenzen auszutesten, ein Territorium zu verteidigen oder Machtverhältnisse in und zwischen Gruppen zu klären.

Bullying

An Schulen und auf den Schulwegen treten alle möglichen Formen von Aggression zutage: Da werden Mitschüler beleidigt und diskriminiert, körperlich angegriffen und drangsaliert. Seit vielen Jahren wird das Problem international als **„Bullying" (engl. bully = brutaler Kerl)** diskutiert.

Verbales Bullying oder **„Mobbing"** schädigt die Betroffenen weit mehr als die üblichen Neckereien oder Spöttereien, denn es richtet sich gegen Schwächere und Außenseiter, die in der Hierarchie der Schulklasse ohnehin unten stehen. In jüngster Zeit nutzen Schüler dafür auch moderne Kommunikationsmedien wie Handys, E-Mails oder Chatforen, in denen sie andere diffamieren **(„Cyberbullying")**. Beim sogenannten **„Happy Slapping"** beispielsweise filmen Jugendliche willkürliche Gewaltakte mit dem Handy und verbreiten die Szenen dann per SMS an ihre Altersgenossen. Cyberbullying bezieht sich seit einiger Zeit auch auf die Sexualität. So werden Minderjährige in intimen Situationen heimlich gefilmt, Porträtfotos werden digital auf pornografische Darstellungen montiert und die von einem jugendlichen Pärchen einvernehmlich hergestellten intimen Aufnahmen nach einem Streit veröffentlicht, z. B. ins Internet gestellt oder über Handy verbreitet (Deutsches Jugendinstitut 2007a).

Wissenschaftliche Ergebnisse

In einer Repräsentativuntersuchung, dem **DJI-Kinderpanel**, gaben im Jahr 2005 13,5% der 8- bis 13-jährigen Kinder in Deutschland an, Angst vor großen Schülern zu haben. Im Schuljahr, das der Untersuchung vorangegangenen war, wurden etwa jedem sechsten (16%) dieser Kinder von Mitschülern absichtlich Sachen kaputt gemacht, jedem zehnten (10%) wurde gewaltsam etwas weggenommen und über 8% wurden in der Schule oder auf dem Schulweg geschlagen oder bedroht. Diese Studie fragte aber nicht nur nach Opfererfahrungen, sondern auch danach, wer selbst in der Schule schon solche Dinge getan hatte, also nach den Tätern: Jeder zwanzigste (5%) bekannte sich dazu, Sachen von anderen absichtlich kaputt gemacht zu haben, 4% hatten anderen Kindern etwas mit Gewalt weggenommen und 3,5% gaben zu, andere geschlagen oder bedroht zu haben. Bei den Befragten handelt es sich allerdings noch um Kinder (Klewin/Tillmann 2006, 195). Dass die Gewalterfahrungen in der Pubertät, zu Beginn des Jugendalters, gewöhnlich zunehmen, zeigen unter anderem die Ergebnisse des deutschen Teils einer **internationalen WHO-Studie** über das Gesundheitsverhalten von 5.650 Schülerinnen und Schülern zwischen 11 und 15 Jahren. In dieser etwas älteren Gruppe waren etwa 17% der Jungen und 10% der Mädchen wiederholt Bullying-Täter. Etwa 10% der Jugendlichen waren mehrmals im Monat Opfer von Bullying geworden. Weitere 3 bis 5% der Jugendlichen waren gleichzeitig Täter und Opfer. Insbesondere die männlichen Bullying-Täter zeigten weiteres Risikoverhalten, sie rauchten und tranken signifikant häufiger als die Bullying-Opfer. Letztere hatten dagegen häufiger psychosomatische Beschwerden als unbeteiligte Jugendliche (Richter et al. 2007).

Auch im Rahmen des **Kinder- und Jugendgesundheitssurveys** in Deutschland berichteten etwa 6.600 Jungen und Mädchen über Gewalterlebnisse als Täter und Opfer. Dabei waren Haupt- und Gesamtschüler sowie Jugendliche mit Migrationshintergrund häufiger Gewalttäter und tolerierten eher Gewalt als Gymnasiasten, Realschüler und Nicht-Migranten (Schlack/Hölling 2007).

Eine andere Studie zeigte die Häufigkeit von Bullying: 5 bis 9% der Schüler und Schülerinnen waren mindestens einmal in der Woche Täter bzw. Bullies, 5 bis 11% wurden im gleichen Zeitraum zu Opfern (Scheithauer et al. 2007, 143). Dabei gibt es erhebliche Unterschiede zwischen den Geschlechtern: Körperlich aggressiv werden vor allem Jungen; beim beziehungsbezogenen Bullying (andere ausgrenzen, verleumden usw.) werden beide Geschlechter aktiv (vor allem ab der Pubertät). Die Folgen können auch bei den „nur" psychisch-sozialen Formen des Bullying schwerwiegend sein, im Extremfall versucht das Opfer, sich durch Selbstmord von den Quälereien zu befreien („Bullycide"). Von Schule zu Schule sowie von Klasse zu Klasse schwankt das Bullying erheblich, was darauf hindeutet, dass die sozialen Bedingungen vor Ort – etwa die Schulkultur und das Klassenklima – erheblichen Einfluss darauf haben, ob und in welchem Ausmaß Schüler gegen ihre Mitschüler gewalttätig werden.

Indessen gibt es kaum Studien, die im zeitlichen Längsschnitt Bullying bzw. Gewalt an Schulen verglichen haben. Doch die wenigen, die es gibt, sprechen nicht dafür, dass in den letzten Jahren die Gewalt an Schulen zugenommen hat (Klewin/Tillmann 2006, 196).

Der Bullying-Teufelskreis

Während bislang davon ausgegangen wurde, dass Kinder und Jugendliche, die zu aggressiven Bullies werden, emotionale und soziale Defizite haben, also sich z. B. nicht in andere hineindenken und einfühlen können, hat die Forschung mittlerweile neue Ergebnisse gebracht. So verfügt ein Teil der jungen Täter und Täterinnen durchaus über soziale Kompetenzen, die es ihm oder ihr erlauben, wie ein kleiner Machiavelli durch soziale Manipulationen in der Gruppe der Gleichaltrigen zielgerichtet einzelne Opfer „fertigzumachen". Allerdings fehlt es vielen an Empathie (Einfühlungsvermögen).

Bullying und Gewalt an Schulen sind keine Phänomene, die sich auf die Täter-Opfer-Beziehung beschränken. Die Forschung hat die Gruppendynamik solcher Prozesse aufgedeckt und weitere Rollen Gleichaltriger beschrieben, die daran beteiligt sind: Assistenten, die den Bullies aktiv helfen; Verstärker, die die Bullies beklatschen; Außenstehende, die sich eher zurückziehen und potenzielle Verteidiger, die das Opfer unterstützen. Jungen gehören eher zu den Tätern, Assistenten und Verstärkern, Mädchen zu den Verteidigern oder Außenstehenden. Doch auch der Rolle der Erwachsenen, insbesondere der von Lehrern und Eltern, kommt in dem Geschehen eine wichtige Funktion zu. Lehrerinnen und Lehrer können selbst Opfer von Schülergewalt werden, aber manche schlagen auch selbst zu (zusammenfassend Scheithauer et al. 2007). Bullying-Täter, ihre Taten, Opfer und Umwelt sind also durch eine charakteristische Dynamik ver-

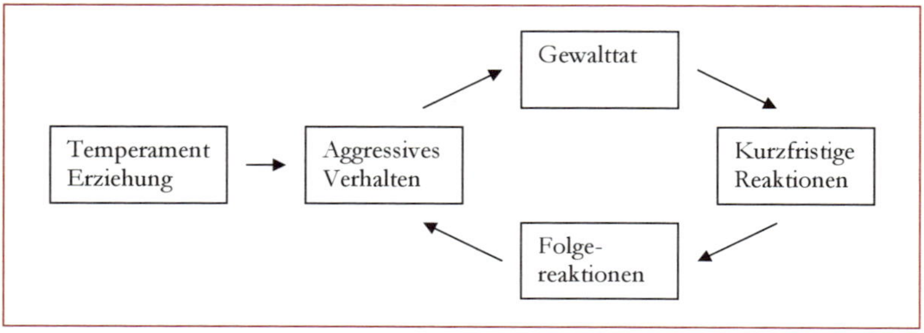

Abbildung 2: Teufelskreis Bullying

bunden. Olweus spricht von einem *Teufelskreis* (siehe Abbildung 2) zwischen

- den individuell in Kindern vorliegenden Dispositionen aus Anlage, Temperament und Erziehung, die aggressive Verhaltensmuster begünstigen;
- der daraus resultierenden aggressiven Tat;
- den kurzfristigen Reaktionen der Mitschüler, die hilflos oder bewundernd sind. Das Opfer ist hilflos. Der Täter setzt sich durch. Lehrkräfte bemerken oft nichts oder reagieren inkonsistent, auch die Eltern erfahren meist nichts;
- den längerfristigen Folgereaktionen der Mitschüler, die hilflos sind oder den Täter verstärken. Dazu kommt ein hilfloses Opfer und ein sich aggressiv durchsetzender Täter. Hilflos sind meist auch die Lehrkräfte, die dann keine Schutzfunktion für die Schüler übernehmen;
- und die Rückwirkungen auf die aggressiven Verhaltensmuster des Kindes (Olweus 1995; Spröber 2006, 31).

Solche Teufelskreise sind naturgemäß schwer aufzubrechen. Immerhin wurden inzwischen international viele praktisch-pädagogische Programme gestartet mit dem Ziel, dieser Herausforderung zu begegnen und Lösungen zu finden (siehe Kapitel IV, 4).

Amokläufe

Wenn Jugendliche in amerikanischen Schulen um sich schossen und ein Blutbad anrichteten, galt dies hierzulande als dramatisches, aber glücklicherweise sehr weit entferntes Ereignis. Doch dann kam es zu ähnlichen Schießereien in Deutschland, etwa in Erfurt 2002 oder Emsdetten 2006. Amokläufe sind zwar insgesamt sehr selten, nehmen aber in den letzten Jahren weltweit zu. Und sie erregen die öffentliche und politische Aufmerksamkeit, weil sie scheinbar „wie aus heiterem Himmel" passieren und viele Todesopfer sowie physisch und psychisch Verletzte vor allem unter Kindern und Jugendlichen fordern.

Schießereien an Schulen werden „Amoklauf" genannt, weil sie Gewalttaten ähneln, die in verschiedenen Regionen der Erde lange Traditionen haben. Bei „Amok" (malaiisch: wütend, rasend) geht es um **plötzliche, nicht aktuell provozierte Gewaltausbrüche** gegen andere und gelegentlich auch gegen sich selbst. Eine Auswertung internationaler Presseberichte aus den Jahren 1993 bis 2001 zu neueren Formen von Amokläufen ermittelte weltweit 143 Amokereignisse. Die meisten davon wurden von jungen Männern begangen, die sozial isoliert oder als Einzelgänger gelebt hatten. In fast zwei Dritteln der Fälle gilt Rache als zentrales Motiv, bei einem Fünftel persönliche und familiale Probleme, bei einem Zehntel politische Gründe. Ein gutes Viertel tötete sich anschließend selbst, andere wurden getötet, mehr als die Hälfte überlebte (Schmidtke et al. 2002). Dies sind allerdings Motivvermutungen und Zahlen aus der Presse: Wenn die Täter nicht überlebt hatten und nicht befragt werden konnten, bleiben die Angaben spekulativ. Und bisweilen kann die Motivlage komplizierter und vielschichtiger sein als es in den Presseberichten dargestellt wird.

Schulschießereien sind mit anderen Amokereignissen vergleichbar: Meist werden auch sie von einzelnen männlichen Jugendlichen mit einer emotional instabilen Persönlichkeit verübt, die sich in der Schule zurückgewiesen, abgewertet oder ausgegrenzt fühlen (aufgrund von Bullying, Status- oder Beziehungsverlusten) und dafür Rache nehmen wollen. Hier ein Auszug aus dem Tagebuch von Sebastian, dem Amokläufer von Emsdetten im Herbst 2006, teils deutsch, teils englisch geschrieben:

„Stell Dir vor, du stehst in deiner alten Schule, stell dir vor, der Trenchcoat verdeckt all deine Werkzeuge der Gerechtigkeit, und dann wirfst du den ersten Molotov Cocktail, die erste Bombe. Du schickst deinen meist gehassten Ort zur Hölle!" (13.8.2006).

„All I want is killing, hating, and scaring as much people as possible!" (17.11.2006).

„I never had a girlfriend. I never kissed a girl" (19.11.2006, Stern 2006).

Die meisten Amokläufer an Schulen begeistern sich für Waffen und Gewaltdarstellungen in den Medien. Sie müssen nicht zwangsläufig psychisch schwer gestört oder sozial völlig isoliert sein bzw. aus zerbrochenen Familien stammen, aber in der Regel kommen sie aus beziehungsgestörten Elternhäusern. Der Tat geht gewöhnlich eine längere Planungsphase voraus, manche Täter wählen vorab bewusst bestimmte Opfer aus, andere schießen einfach drauflos. Einige kündigen ihre Tat im Internet an. Manche planen ihre Selbsttötung mit ein oder nehmen es in Kauf, von der Polizei erschossen zu werden (in etwa 80% der weltweiten Fälle konnte die Polizei den Täter lebend festnehmen). Weiter lässt sich beobachten, dass Amokläufe aufgrund der Berichterstattung in den Medien jugendliche Nachahmer finden (Kriminalistisch-Kriminologische Forschungsstelle 2007; Faust o. J.).

Amokläufe machen nicht nur die psychischen Tragödien bewusst, die sich in den Biografien solcher Mörder und Selbsttöter offenbaren, sondern werfen auch Fragen über das Bildungssystem Deutschlands auf: über die Ziele, Mittel, Kompetenzen und Strukturen der Schulen und der Lehrerschaft. Werden Schulen in Deutschland vielleicht eher mit Frust denn mit Lust assoziiert, eher mit Furcht denn mit Freude, eher mit Kontrolle denn mit Kreativität, eher mit Abwertung denn mit Anerkennung? Solche Fragen bestehen auch im Fall von Robert in Erfurt.

Beispiel Robert: Chronik eines (un)angekündigten Amoklaufs

An die Tat Roberts, der 2002 an einem Gymnasium in Erfurt 16 Menschen und sich selbst tötete, erinnern sich noch viele. Aber auch Roberts Lebensgeschichte sollte nicht in Vergessenheit geraten. Da keine Interviews von ihm vorliegen, sind wir auf den Bericht einer Untersuchungskommission und auf Zeitungsreportagen angewiesen.

Roberts Leben beginnt unauffällig. Seine Mutter, eine Krankenschwester, betreut ihn zu Hause. Der Vater ist Ingenieur. Die Mutter erinnert sich, dass Robert ein schutzbedürftiges, anhängliches, dem großen Bruder unterlegenes Kind war. Einschlafen konnte er nur im Ehebett der Eltern. In der Schule ist Robert laut Zeugnis „ein höflicher und strebsamer Schüler", der schließlich auch den Übertritt ans Gymnasium schafft. Dort jedoch werden Roberts Noten immer schlechter, er verhält sich zunehmend phlegmatisch, ernst, in sich gekehrt. Während der Pubertät kümmert er sich einerseits liebevoll um eine Katze, andererseits hört er Satanismus-Musik und spielt Ballerspiele am Computer. Darunter sind auch aufgrund ihrer Brutalität indizierte Spiele, in denen der Ego-Täter virtuelle Treppen hinauf- und hinabsteigt, Türen öffnet und hineinschießt – wie es Robert später in seiner Schule tun wird. Nach dem Bericht der Untersuchungskommission besaß Robert auch gewaltdarstellende Videofilme wie „Fight Club“, „Predator“ oder „Desperado“. Die Liebe zu solchen Spielen und Videos teilt er mit einer Clique anderer Jungen, die gemeinsam Killerfilme anschauen, durch die Stadt ziehen, aber sonst wenig voneinander wissen. Weder Eltern noch Lehrer finden einen Zugang zu Robert. Die verzweifelte Mutter reißt alle Computerkabel heraus und versteckt sie, aber der Sohn holt sie sich wieder. Verbote fruchten nicht. Robert hört schließlich ganz auf zu lernen, sitzt nur noch vor dem PC. Roberts Vater hat in der Schule das Amt eines Elternvertreters inne, er berät sogar zusammen mit dem Klassenlehrer andere Eltern mit auffälligen Kindern. Beim eigenen Kind stößt er jedoch an seine Grenzen. Robert begleitet seine Eltern zwar noch in die Ferien und hilft der Mutter im Haushalt. Aber er hat kaum Freunde, keine Freundin. Er hält Abstand zu allen, sitzt allein in der Schulbank, trägt Schwarz: Lederjacke, Jeans, Sweatshirt. Das Wertesystem der Schule – Leistungen und Noten –, aber auch die Vorlieben der Schulkameraden für Sporterfolge oder für hübsche Mädchen lassen ihn anscheinend kalt, er nennt dies alles „Bullshit“. In seiner Freizeit besucht Robert einen Schützenverein, obwohl sein Vater dagegen ist. Robert bekommt eine Waffenbesitzkarte und kauft eine Pistole, eine Pumpgun und jede Menge Munition.

Alle werden über mich reden

Im Untersuchungsbericht der „Gasser-Kommission“ des Freistaats Thüringen zum Erfurter Amoklauf heißt es über Robert:

> „Er lernte zu wenig, Probleme ausreichend wahrzunehmen, sie zu benennen und anzusprechen und andere für deren Lösung um Unterstützung zu bitten, geschweige denn, diese Probleme aus eigener Kraft zu bewältigen. Stattdessen bildete er eine Art kompensatorischen Größenwahn i. S. einer unrealistischen Selbsteinschätzung aus, der sein relativ gering ausgeprägtes Selbstwertgefühl überspielen sollte (‚Ich komm noch mal ganz groß raus‘, ‚Alle werden über mich reden‘, ‚Ich werde mal Politiker‘)“ (Gasser et al. 2004, 297).

Nur einmal lebt Robert im Gymnasium auf, als er mit anderen Schülern einige Szenen aus der Tragödie „Antigone“ ins Mafia-Milieu verlegt und er das Bühnenbild und die Kostüme entwirft. Mit einem anderen Schüler arbeitet er an einem Gewaltfilm, bei dem sich der Täter schließlich selbst umbringt. Doch die meiste Zeit schwänzt er die Schule, fälscht sich dafür Atteste. Als seine Lehrer dies aufdecken, wird er an ein anderes Gymnasium verwiesen. Er erhält die Mitteilung der Schule und ist so geschockt, dass der Klassensprecher ihn nach Hause begleitet, weil er fürchtet, Robert würde sich etwas antun. Nach dem Rauswurf vom Gymnasium besucht Robert monatelang keine Schule mehr, sondern verbringt die Morgenstunden in einem Café. Vor den Eltern hält er dies geheim. Seinen Schulkameraden erzählt er, er habe die Schule gewechselt. Zu Weihnachten wünscht er sich von seiner Mutter u. a. das Buch „Osama Bin Laden und der internationale Terrorismus“. Am 26. April 2002 findet schließlich die letzte Abitur-Prüfung statt, an der Robert hätte teilnehmen sollen – für ihn der Tag, an dem seine Lügengeschichte auffliegen würde. Seinen Eltern sagt er, er gehe zur Englisch-Prüfung des Abiturs. Er nimmt weder Tasche noch Rucksack mit. Später, als die Eltern aus dem Haus sind, kommt er noch einmal zurück, um einen Rucksack zu holen. Er betritt seine alte Schule, kleidet sich in der Toilette um, zieht eine schwarze Gesichtsmaske an. Dann durchstreift er das Gebäude und erschießt 16 Menschen, zuerst Lehrerinnen, Lehrer und eine Sekretärin, beim blinden Feuern durch eine Tür auch Schüler und schließlich einen Polizisten. Zuletzt tötet er sich selbst. Die Eltern sind verzweifelt:

> „Wir haben nichts gesehen. Wir hätten es doch merken müssen. Warum haben wir's nicht gemerkt?“ „Wir haben versagt, natürlich haben wir versagt“

Die Schule hatte nie zu Hause angerufen und gefragt, wo Robert abbleibt. Robert war volljährig, so dass die Eltern nicht informiert werden mussten, wenn er nicht in die Schule kam (Gasser et al. 2004; Der Spiegel 2002). Roberts Probleme fielen schon in der Pubertät auf. Aber damals hatte niemand ihm oder seinen Eltern Hilfe angeboten. Die Eltern waren mit ihrem Sohn überfordert, die Schule war unsensibel für seine Entwicklung, schulpsychologischer Dienst oder Jugendhilfe wurden nie eingeschaltet. Bei einer Tragödie wie dieser bleiben viele Fragen offen, unter anderem auch die Frage, ob komplexe Systeme wie die Institution Schule nicht zu einer gewissen Verantwortungslosigkeit führen können, weil man sich darauf verlässt, dass bei einem Problem schon andere aktiv werden. Dazu kommt, dass die individuellen Bedürfnisse einzelner Menschen in komplexen Systemen oft kaum beachtet werden (Archiv der Jugendkulturen 2003).

2 Hooligans: der emotionale Kick der „dritten Halbzeit“

An den Wochenenden vermelden es gelegentlich die Nachrichtensendungen im Fernsehen und Hörfunk, am Montag steht es dann in den Zeitungen: Ausschreitungen von **Hooligans (engl. Raufbolde)** vor, während und nach einem Fußballspiel – in der „dritten Halbzeit“ – haben viele Verletzte gefordert, der Sachschaden beträgt meist zigtausend Euro. Die Hooligan-Bewegung formierte sich gegen Ende des 19. Jahrhunderts in England und breitete sich von dort in alle Welt aus. Die kampfeslustigen jungen Leute werden vor allem bei und im Umfeld von Fußballbegegnungen aktiv: Dort treffen sie auf ihresgleichen vom gegnerischen Verein. Das Fußballspiel bietet Anlass, sich abzureagieren und zu kämpfen. Die Kämpfe werden entweder bereits im Vorfeld der Fußballbegegnung zwischen den Gruppen vereinbart oder brechen nach dem Spiel spontan aus. Ausschreitungen von Hooligans begleiten seit einiger Zeit nicht mehr nur Fußballspiele im Inland, sondern auch internationale Begegnungen. Als besonders gewalttätig bleibt die Weltmeisterschaft 1998 in Frankreich in Erinnerung. Aber auch bei der **Europameisterschaft im Sommer 2008** in Österreich wurden Hooligans gewalttätig; der Mitveranstalter Schweiz wies Hooligans bereits an der Grenze ab. Im Laufe der Zeit sind die „fights“ brutaler geworden, der ursprüngliche Ehrenkodex (kein Waffeneinsatz, am Boden liegende Opfer werden nicht weiter geschlagen usw.) gilt heute kaum mehr. Immer häufiger werden Unbeteiligte und die Polizei in die Gefechte einbezogen. Die Folgen sind Tote, Verletzte; Fußballspiele werden abgebrochen oder abgesagt, friedliche Zuschauer bleiben den Spielen fern. Im Anschluss an die Spiele bewegen sich die Hooligans weg vom Stadion in die Stadt, wo sie auf der Straße und in Gaststätten randalieren. Viele sympathisieren mit extremen Fußballfans („Ultras“) oder rechtsextremen Gruppierungen (z. B. „Skinheads“). Die Zahl gewaltbereiter Hooligans und sogenannter Problemfans in Deutschland wurde im Jahre 2000 auf bis zu 6.000 geschätzt, mit steigender Tendenz. Polizeiliche Kontrollen und Fanprojekte versuchen mehr oder weniger erfolgreich, die Gewalttätigkeiten einzudämmen.

Was macht Hooligans für einen Teil von Jugendlichen und jungen Männern so faszinierend? Ist es das uralte Muster einer jagenden Meute von Männern, auch wenn diese heute vor Fußballstadien und durch Fußgängerzonen zieht? Ist es der Kick einer nur halb kalkulierbaren Gewalt (Findeisen/Kersten 1999, 135)? Eine Rebellion gegen die Zwänge des Alltags (Farin 2001, 191)? Eine sehr anschauliche Antwort darauf gibt der amerikanische Journalist Bill Buford in seinem Buch „Geil auf Gewalt“ (1992). Er hatte sich zum Zweck der Recherche englischen Hooligans angeschlossen, um mit ihnen zu verschiedenen europäischen Fußballspielen zu reisen. Im Buch beschreibt er seine Eindrücke: Im Flugzeug, auf dem Weg zu einem Europapokalspiel von Manchester United gegen Juventus Turin, breitet sich eine bedrohliche Atmosphäre aus. Der Trupp Hooligans, betrunken, grölt in der Kabine die Strophen „Rule, Britannia! Britannia, rule the waves! Britons never, never, never shall be slaves“. Später, im Bus vom Flughafen in die Stadt, treffen die Hools auf italienische Fans, Flaschen und Büchsen fliegen, die Engländer pinkeln durch die Busfenster, alles tobt. Der Journalist Buford fühlt sich von „hysterisch nationalistischen Normverletzern im Zustand der Raserei“ umgeben. Die Macht ihrer aggressiven Masse ermöglicht ihnen, bisweilen sogar unter den Augen der Polizei, Läden und Cafés auszurauben und ohne Tickets ins Stadion zu gelangen. Zugleich wundert sich Buford über sich selbst:

> „Ich fing an, die Leute zu mögen, und sei es nur deshalb, weil sie anfingen, mich zu mögen (der irrationale Mechanismus der Gruppenbindung setzte ein, und ich war schon dankbar, von der Gruppe überhaupt akzeptiert zu werden).“

In der letzten Phase des Fußballspiels wird unter den Fans die Parole immer lauter: „Gleich geht's los“. Und wie es dann draußen vor dem Stadion losgeht: Als die Schlachtenreihen aufeinander prallen, die Tritte in die Rippen und ins Gesicht gehen, spürt auch Buford, wie das Adrenalin durch seinen Körper schießt:

> „Es war eine Erregung, die an etwas Größeres, an ein transzendentes Gefühl grenzte – zumindest Freude, aber eher wohl etwas wie Ekstase (...) unmöglich, nicht ein wenig davon gepackt zu werden.“

Buford beschreibt auch die zunehmende Erregung und Aggressivität der Polizei bei der Eskalation solcher Prügeleien, er bekommt selbst heftige Polizeihiebe ab. Und er berichtet von den Rekrutierungsbemühungen der rechtsextremen National Front unter den englischen Hooligans.

Die Hooligan-Szene ermöglicht gewaltbereiten Jugendlichen und jungen Erwachsenen, den emotionalen „Kick" zu erleben, ein Gefühl des „Wir gegen die anderen", die Euphorie des hochschießenden Adrenalins. In der Öffentlichkeit hört man immer wieder die Meinung, Hooligans rekrutierten sich zumindest teilweise aus jungen Männern, die unter der Woche als unauffällige Studenten, brave Versicherungsangestellte oder Akademiker ihren Beschäftigungen nachgehen und nur am Wochenende in die Kampfmontur schlüpfen, um ihre Aggressivität auszuleben. Tatsächlich trifft dieses Gerücht nur selten zu: Einer deutschen Studie zufolge stammen Hooligans zwar wirklich aus unterschiedlichen Schichten, vorwiegend jedoch aus dem unteren bis mittleren sozialen Milieu. Typisch sind weiterhin Belastungen in den Herkunftsfamilien (vernachlässigende oder überstrenge Erziehung), problematische Schullaufbahnen und Berufsausbildungen, häufige Arbeitslosigkeit, beträchtlicher Alkoholkonsum sowie Vorstrafen aufgrund verschiedener Delikte. In psychologischen Tests zeigen sich Hooligans als überdurchschnittlich leicht erregbar, impulsiv, aggressiv und schnell bereit, ein Wagnis einzugehen. Ein Teil neigt auch zu paranoiden Zügen (gewaltbereite Menschen tendieren generell dazu, sich von anderen provoziert oder bedroht zu fühlen). Zwar geben sich die meisten Hooligans politisch nicht interessiert, doch ein beachtlicher Teil befürwortet fremdenfeindliche oder sogar rechtsextremistische Äußerungen (Lösel et al. 2001).

Beispiel Ken: ein rechtsextremistischer Hooligan

Die folgende Lebensgeschichte stammt aus einer Studie über Gewalttäter, die das Deutsche Jugendinstitut zusammen mit den Universitäten Jena und München durchgeführt hat (Wahl 2001, 2003; Frindte, Neumann 2002). Dabei wurden insgesamt 115 junge Leute interviewt und psychologisch getestet, die zum Erhebungszeitpunkt in verschiedenen deutschen Justizvollzugsanstalten einsaßen oder zu Bewährungsstrafen verurteilt waren. Die Täter nahmen freiwillig an der Studie teil.

In einem Glaskasten – einem Aufenthaltsraum, der in den Flur einer Justizvollzugsanstalt hineinragt – berichtet ein Häftling, wir nennen ihn Ken, einem Forscher aus seinem Leben. Er trägt einen

Trainingsanzug, kurze Haare. Zu Beginn des Interviews ist er müde, wird aber immer gesprächiger. Ins Gefängnis brachte ihn eine Serie von Straftaten: Sachbeschädigung, Volksverhetzung, Landfriedensbruch, schwere Körperverletzung, auch an Polizisten.

Kens Vater war Handwerker, seine Mutter Hausfrau, er hat zwei Geschwister. Sehr wichtig ist ihm sein Großvater, bei dem er während eines Teils seiner Jugendzeit aufwächst. In der Kindheit ist die Beziehung zur Mutter nicht besonders positiv, bessert sich aber später. Zum Vater hat er ein gutes Verhältnis.

> „Meine Kindheit war nicht schlecht. Etwas Besonderes waren die Besuche bei meinem Opa. Da hat er immer so Geschichten erzählt von früher, von Karl dem Großen, Hermann dem Cherusker und aus dem Dritten Reich. Da habe ich immer gern zugehört. Wenn ich vom Kindergarten kam, bin ich direkt zum Opa."

Großvater und Vater sorgen dafür, dass Ken in einen Kindergarten kommt, in dem nur deutsche Kinder sind. Er darf nie mit ausländischen Kindern spielen.

> „Ich habe noch nie im Leben einen Döner gegessen. Das durfte ich damals auch nicht."

Anfangs war ich ein ruhiges Kind

Im Kindergarten gefällt es ihm, auch die ersten Schuljahre findet er noch super. Doch dann bricht sich zunehmend Aggression Bahn in seinem Leben:

> „Vom Temperament her war ich anfangs ein ruhiges Kind. Dann aber wurde es aktionsreich, ab sechs Jahre habe ich Scheiße gebaut und was angestellt. Ich habe die Möbel voll gemalt, die Küche verunstaltet und vieles getan, was den Erwachsenen nicht gefällt. Aber als Kind war ich noch nicht so aggressiv, erst ab zwölf."

Im dritten Schuljahr lernt er Mitschüler kennen, die gemeinsam mit ihm Lehrer drangsalieren. Im Lauf der Jahre treiben sie es immer toller:

> „Wir haben uns ins Klassenzimmer gesetzt, Bier vom Kiosk geholt und in der Klasse getrunken, blau gemacht und ausländische Schüler verprügelt."

Manchmal bringt Ken seinen Kampfhund mit in die Schule. Wiederholt wird er aus der Schule geworfen, am Ende seiner Schulzeit schafft er nur den niedrigsten Abschluss.

> „Ja, und als ich 12 war, fing dann das halt bei mir mit der Gewalt dadurch an, dass ich zum Fußball gegangen bin, um mich da zu prügeln. Ich habe mich damals der Hooligan-Szene angeschlossen. Dann bin ich immer gewalttätiger geworden, musste dann öfter die Schule wechseln."

Großvater, Vater und Sohn besuchen am Wochenende regelmäßig Fußballspiele. Der Großvater war begeisterter Anhänger der Nationalsozialisten und ist immer noch rechtsradikal eingestellt. Der Vater ist selbst ein Hooligan. So wird der Sohn früh in ein entsprechendes Weltbild eingeführt und kommt in eine Szene, bei der im Umkreis des Fußballs Schlägereien zur Tagesordnung gehören.

> „Ansonsten bin ich aber offen, höflich, zuverlässig, manchmal allerdings auch aufbrausend. Wenn es drauf ankommt, bin ich auch aggressiv."
>
> „Ja, als ich 13 war, ist mein Vater gestorben. Dann ging es bei mir eigentlich erst richtig los, dass ich eigentlich nur noch Mist gebaut habe. Das hieß, unter der Woche nur noch betrunken war. Ich habe mich richtig ausgetobt und von meiner Mutter nichts habe sagen lassen. Dann hat meine Mutter neu geheiratet, ja, pff."

Den Stiefvater mag Ken überhaupt nicht. Ken zieht aus, wohnt beim Großvater und bei Freunden. Er beginnt eine Handwerkslehre, aber die Firma geht nach einiger Zeit Pleite. Anschließend jobbt er – und in dieser Zeit summieren sich seine Straftaten, u. a. schwere Körperverletzung und Volksverhetzung. Erstmals tauchen Sozialarbeiter in seinem Leben auf. Sie können ihn aber nicht auffangen, denn ihre Maßnahmen, wie die Konfrontation mit potentiellen Opfergruppen und erlebnispädagogische Versuche, zeigen keine positive Wirkung – im Gegenteil. Ken erhält eine Bewährungsstrafe, wird rückfällig mit noch schwereren Gewaltdelikten. Ab dem 18. Lebensjahr lebt er im Gefängnis.

Ken weiß nicht, woher seine überschäumenden Wut- und Hassgefühle und seine Aggressivität herrühren. Aber er vermutet einen Zusammenhang zwischen seiner Familie und deren Teilhabe an der Hooligan-Szene. Die Sportarten Kickboxen und Judo, die er ausübt, reichen ihm nicht, um seine Aggressionen auszuleben. Als ihn die Polizei eines Tages bei Krawallen im Fußballstadion schlägt, steigert er sich in blinde Wut hinein. Er schlägt zurück, kann sich danach aber nicht mehr daran erinnern, hat einen Filmriss.

> „Das ist schon öfters passiert, so ein Wutausbruch. Es könnte auch wieder passieren. In diesen Momenten denkt man nicht nach, wen man da schlägt, sondern dass man zuschlägt. Da ist man auch ganz verändert. Es ist wie in einem Drogenrausch, ein Rausch ohne Alkohol."

Wenn zwei Hooligangruppen auf einander knallen, das gibt den Kick

Ken sorgt sich kaum um die Opfer, er macht sich allgemein wenig Gedanken über die Gefühle anderer und kann sich nicht in andere hineinversetzen. Wichtiger erscheint es ihm, selbst einen emotionalen Kick zu spüren:

> „Wenn zwei Gruppen von je 50 Hooligans aufeinander zulaufen und es dann knallt – das gibt mir den absoluten Kick. Als ob man abhebt, als ob man fliegen kann. Da kommt alles in dir hoch. Wie bei einer Looping-Achterbahn, wenn einem der ganze Magen hochkommt. Das zusammen mit dem Freudengefühl, das ist der Kick, den ich dabei habe. Das kann man eigentlich nicht beschreiben."

Solche Ereignisse sind auch eine Art Mutprobe:

> „Es gilt, bei einer Schlägerei der Hools nicht wegzulaufen, da muss man sich beweisen. Die Angst weicht, wenn es losgeht. Der Rausch geht los, wenn du losmarschierst mit dem ganzen Mob. Das ist einfach unbeschreiblich. Wenn mehr Gegner da sind, sind die Herausforderung und der Spaß noch größer. Ich lief auch schon mit zwei Leuten in 50 andere rein, das macht Spaß. Wenn ich austeilen will, muss ich auch einstecken können.
>
> An mögliche Konsequenzen oder Strafen denkt man da nicht. Die Strafbarkeit macht sogar den besonderen Reiz aus. Eine höhere Strafe für solche Dinge schreckt nicht mehr ab, die bringt überhaupt nichts. Ich bin draußen nach dem Knast wieder genau so aggressiv."

Da flippe ich total aus, wenn ich diese Viecher sehe

Ken erzählt, dass seine Mutter für seine Mitgliedschaft bei den Hooligans Verständnis hatte: „Er braucht was, um sich abzureagieren, bevor er seine Freundin oder sonst was schlägt." Seine Freundin schätze diese Ventilfunktion ebenfalls. Bisweilen wird Ken auch spontan gewalttätig:

> „Wenn z. B. ein Punk rumsteht, ist das was ganz anderes. Da ist, da flippe ich total aus, wenn ich diese Viecher sehe. Allein wenn ich die Dinger sehe, total dreckig am Rumlaufen, total mit verfilzten Haaren. Dann habe ich eine Zeitlang noch versucht, mit den Kerlchen zu sprechen, warum sind die so drauf? Dann haben sie einen Spaß dran, nicht arbeiten zu gehen und vorne rumzustehen: ‚Haste mal ne Mark?' oder so. Die wollen, dass das eigene Land, der eigene Staat verreckt. Wenn ich die T-Shirts sehe mit ‚Deutschland verrecke', da kriege ich so einen Hals drauf."

Kurz bevor Ken ins Gefängnis kommt, geht er kaum noch mit spontaner Gewalt gegen andere vor. „Nur wenn mich ein Ausländer provoziert, werde ich aggressiv. Ansonsten kann ich mich ja am Wochenende abreagieren" – bei den Hooligans. Jetzt, im Gefängnis, seien seine Ansichten über Ausländer noch negativer geworden, weil relativ viele Straftäter nichtdeutscher Herkunft einsitzen und es zu gewalttätigen Gruppenkonflikten zwischen ihnen und den inhaftierten deutschen Rechtsextremen kommt.

Ken fing mit 12 Jahren an zu trinken. Während er zur Arbeit ging, waren es vier bis fünf Flaschen Bier am Tag. Am Wochenende kam Schnaps dazu. Er weiß, dass ihn Alkohol aggressiver macht, trinkt aber nicht gezielt, um gewalttätig zu werden.

Die Clique der Hooligans ist für Ken eine Art Zweitfamilie. Man hält zusammen, hilft sich gegenseitig, etwa bei der Wohnungsrenovierung, bezahlt Anwälte, wenn einer vor Gericht muss, man kümmert sich um die Freundin dessen, der in Haft ist. Ken bekommt auch im Gefängnis Besuch aus seiner Clique, er ist einer der Rädelsführer.

Ken empfindet die Clique der Hooligans als unpolitisch. Aber die Gruppe schließt sich ab und an zu gemeinsamen Aktionen mit rechtsextremen Skinheads zusammen.

> „[Ich halte mich selbst für einen] Nationalisten, also nicht nur aufs Dritte Reich bezogen, sondern überhaupt. Weil Deutschland ist nicht nur das Dritte Reich, sondern auch Wagner usw., das Land der Dichter und Denker. Also vaterlandsliebend bin ich auf jeden Fall."

Politisch nennt er sich nationaldemokratisch und rechtsradikal, macht auch in einer Band Musik mit entsprechenden Texten – von staatlichen Stellen wurde sie auf den Index gesetzt.

> „Ehemäßig bin ich ein bisschen altmodisch. Für mich ist das so: Die Frau ist für den Haushalt und die Kinder da, und der Mann geht arbeiten. Ich möchte erst mal, damit ich denen auch was bieten kann, möchte ich erst mal die Lehre abgeschlossen haben."

Ken hofft, von der Bundeswehr als Berufssoldat aufgenommen zu werden, sobald er seine Strafe abgesessen hat.

Fatale Weichenstellungen

Ken ist von klein auf vorbelastet, wird ab der Kindheit immer aggressiver, er wächst in einem nationalistischen, fremdenfeindlichen Milieu auf. Während der Pubertät wird er von den Erwachsenen in die Hooliganszene mitgenommen. In dieser Zeit verliert er seinen geliebten Vater. Seine Mutter empfindet Ken als gefühllos – kurz nach dem Tod des Vaters heiratet sie einen neuen Mann. Es kommt daraufhin zu unlösbaren Konflikten zwischen Stiefvater und Stiefsohn – ähnlich wie in überdurchschnittlich vielen Fällen gewalttätiger Heranwachsender, die während ihrer Kindheit und Jugend mit einem neuen Partner der Mutter konfrontiert wurden (Wahl 2003, 130).

Die Schule wird mit Kens Verhalten nicht fertig. Während der Lehre hat er das Pech, seinen Ausbildungsplatz zu verlieren, weil die Firma Pleite geht.

Die Jugendhilfe unternimmt mehrere Anläufe, Ken mit sozialpädagogischen Mitteln auf einen Pfad der Einsicht zurückzuholen. Offenbar sind diese Maßnahmen aber so angelegt, dass sie letztlich genau das Gegenteil erreichen und seine Aggressivität noch mehr steigern.

3 Rechte Gewaltszene: Skinheads und Neonazis

Fremdenfeindliche und rechtsextremistische Gewalt ist im modernen Deutschland vor allem seit Beginn der 1990er Jahre ein verbreitetes Problem: Nach Zählungen von Polizei und Verfassungsschutz haben rechtsextremistische Straftaten in den letzten Jahren insgesamt stark

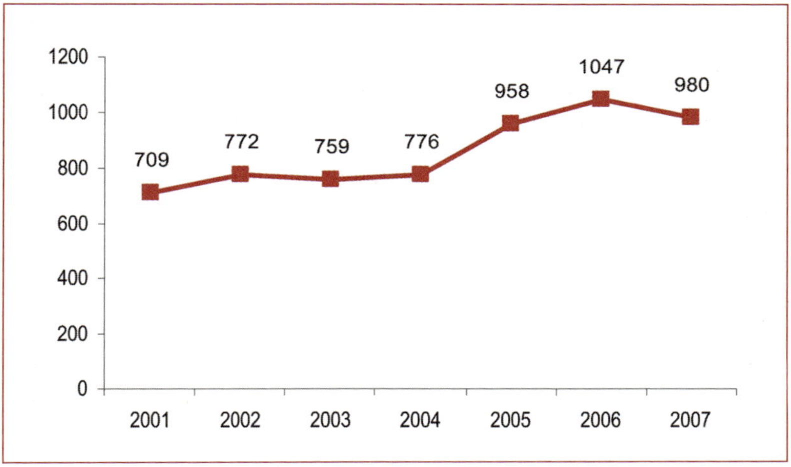

Abbildung 3: Rechtsextremistische Gewalttaten laut Verfassungsschutzberichten 2001–2007

zugenommen; wenn auch die Zahlen von 2007 gegenüber dem Vorjahr wieder etwas geringer ausfielen. Zu **rechtsextremistischen Straftaten** zählen Propagandataten nach den §§ 86 und 86a StGB, d. h. die Verbreitung von Propagandamitteln und die Verwendung von Kennzeichen verfassungswidriger Organisationen – z. B. Hakenkreuz und Hitlergruß. Auch Volksverhetzung fällt darunter – z. B. antisemitische oder fremdenfeindliche Parolen, die auf Musik-CDs veröffentlicht werden – sowie rechtsextremistisch motivierte *Gewalttaten* und gemeingefährliche Taten (z. B. Körperverletzungen, Brandanschläge, Tötungsversuche). Gewalttaten (hauptsächlich Körperverletzungen) machen allerdings nur ca. 6% aller rechtsextremistischen Straftaten aus. Die Polizei stuft Gewalttaten dann als rechtsextremistisch motiviert ein, wenn ihnen Fremdenfeindlichkeit, Hass auf vermeintliche oder reale Linksextremisten und/oder Antisemitismus als Tatmotive zugrunde liegen. Im Jahre 2001 sind der Polizei 709 rechtsextreme Gewalttaten in Deutschland bekannt, 2007 steigt die absolute Zahl auf 980 Fälle (2006 waren es sogar 1.047) – das ist eine Zunahme um 38% (siehe Abbildung 3). Andere rechtsextreme Straftaten (vor allem Propagandadelikte) vervielfachten sich von 2001 bis 2007 sogar von etwa 9.000 auf rund 16.000. Der Verfassungsschutz zählte 2007 etwa 10.000 gewaltbereite Rechtsextreme, die meisten unter ihnen Skinheads (Bundesministerium des Innern 2002 bis 2008).

Die „rechte Szene" ist sehr heterogen: Ihr gehören einerseits eher spaßorientierte, oft spontan agierende und nur teilweise politisch ausgerichtete Gruppierungen an – etwa fremdenfeindliche Skinheads, im jugendlichen Szenenjargon „Glatzen" genannt. Am anderen Ende des rechten Spektrums stehen Neonazis und weitere straff organisierte, ideologisch klar ausgerichtete nationalsozialistische Organisationen (sog. „Scheitelträger").

Was macht die rechtsextreme Szene und ihre Ideologie so anziehend für einen Teil Jugendlicher? Der Rechtsextremismus zeigt sich in unterschiedlichen Formen, die jeweils unterschiedliche Bedürfnisse, Persönlichkeitsaspekte, individuelle und soziale Lebenslagen junger Leute ansprechen. So sind die fremdenfeindlichen, rechtsorientierten *Skinheads* männerdominierte Gruppierungen, die einen subkulturell-rebellischen Lebensstil kultivieren: Eine Welt voller Spaß, Action, Alkohol, aggressiver Musik und Gewalt. Diese „Glatzen" möchten mit ihren Kumpels trinken, Konzerte von rechtsextremen Bands besuchen und „gegnerische" Jugendgruppierungen (z. B. „Linke", Punks oder Ausländer) aufsuchen, um sie zu verprügeln. Innerhalb ihrer Gruppe unterstützen sie sich gegenseitig und halten eng zusammen: Die Jugendlichen helfen sich z. B. bei Reparaturen und Umzügen und besuchen inhaftierte Kameraden. Eine rechtsextreme politische Ideologie ist bei diesen Skinheads oft nur oberflächlich und diffus vorhanden; die Grundzüge des Rechtsextremismus (insbesondere Nationalismus, Fremdenfeindlichkeit, autoritärer Staat) genügen ihnen als Legitimation für ihre Aggressivität. Obwohl sie gelegentlich Demonstrationen von rechtsextremen Parteien besuchen und deren Propagandamaterial lesen, sind sie meist wenig daran interessiert, dauerhaft bei solchen Organisationen mitzuwirken: Disziplin und feste Strukturen sind nicht ihre Sache. Skinhead-Gruppen sind daher für Jugendliche interessant, die in besonderem Maße den Rückhalt einer Gruppe benötigen: „Gruppenwärme", verbunden mit kollektiven Erlebnissen, Spaß und der Möglichkeit, Wut und aggressive Neigungen auf bestimmte Minderheiten gemeinsam auszuagieren.

Deutlich politischer geht es in rechtsextremen Organisationen wie den Kameradschaften von *Neonazis* und *Parteien* wie der NPD zu. Sie sehen sich als politische Gegenbewegung („Nationaler Widerstand") zu den staatlichen und gesellschaftlichen Verhältnissen, kritisieren die Machteliten in Politik, Wirtschaft und Medien. Sie veranstalten Demonstrationen zu sozialen Themen (z. B. Hartz IV-Gesetze), gegen die Globalisierung oder gegen Israel. Zu ihren Zielen gehört etwa das Ideal eines „Vierten Reichs" mit einer rassistisch definierten „Volksgemeinschaft". Vor offener Gewalt schrecken Neonazis jedoch oft zurück, um staatlicher Kontrolle und Sanktionen zu entgehen. Zudem befürchten sie, dass ihr Ansehen in der Bevölkerung leiden könnte. Stattdessen bieten sie auch für Kinder und Jugendliche attraktive Offerten an, besonders in den ländlichen Regionen Ostdeutschlands, wo die Freizeitangebote von Staat, Kirchen und zivilgesellschaftliche Trägern zurückgegangen sind: Pfadfinderartige Aktionen, Sportveranstaltungen, Jugendfreizeiten, Feste, Konzerte. Bisweilen verteilen „Scheitelträger" CDs mit rechtspropagandistischer Musik vor Schulen oder drängen in lokale Vereine vom Fußballklub bis zur Freiwilligen Feuerwehr – alles Gelegenheiten, mit Kindern und Jugendlichen Kontakt aufzunehmen und sie für die rechtsextreme Ideologie anzuwerben. Kameradschaften und straffe Organisationen des rechten Spektrums sind demnach für Jugendliche attraktiv, die Ordnung und autoritäre Strukturen suchen und ihre Aggressivität vor allem gegen den Staat, die etablierten Parteien und Machteliten richten wollen.

Bei allen genannten Unterschieden besteht zwischen Skinheads und Neonazis durchaus eine gewisse Nähe, denn ihre Interessen überlappen sich zum Teil. Gemeinsam ist ihnen die grundlegende Ideologie, scharf zwischen Deutschen und Nichtdeutschen zu trennen. Parallelen finden sich z. B. bei Stichworten wie Fremdenfeindlichkeit, Antisemitismus, Rassismus, Nationalismus, bei verschwörungstheoretischen Verdächtigungen gegen den Kapitalismus und die Juden, bei Hoffnungen auf eine deutsche Volksgemeinschaft und einen autoritären Staat ohne demokratische Rechte sowie bei der Vorliebe für teilweise vormoderne Gesellschaftsstrukturen.

Die rechtsextremistische Ideologie von Skinheads lässt sich gut an ihren aggressiven, fremdenfeindlichen und nationalistischen Liedern veranschaulichen – bekannt sind etwa die „Zillertaler Türkenjäger" mit ihren „Doitschen Stimmungshits":

„10 kleine Negerlein
Zehn kleine Negerlein, die kam nach Deutschland rein,
einer hatte Beulenpest, da waren's nur noch neun.
Neun kleine Negerlein hamm' Drogen mitgebracht,
Russenmafia macht „Bumm Bumm", da waren's nur noch acht.
Acht kleine Negerlein, die wären gern geblieben,
da kam ein Rudel Hämmerskins, da waren's nur noch sieben [...]"
(Germanische Weltnetzgemeinschaft o. J.).

Von Frank Rennicke, früher bei der später verbotenen rechtsextremistischen Wiking-Jugend und wegen Volksverhetzung verurteilt (Verfassungsschutz des Landes Nordrhein-Westfalen 2005), stammt das „Lied von der deutsch-polnischen Freundschaft“:

> „Saufen, streiken, nix arbeiten,
> das ist auch ein Lebensstil;
> deutsche Schweine, Hitlerowskis,
> na, sie werden schicken viel [...]
> Spenden kommen viel zu wenig,
> zu uns armes Polenland,
> darum Matka, pack die Koffer,
> fahr'n jetzt ins verhaßte Land,
> wo man uns so gern' behält –
> dort gibt's auch für's Nichtstun Geld...“
> (Fahr 1995)

In den vergangenen Jahren hat sich die rechtsextreme Szene weiter ausdifferenziert und dabei auch Elemente anderer moderner Jugendkulturen aufgenommen. Neben der charakteristischen „Oi-Musik“ der Skinheads und den „martialischen Gesängen“ der Neonazis gehören nun auch Heavy Metal, Black Metal, Hate Core, Pop, Rock, Techno und Balladen zum *musikalischen Repertoire*. Damit wird ein breiterer Kreis Jugendlicher angesprochen. Auch das *äußere Erscheinungsbild* beschränkt sich nicht mehr auf Glatzen, Bomberjacken und Springerstiefel (Skinheads) bzw. Scheitelfrisur und schwarze Lederjacken (Neonazis): Erlaubt sind jetzt auch Turnschuhe, Piercings, unterschiedliche T-Shirts mit assoziationsreichen Merkmalen (z. B. LONSDALE-Aufschriften, die bei entsprechend geöffneter Jacke nur „NSDA“ sehen lassen oder „88“-Signets für den 8. Buchstaben des Alphabets, gemeint sind die Initialen HH für „Heil Hitler“). Heute werden selbst Drogen konsumiert, was früher in der Szene verpönt war (außer Alkohol und Zigaretten). Kurz: Pluralität und Stilemix der heutigen Jugend haben auch Rechtsaußen erreicht (Bundesministerium des Innern 2007; Wahl 2003; jugendszenen.com o. J.). Fremdenfeindliche Skinheads und Nazis sind zudem „geil auf Medien“: Durch Tabubrüche, Gewalt und Angsteinjagen wollen sie öffentlich sichtbar werden (Findeisen/Kersten 1999, 110f). Sie betreiben spezielle Internetforen und sammeln stolz die Zeitungsausschnitte, die über ihre Taten berichten.

Mädchen und Frauen begehen selten Gewalttaten mit rechtsextremem Hintergrund (Gaßebner et al. 2003, 48ff). Innerhalb der rechtsextremen Szene werden sie von den Männern oft „klein gehalten" und widersetzen sich relativ selten. In einer Studie des DJI beharrte ein männlicher Skinhead darauf, nur in Anwesenheit seiner Freundin ein Forschungsinterview zu geben; während des Interviews lästerte er über Frauen im Allgemeinen und seine Freundin im Besonderen – was die Anwesende stumm und mit kaum bewegter Miene zur Kenntnis nahm (Wahl 2003). In einer anderen Studie der umgekehrte Fall: Hier saß im Interview mit rechtsextremen Mädchen ein Junge dabei, um sicher zu stellen, dass „die Weiber keinen Scheiß erzählen" (Eckert et al. 2000, 331). Ein Teil der Mädchen und jungen Frauen in dieser Szene ist in den vergangenen Jahren jedoch selbstbewusster aufgetreten, möglicherweise haben sich weibliche Emanzipationsprozesse auch hier niedergeschlagen: Aspekte eines reaktionären und eines modernen Frauenbildes vermischen sich, nur „deutsche Mutter" am Herd zu sein, das reicht vielen ansonsten rechtsextrem eingestellten Mädchen nicht mehr. Gelegentlich gibt es sogar Funktionärinnen in den Neonazigruppen. Und was ausländerfeindliche und rechtsextreme Einstellungen betrifft, so sind diese bei Frauen laut Umfrageergebnissen keineswegs immer viel schwächer ausgeprägt als bei Männern (Köttig 2007; Decker et al. 2006, 48).

Wer sich mit der rechtsextremen Szene befasst, sollte bedenken, dass in der Bevölkerung insgesamt autoritäre, antisemitische und fremdenfeindliche Vorstellungen weit verbreitet sind („zu viele Ausländer", „Juden ziehen Vorteile aus Vergangenheit des Dritten Reichs", Gamper/Willems 2006) – das haben viele Meinungserhebungen der letzten Jahre ergeben. Rechtsextreme Gewalttäter leiten daraus eine Art schweigende Zustimmung zu ihren Aktionen ab. Ähnlich dürften Schlagzeilen in der Boulevardpresse wirken, die eine ablehnende Haltung gegenüber Migranten vermitteln.

Beispiel Ralf: ein rechtsextremer „Scheitelträger"

Im Besucherraum einer ostdeutschen Justizvollzugsanstalt berichtet Ralf aus seinem Leben. Das Interview findet im Rahmen der bereits erwähnten Gewalttäter-Untersuchung des DJI statt (Wahl 2001, 2003). Ralf ist 25 Jahre alt, trägt Tätowierungen, auch Nazi-Symbole. Zu Beginn des mehrstündigen Gesprächs ist er sehr nervös, zittert, hält unserem Blick nicht stand, wird dann aber immer gesprächiger.

Ralf hat bereits mehrere Haftstrafen hinter sich, unter anderem wegen schwerer Körperverletzung mit Todesfolge.

Ralfs Mutter verdient ihr Geld zunächst als Putzfrau, dann als Arbeiterin. Sie ist etwas strenger als der Vater, ein technischer Angestellter. Ralf hat zwei Schwestern, mit der einen verträgt er sich nicht besonders. Er wächst in großzügigen Wohnverhältnissen in einer Großstadt der ehemaligen DDR auf. Anders als viele ostdeutsche Kinder besucht Ralf keine Kinderkrippe, er wird von seiner Mutter betreut. Mit drei Jahren geht er in den Kindergarten, den er recht langweilig findet. Vor allem den obligatorischen Mittagsschlaf kann er nicht ausstehen.

Die Beziehung zu den Eltern ist anfangs gut. Mit seinem Vater bastelt und unternimmt er viel. Ralf kann mit seinen Eltern reden, auch über seine Probleme. Sie bestrafen ihn selten, hin und wieder bekommt er einen Klaps auf den Po.

> „Ich denke mal, ich wäre lieber bei meinem Vater gewesen in der Zeit. Der hat mich auch ab und zu vom Kindergarten abgeholt und mich dann auf seine Arbeit mitgenommen, da war eben alles interessanter für mich, als dort im Kindergarten zu sitzen und irgendwelche Sachen, so Kleckerburgen, zu bauen."

Die Langeweile im Kindergarten weckt seine Phantasie für Aktivitäten, die Erwachsene im Allgemeinen nicht gut heißen.

Die Schule empfindet Ralf als etwas interessanter. Mit seinen Mitschülern kommt er klar, aber nicht mit seiner Lehrerin.

Erst war ich traurig, dann bin ich wütend geworden

> „Als Kind, da wurde ich immer schön wohl behütet. Ja, also dann habe ich den Kindergarten überstanden gehabt, hatte meinen regulären Schulanfang, und in der dritten Klasse habe ich meine ersten Verhaltensschwierigkeiten an den Tag gelegt. Der Grund war, denke ich mal, mehr oder weniger die damals geplante Scheidung meiner Eltern, also die wollten sich scheiden lassen. Dort ging es um einen Beziehungscrash: Vater, Mutter, da bin ich zwischen denen, zwischen den zwei Parteien hin und her geschmissen worden. Erst war ich traurig, dann bin ich wütend geworden. Aber richtig wütend – ich habe das auch in der Schule gemerkt – ich habe mir dann nichts mehr sagen lassen. Aber die Lehrer lassen sich ungern auf dem Kopf herum tanzen, natürlich. Ehe ich das wieder begriffen habe, das hat eine Weile gedauert. Als meine Eltern gemerkt haben in

> der dritten Klasse, dass ich rabaukenhaft werde, haben die mich in den Sportclub gesteckt. Da sollte ich Boxen lernen. Das habe ich drei Jahre intensiv gemacht, bis ich ins Heim entlassen wurde, und da war ja eh jegliche Gewalt, körperliche Gewalt, untersagt."

In der Schule fällt Ralf unangenehm auf:

> „Kleine Prügeleien, also um Aufsehen zu erregen und um im Mittelpunkt zu stehen. Na ja, das haben die sich nicht lange angeguckt. Die haben dann gesagt, da muss ich zum Jugendamt. Das ging zwei Jahre gut, bis zur fünften Klasse, und in der fünften Klasse hat es mich halt wieder gesackt. Da habe ich dann wieder getan, was ich wollte, wie Ausreißen von zu Hause und größere Prügeleien in der Schule."

Als Ralf zwölf Jahre alt ist, lassen sich seine Eltern scheiden. Ein Mitarbeiter des Jugendamts kommt zu Besuch, um mit der Familie über Ralfs Zukunft zu beraten. Die Eltern können sich jedoch nicht gütlich auf die Frage einigen, wer das Sorgerecht für Ralf bekommen soll. Die komplizierte familiale Situation sowie die Verhaltensauffälligkeit des Jungen führen schließlich zu der Entscheidung, Ralf in ein Kinderheim einzuweisen.

> „Ja, und in der sechsten Klasse haben die mich dann ratz, fatz von der Schule abgeholt, und dann ging es ab ins Kinderheim. Dort habe ich mich ein Jahr tadellos geführt, gab es keine Probleme, war Gruppensprecher und was es da so alles gab, also auch bei den Thälmann-Pionieren, und der FDJ bin ich dann auch noch beigetreten. Ich hatte eigentlich einen relativ guten Stand, weil die zu mir gesagt haben, nach einem Jahr kannst du wieder heimgehen. Ich habe mich natürlich da darauf verlassen. Nach einem Jahr sagten die auf einmal zu mir: ‚Na, Sie waren die ganze Zeit so [...], na, so stille Wasser sind tief und trügen.' Da habe ich mir gesagt, ‚Was ihr könnt, kann ich schon lange.' Dann habe ich wieder das gemacht, was ich wollte. Also keine Hausaufgaben, drunter und drüber geschlagen, ständige Fluchten von dort. Das ging ein halbes Jahr so drunter und drüber mit mir, dann hatte ich meine erste Straftat, bin in eine Gartenlaube eingebrochen, bin auch gleich erwischt worden, und dann haben die gesagt, ich muss auf den Werkhof nach Y. Ich bin dorthin verlegt worden, gleich am selben Tag, ohne zu Zucken, Sachen gepackt und weg."

Ralf bemerkt bald, dass die Erzieher im Heim und im Jugendwerkhof (einer besonders strengen Erziehungseinrichtung der DDR) mit Jugendlichen wie ihm nicht zurechtkommen.

> „Die Problemkinder wurden immer dann, wenn sie zum Problemfall geworden sind, wieder verschifft. Das ging, bis ich dann in diesem Jugendwohnheim war, und dort hat es mir ja dann doch recht gut gefallen, da konnte ich selbstständig agieren. Da hatte ich mein Zimmer. Aber eben früh morgens meine Arbeiten gemacht und dann nachmittags Schule oder umgedreht, früh Schule und dann nachmittags Arbeit. Mädels hatten sie dort auch, also waren wir doch hellauf begeistert dort […] Aber wer unverbesserlich war, kam drei Tage in den Bunker."

Ralfs Eltern sehen die Zeit, die er auf einer Odyssee in Heimen und im Jugendwerkhof verbringt, als seine letzte Chance, wieder zu einem normalen Leben zurückzukehren.

> „Da haben meine Eltern […] mir ans Herz gelegt: ‚Wenn du es dort nicht packst, schaffst du es nie.' Ja, dann habe ich mich zusammengerissen, habe angefangen, meine Lehre zu machen und war nebenbei in Schulausbildung. So, und im Oktober 1990 haben dann meine Eltern gesagt, ich kann wieder heim kommen, Umbruch, Wende. Und dann hatte das Jugendamt nichts mehr zu sagen. Der Leiter des Jugendwerkhofs hat mir ans Herz gelegt, dort zu bleiben, aber ich war der Meinung, ja gut, da gehst du nach Hause. Und die Entlassung wurde innerhalb von zwei Tagen gemacht."

Mit 14 Jahren stößt er zu rechtsorientierten Skinheads, die sein Weltbild stark prägen. Ein einschneidendes Erlebnis betrifft einen guten Kameraden von ihm, der bei einer handgreiflichen Auseinandersetzung mit Jugendlichen nicht-deutscher Herkunft so schwer verletzt wird, dass er an den Folgen stirbt. Ralf glaubt, dass seine ausgesprochen fremdenfeindliche Haltung mit seinen persönlichen Erfahrungen zusammenhängt. Auch eine Verwandte von ihm hatte mit „Ausländern" in entsprechenden Wohnheimen zu tun:

> „Und wenn wir uns Sorgen um sie gemacht hatten und sie dort wieder herausholen wollten und eben in ein Ausländerwohnheim gekommen sind, dann kriegten wir dort ständig patzige Antworten. Wir sollten uns verpissen, und sonst irgendwas. Da war ich so 14 oder 15 Jahre. Ich hatte ja im Prinzip da ja schon irgendwie den Schliff vom Jugendwerkhof weg mit Gerechtigkeit und Zusammenhalt. Aber so ausgeprägt wurde meine Einstellung zu den Ausländern dann erst mit 15, als ich dann eben auch die richtige Seite kennen lernte."

Von nun an ist Ralfs Lebensweg geprägt von mehreren Heimaufenthalten, Jugendkriminalität und Gefängnis. Als er die achte Schulklasse geschafft hat, fängt er bei der Müllabfuhr zu arbeiten an.

> „[Kurze Zeit geht es gut,] nicht gefehlt, nicht geschwänzt, gar nichts. Dann habe ich eben mehr oder weniger den alten Freundeskreis wieder getroffen, bin da, wie soll ich nur sagen, verleitet worden. Aber ich habe eben diese Stellung im Mittelpunkt gebraucht, ich hatte bewusst wieder die alte Schnauze. Da haben wir unser erstes Auto gestohlen. Das ist natürlich auch gleich in die Hose gegangen, weil ich den eigenen Besitzer damit überfahren habe. Danach habe ich mich selber gestellt bei der Polizei und gesagt, ‚Hier, hallo, ich war es.' Und die waren der Meinung, unter Auflagen der damaligen Richterin, dass ich nicht eingesperrt werde, sondern besser nach Hause gehe. Ja, und da habe ich gedacht, ich habe einen Freifahrschein. Die Jugendrichterin, die war sehr nett, die war zuvorkommend, die hat eben immer noch irgendwo das Gute in den Menschen gesehen. Es dauerte nicht lange, da haben sie mich dann doch inhaftiert, also nach wilden Verfolgungsjagden, und dann bin ich mit dem Auto in den Friedhof gefahren, auch nur ein geklautes Auto."

Immer wieder findet er milde Jugendrichter, die ihn mit einer Ermahnung laufen lassen. Aber dann kommt er einer Bewährungsauflage nicht nach und wird für ein halbes Jahr in Haft genommen.

> „In der Zeit sind meine Eltern nach Westdeutschland gezogen, ohne irgendwas zu sagen. Also, weder „Auf Wiedersehen" noch Abschiedsbrief, gar nichts. Ich bin entlassen worden, und dann bin ich in die Wohnung der Eltern, da war alles zu. So, da war ich auf mich alleine eingestellt. Das ging einen Monat gut, dann wieder Verfolgungsjagd, Unfallflucht, Alkohol am Steuer, das wieder. Also im Prinzip die ganze Palette rauf und runter. Diesmal hat die Jugendrichterin sich das nicht gefallen lassen."

Ich habe nur noch quer geschlagen

Der Schock über den kommentarlosen Umzug der Eltern sitzt tief:

> „Ich hätte Bäume ausreißen können, bin in meine alten Verhaltensweisen zurückgefallen, ich habe nur noch quer geschlagen. Mir war im Prinzip alles scheißegal. Warum auch, ich hatte ja nichts mehr, was man mir jetzt noch wegnehmen konnte. Die hatten mir alles genommen. Später habe ich dann erstmal darüber nachgedacht, warum ist eigentlich alles so passiert? Warum haben mich meine Eltern nicht mehr verstanden? Warum sind die da rüber gegangen? Warum haben die so lange nichts von sich hören lassen?"

> „Also im Alter von 17 bis 25 war ich nicht mal zwei geschlagene Jahre draußen. Ich habe im Prinzip immer nur gelebt, was aufgebaut, mit dem Arsch wieder eingerissen, wieder aufgebaut, wieder mit dem Arsch eingerissen, wenn man es mal so sagen darf, und habe Wohnungen gehabt, die hat dann die dazumalige Freundin aufgelöst, da stand ich wieder vor dem Aus. Aber ich komme immer wieder hoch, irgendwie. Mir ist in diesem Moment jedes Mittel recht, dass ich wieder oben bin. Weil ich mir sage, ich habe es auf legalem Weg nicht geschafft, ich habe es auf dem Verbrecherweg nicht geschafft, ich habe es auf dem Gewaltweg nicht geschafft. Dann habe ich mir wieder auf dem legalen Weg mit der Familie was aufgebaut, dann habe ich die Therapie nicht geschafft, und ich habe es immer wieder probiert."

In seiner Jugend wird Ralf alkoholsüchtig, seine Kriminalitätskarriere verschärft sich durch Gewaltdelikte und rechtsextremistische Straftaten, er muss immer längere Freiheitsstrafen absitzen, auch Maßregelvollzug wegen seines Alkoholismus und seiner Gewalttätigkeit. Er liebt es, mit (meist gestohlenen) Autos Rennen zu fahren oder sich eine filmreife Verfolgungsjagd mit der Polizei zu liefern, denn das gibt ihm einen besonderen Kick. Während seiner Zeit in der Freiheit lebt er in sozialpädagogisch betreuten Wohngruppen. Er hat seit einigen Jahren eine Freundin und ein gemeinsames Kind und meint, dass er deshalb kein so wildes Leben mehr führen sollte.

Wir galten als Außenseiter, das hat Spaß gemacht

> „Von dem damaligen System in der DDR habe ich sowieso nichts gehalten. Es wurde viel von dem jugendlichen Zusammenhalt und solchen Sachen erzählt. Also es tut mir leid, damit kann ich gar nichts anfangen. Das fing bei Pioniernachmittagen an, dieses ganze rote Gesemmle ging mir so dermaßen auf den Keks, Pioniergruß machen oder ständig das FDJ-Hemd, sauber und ordentlich und gebügelt, was sollte denn das? Na, da hatte ich doch gar keine Lust drauf. Da habe ich mich diesen Kleingruppen zugeordnet. Ich hätte auch ebenso gut zur links orientierten Szene kommen können. Aber da wiederum gefällt mir eben nicht die Anarchie, gesetzesloser Staat, na was soll denn das werden? Zur Zonenzeit galten wir dann als so genannte Außenseiter, und das hat eben Spaß gemacht. Auf uns wurde geguckt, wir standen schön im Mittelpunkt."

Im Alter von 16 Jahren überfährt Ralf bei einer gewalttätigen Auseinandersetzung einen Ausländer mit dem Motorrad. Der Mann liegt mehrere Monate im Koma und stirbt dann.

> „Ja, ich meine, Gewissensbisse habe ich dann trotzdem irgendwo gehabt. Nicht dem Ausländer gegenüber, sondern gegenüber meinen Eltern."

Weichenstellungen

Wie konnte sich Ralf zu dem Menschen entwickeln, der er geworden ist? Bei jeder menschlichen Entwicklung spielen offensichtliche und latente Faktoren eine Rolle. Welche „offensichtlichen Weichen" waren auf Ralfs Lebensweg falsch gestellt?

Was Ralf während der ersten Lebensjahre erlebte, als er von der Mutter betreut wird, ist nicht bekannt. Später gelingt es dem Kindergarten offenbar nicht, individuell auf die Bedürfnisse des Jungen einzugehen – Ralf langweilt sich dort und befriedigt schon in diesem frühen Stadium seine emotionalen Bedürfnisse jenseits vorgegebener Strukturen.

Die Scheidung der Eltern und die damit verbundenen Konflikte um seine Person belasten Ralf sehr. Auch den Übergang ins Heim verkraftet er nur schwer. An dieser Stelle hätte eine erfolgreiche Konfliktberatung den Eltern vermutlich helfen können, den Heimaufenthalt durch eine friedliche Sorgerechtslösung zu vermeiden. Über Ralfs weiteren Lebensweg wurde über seinen Kopf hinweg entschieden: er musste es passiv erdulden. Eine eigenständige, aktive Lebensführung konnte er so nicht entwickeln. Zwar kann Heimerziehung durchaus hilfreich sein (abgesehen von Zwangsanstalten wie dem DDR-Jugendwerkhof, den Ralf erleiden musste), andererseits besteht die Gefahr, dass die dort versammelten „schwierigen" Kinder und Jugendlichen eine Subkultur bilden, was – zynisch betrachtet – auf einen Fortbildungskurs für Kriminalitätskarrieren hinausläuft.

Eine weitere bedeutsame Funktion kommt den Jugendrichtern in Ralfs Leben zu, die an der Schwelle zwischen Freiheit und Haftstrafe stehen. Sogar aus Ralfs Sicht war ihre Rechtssprechung sehr milde. Vielleicht wäre in seinem Fall neben besseren pädagogischen Maßnahmen ausnahmsweise einmal ein früherer „Schuss vor den Bug" sinnvoll gewesen – wie es erstaunlicherweise einige Täter in dieser Untersuchung im Nachhinein selbst erwogen, weil sie immer wieder von Jugendrichtern trotz Dutzender von Straftaten mit sanften Mahnungen davonkamen und sich nicht ernst genommen fühlten.

Schließlich ist noch die heimliche Abwanderung der Eltern von Ost- nach Westdeutschland zu nennen, die Ralf wie eine Aufkündigung der Elternschaft empfand.

4 Anarchische und linke Gewaltszene: Punks, Autonome und Antifa

In der anarchischen und linksextremistischen Szene haben die Gewalttaten in den vergangenen Jahren zugenommen – allerdings weniger kontinuierlich und zahlenmäßig geringer als in der rechten Szene (siehe Abbildung 4). Registrierten Polizei und Verfassungsschutz im Jahr 2001 noch 750 linksextreme Gewalttaten in Deutschland, so waren es im Jahr 2007 nach zwischenzeitlich etwas höheren Zahlen 833.

Alle sonstigen **linksextremistischen Straftaten** nahmen ebenfalls zu: von 2001 bis 2007 um 69%, von 1.145 auf 1.932. 2007 gab es gegenüber dem Vorjahr eine Steigerung u. a. durch Delikte anlässlich des G8-Gipfels in Heiligendamm.

Zur linksextremistischen Kriminalität zählen Körperverletzungen, Brandanschläge und Sachbeschädigungen – etwa, wenn bei Anti-

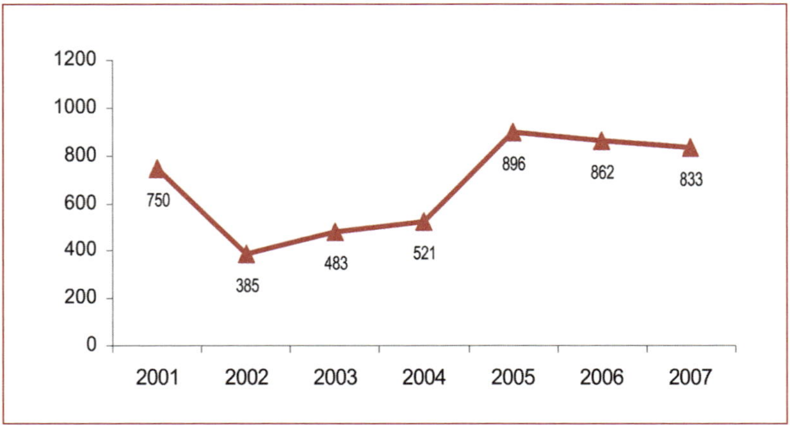

Abbildung 4: Linksextreme Gewalttaten laut Verfassungsschutzberichten 2001–2007

Globalisierungs-Demonstrationen „Bonzenautos“ angezündet werden oder wenn es anlässlich des 1. Mai in Berlin Krawalle gibt. Der Verfassungsschutz zählte 2007 etwa 6.300 gewaltbereite Linksextreme (Bundesministerium des Innern 2002 bis 2008).

Die anarchische bis linksextreme Szene versammelt verschiedene Gruppierungen, die sich hinsichtlich ihrer Gewaltbereitschaft und Gewalttätigkeit voneinander unterscheiden: Auf der einen Seite stehen die wenig organisierten, meist zurückhaltend agierenden und an spontanem Spaß interessierten Protestgruppierungen, wie z. B. die *„Punks“*. Punks tragen ihre rebellisch-systemkritische Haltung durch ihre Vorliebe für schockierende Musik und ein provokantes Outfit offen zur Schau, verhalten sich dabei aber betont lässig bis fast apathisch. Trotzdem kann es auch bei Punks zu gewalttätigen Auseinandersetzungen kommen: Gewalttätige Events wie die „Chaos-Tage“ in Hannover oder Aufmärsche rechtsextremer Feindesgruppen, die mitunter sogar durch den Einsatz von Waffengewalt gestört werden, bieten hierzu Anlass (Eckert et al. 2000, 45, 362ff).

Hierbei stehen sie oft Seite an Seite mit anderen Gruppierungen des linken Spektrums, von den *Anarchisten* und *„Autonomen“* bis zu organisierten, ideologisch-dogmatisch ausgerichteten sozialistischen oder kommunistischen, jedenfalls oft gewalttätigen Gruppierungen.

Alle Gruppen der linksextremen Szene teilen die Ansicht, dass das herrschende kapitalistische System ausbeuterisch ist und genauso wie der bürgerliche Staat abzuschaffen sei. Wie jedoch ein neues, besseres System auszusehen hat, darüber sind die Meinungen geteilt. Was von außen ähnlich erscheint, wird innerhalb der linken Szene oft sehr unterschiedlich gesehen. Einige Linksextreme träumen von einer anarchistischen Gesellschaftsform ohne staatliche und gesellschaftliche Herrschaft und Normierungen:

> „Ich bezeichne mich schon als Anarchistin, weil ich halt einmal nicht über andere Lebewesen herrschen will, und weil ich halt auch für mich möglichst autonom, also so unabhängig leben möchte, und halt auch nicht möchte, dass andere Leute Regeln für mich aufstellen oder über mich bestimmen“ (Eckert et al. 2000, 341).

Ähnlich empfinden die Punks. Andy, ein 21-jähriger Punk, der auf der Straße lebt, grenzt sich aber etwas von den Autonomen ab:

> „Irgendwie sind die [Autonomen] doch noch ein bisschen anders als wir [Punks] …, wenn die eine Aktion machen, müssen die über alles erst reden. Die müssen erst stundenlang beraten und machen und bla … Und bei uns ist es einfach so, wir machen das einfach so *just for fun*"(Permien/Zink 1998, 244)

Gruppierungen am anderen Ende des linken Spektrums streben eine formatierte, sozialistische oder kommunistische Gesellschaft an. Eine einheitliche Ideologie fehlt also im linksextremen Bereich, weitgehend gemeinsam ist aber allen Gruppen eine ausgeprägte Anti-Haltung: Antikapitalismus, Antiglobalisierung, Antikernkraft, Antirassismus, Antifaschismus, Antiimperialismus, Antimilitarismus usw. Während Punks ihre Anti-Haltung meist friedlich und still ausleben, organisieren Gruppen wie die „antifaschistische", gegen Nationalismus und Rassismus kämpfende *„Antifa"* und der besonders militante *„Schwarze Block"* spektakuläre Aktionen gegen Auftritte von rechtsextremen Gruppen und Parteien sowie krawallartige Demonstrationen gegen G8-Gipfel oder andere staatliche Veranstaltungen. Die eigene Gewalt wird zur Selbstverteidigung gegen die „strukturelle Gewalt" des staatlich-gesellschaftlichen Systems legitimiert.

Eine weitere Gemeinsamkeit vieler linksextremer Gruppen ist das Bedürfnis, sich über politische Belange auszutauschen. In der männlich dominierten Szene wird viel diskutiert und publiziert, wenngleich meist im eigenen Rahmen, verschwörerisch und abgeschottet von der Öffentlichkeit.

Genau wie das rechte Spektrum bietet auch das linke Jugendlichen die Möglichkeit, ihre persönlichen Frustrationen mit gesellschaftlichen Missständen zu begründen und so ihre Aggressionen zu legitimieren. Bisweilen dient als Begründung schlicht die eigene Psychohygiene, wie ein Mitglied einer linken Gruppe erzählt:

> „[Gewalt] ist ein Ventil, seinen Frust loszuwerden, um wieder einen klaren Kopf zu kriegen (…) Auch seelisch, du kriegst'n klaren Kopf, wenn du jemanden auf die Fresse gehauen hast irgendwie. So, wenn dir der Typ echt schon richtig lange so auf den Nerv ging und irgendwann mal das Fass überläuft, dass du völlig abtickst, ich glaub', das tut auch ganz gut" (Eckert et al. 2000, 346).

Zudem finden gerade diejenigen, die Umbrüchen und Belastungen in Familie, Schule oder Beruf ausgesetzt sind, durch die Teilhabe an einer Gruppe soziale Zugehörigkeit und Gruppenwärme (Bundesministerium des Innern 2007; jugendszenen.com o. J.).

Beispiel Uli: ein aggressiver Punk zwischen Spaß und Ideologie

Dies ist die Lebensgeschichte von Uli, einem jungen Punk, der an einer Untersuchung über die Delinquenz von Kindern und deren Bearbeitung in der Familie teilgenommen hat (Hoops et al. 2001). Die folgenden Interviewauszüge stammen aus dem Material dieser Untersuchung.

Zum Zeitpunkt des ersten Interviews ist Uli 13 Jahre alt. Er lebt mit seiner Mutter und einem älteren Bruder in einer geräumigen, freundlich eingerichteten Wohnung. Eine ältere Schwester ist schon ausgezogen. Ulis Eltern ließen sich scheiden, als er noch im Kindergarten war. Die Mutter hat einen Freund, der nicht in derselben Wohnung lebt und mit dem Uli nicht klarkommt. Die Mutter erscheint im Gespräch als eine rationale, erfolgsorientierte Angestellte, die Uli bei der Erziehung selten körperlich straft, aber auch nur wenig emotionale Wärme ausstrahlt. Sie beschreibt Ulis Vater als unzuverlässig, er habe sich kaum um die Familie gekümmert. Uli selbst berichtet von häufigen Kontakten zu seinem Vater.

Als Baby ist Uli ein „Schreikind". Später, in der Schule, erzielt er zwar gute Noten, ist aber zappelig, unkonzentriert und erwartet viel Aufmerksamkeit.

> „Ich habe so eine Aufmerksamkeitsstörung und bin hyperaktiv. Deswegen hat es immer oft so Probleme gegeben. Auf der Hauptschule, da hat der Lehrer irgendwas gesagt, und ich habe irgendwo anders rumgemacht, und da hat er gemeint: ‚Uli, was habe ich gerade gesagt?' ‚Keine Ahnung.' ‚Ja, wenn du noch einmal keine Ahnung sagst, dann schreibst mir halt eine Seite.' Nach fünf Minuten wieder: ‚Was habe ich gesagt?' ‚Weiß ich nicht.' ‚Weil das frech war, dann kriegst du gleich zwei Seiten.' Ja, ja. Das war dann ganz toll. Man kann es ihm kaum übel nehmen, weil er hat es ja nicht gewusst. Ich auch nicht. Das hatte ich schon immer. Wenn man so was hat, dann ist es angeboren."

Mutter und Vater sind sich uneinig über die Erziehung des aufmerksamkeitsgestörten, hyperaktiven Kindes und fühlen sich überfordert.

> „Da sind wir nach A. gezogen. Und dann nach B. Ja, da war ich dann bis zur dritten Klasse, und da hat es dann schon so ein bisschen angefangen, so meiner Mutter immer Geld klauen. Dann sind wir nach C. gezogen, ja, da gab es so eine Gruppe von älteren Jugendlichen, die waren schon so 17. Da habe ich einen Freund kennengelernt, und dann ist es so richtig losgegangen, so jeden Tag in einen Laden rein, eingepackt [= gestohlen] und wieder raus. Und dann hat es mit dem Kiffen angefangen, und ja, da ist dann so einiges passiert auch. Oft zur Polizei gemusst wegen irgendwelchen Sachen. Und die haben da ziemlich viel Scheiße gemacht, ich auch. Also so einige Anzeigen, so wegen Ladendiebstahl, und dann haben die, am Bahnhof war da so ein Auto gestanden, das haben die dann irgendwann ziemlich demoliert. Dann sind wir nach D. gezogen. Da war es dann ganz gut, da habe ich die Aufnahmeprüfung von der Realschule geschafft. Danach hat es eigentlich weniger gut geklappt. In der Realschule habe ich nur Sechser gehabt. Und dann bin ich das erste Mal abgehauen, da war ich eine Woche weg. Dann haben sie mich da wieder gefunden. Und dann hat mich meine Mutter abgeholt. Am nächsten Tag waren wir bei irgendeinem Psychologen oder so was, und zwei Tage später bin ich dann gleich wieder weg."

Uli schließt sich älteren Jugendlichen an, fängt mit etwa neun Jahren an zu rauchen und zu trinken, etwas später auch zu kiffen, zu stehlen, sich mit anderen zu prügeln und die Schule zu schwänzen. In der Schule hagelt es Verweise, u. a. wegen Schlägereien auf dem Pausenhof, Rauchen auf dem Schulklo, Buntstift anzünden ...

> „Ja, dann hat erst einer gegen den einen geschlägert, dann ist vielleicht noch einer von der einen Gruppe dazugekommen. Dann ist noch einer von der anderen Gruppe dazugekommen. Das hat sich dann zur Massenschlägerei entwickelt. Und dann sind Lehrer gekommen, und dann war es wieder vorbei. Haben wir alle was schreiben müss ... dürfen. Ein paar Tage Ruhe, dann hat es wieder angefangen. Auf dem Schulhof, nach der Schule oder vor der Schule."

Das anfänglich gute Verhältnis zwischen Mutter und Sohn verschlechtert sich im Lauf der Zeit immer mehr. Probleme schluckt Uli lieber hinunter, anstatt mit seiner Mutter darüber zu reden. Es gibt viel Streit wegen der Schule, der Hausaufgaben und der unerledigten Pflichten im Haushalt. Kritisch wird die Situation, als Uli mit seiner Clique anfängt, in Läden Bier und Zigaretten zu stehlen, Autos zu demolieren und mit 13 Jahren von Zuhause wegzubleiben. Uli sagt, als er zum ersten Mal abgehauen sei, sei er unter dem Einfluss seiner älteren Schwester und seiner Freunde zu einem politisch links eingestellten Punk geworden. Sein Zimmer ist mit „linken“ Postern und Symbolen geschmückt, aber Uli kann nicht vertieft über seine politische Einstellung Auskunft geben – schließlich ist er erst 13 Jahre alt.

> „[Ich wünsche mir eine] Mischung zwischen Monarchie und Anarchie. Ja, das – das wäre cool. So wieder ein König, aber mal ein guter König, und nicht so ein Depp, und der sich dann auch für die Interessen von allen einsetzt. Und dass er nicht sich so Riesenschlösser baut, so eine Kacke. Weil, was wir haben, das kann man auch nicht mehr Demokratie nennen, das ist eigentlich nur noch eine Parteienwirtschaft. Scheiße ist das.“

Uli stiehlt Geld von seiner Mutter, die das lange nicht bemerkt. Auch von seinen sonstigen Delikten will sie nichts bemerkt haben, bis die Polizei bei ihr auftaucht. Das Jugendamt schaltet sich ein. Später arbeitet die Mutter mit der Polizei und einem bestohlenen Ladenbesitzer zusammen, um Uli auf den rechten Weg zurückzuführen. Ihre Bemühungen zeigen jedoch keine Wirkung, Uli macht weiter wie bisher.

Alkohol macht Birne hohl

Ulis Taten werden – angeführt von älteren Jugendlichen seiner Clique – immer schwerwiegender: Diebstähle, Sachbeschädigungen und erhebliche Selbstgefährdung durch hohen Alkoholkonsum. Nachdem er eines Tages wieder einmal besonders viel getrunken hat („Alkohol macht Birne hohl“, sagt Uli), explodiert seine Aggressivität:

> „Abends habe ich halt den Typen getroffen, da hat er mir halt erzählt, ja, bei ihm ist niemand zu Hause. Da sind wir zu ihm und da haben wir getrunken und getrunken. Und dann sind wir irgendwann raus und halt dann da bei dem Gebäude vorbeigekommen. Dann, ich weiß nicht mehr, wer es war, ich oder er, irgendwer hat halt gesagt, komm, jetzt steigen wir da ein. Haben wir das gemacht, und dann: Alles kurz und klein geschlagen. Und dann noch das Waschbecken weg und Wasserhahn an, und dann ist halt überall Wasser gestanden, auch an den Wänden. Die müssen sie jetzt vielleicht rausreißen, deswegen ist das auch so ein hoher Schaden. Ja, und dann sind wir wieder zurück zu ihm nach Hause, und dann – ja, erwischt haben sie uns halt daran, dass wir halt Fußabdrücke auf dem Fensterbrett gelassen haben. Erwischt haben sie uns gleich am nächsten Morgen. Da haben sie geklingelt und mich mitgenommen.“

Moralische Skrupel hat Uli bei solchen vandalistischen Aktionen nicht („Ein schlechtes Gewissen hatte ich eigentlich noch nie"). Auch dass ihn die Polizei nach seinen Ladendiebstählen ermahnt (da Uli noch nicht strafmündig ist, bleiben größere Sanktionen aus), zeigt wenig Wirkung:

> „[Die Ermahnung der Polizei] war mir völlig wurscht, weil wenn ich kein Geld gehabt habe und habe was gebraucht, dann bin ich gleich in den nächsten Laden und habe mir was geholt, Selbstbedienung."

Ansonsten schnorrt er nach Punk-Manier Geld in der Fußgängerzone. Die Polizei droht ihm schließlich an, dafür zu sorgen, dass er in ein geschlossenes Heim kommt. Die Entscheidung für oder gegen solche Maßnahmen fällt aber nicht in den Verantwortungsbereich der Polizei. Auch die polizeiliche Androhung eines Heimaufenthaltes an und für sich ist problematisch, denn Heime dienen keinesfalls als Straf-, sondern als Erziehungseinrichtung (Hoops/Permien 2006). Dennoch: Die Drohung wirkt, Uli besinnt sich. Auf Anraten seiner Eltern geht er einige Zeit in eine psychiatrische Klinik, wo er durch medikamentöse Behandlung ruhiger wird, weniger raucht und trinkt und sich von seinen früheren Freunden distanziert. Die Beziehung zur Mutter bessert sich etwas, sie lobt Uli fortan häufiger, während sie ihn früher oft ausgeschimpft hat.

Heute, mit 15 Jahren, hat das Ausmaß der Straftaten deutlich nachgelassen: Zwar nimmt Uli noch gelegentlich Drogen und fällt wegen kleinerer Delikte wie z. B. Sachbeschädigungen in öffentlichen Verkehrsmitteln auf. Er versucht jedoch, mit den Geschädigten eine außerpolizeiliche Lösung zu finden. Vielleicht wird Uli sein Leben in den Griff bekommen.

Weichenstellungen

Uli war von klein auf für seine Umgebung ein „schwieriges" Kind, das viel schrie und hyperaktiv war. Seine Eltern ließen sich früh scheiden, mit dem neuen Partner der Mutter kam Uli nicht zurecht. Ulis Mutter beschrieb dagegen den biologischen Vater als unzuverlässigen Mann – doch zu ihm pflegte Uli die Beziehung weiter, vielleicht auch, weil ihm seine Mutter nicht die Wärme geben konnte, die er sich wünschte. Die Uneinigkeit der Eltern in der Erziehung, mehrere Umzüge in der Kindheit, Schwierigkeiten in der Schule aufgrund seiner Aufmerksamkeits- und Hyperaktivitätsstörung – damit kam Uli nicht klar. In dieser Phase hätte möglicherweise eine Beratung der Eltern die Eltern-Kind-Beziehung frühzeitiger in eine förderlichere Bahn lenken können.

Doch es kommt anders. Noch im Grundschulalter beginnt Uli zu trinken, zu stehlen und sich älteren, kriminellen Jugendlichen anzuschließen. Seine Frustration kann er hier in Prügeleien und Sachbeschädigungen ausdrücken. Ein Freund und seine ältere Schwester führen ihn in die linke Punkszene ein, und er beginnt ein Leben auf der Straße. Auch in dieser Zeit wirkt die Mutter teilweise überfordert, mit früheren und wirksameren pädagogischen Hilfen hätte man versuchen können, Uli aus seiner delinquenten Szene herauszuholen. Immerhin gelingt es den Eltern, für Uli eine psychiatrische Behandlung zu organisieren, nach der er sein Leben anscheinend besser in den Griff bekommt.

5 Interethnische Gruppengewalt: der Kampf um kulturelle Anerkennung

Lebenslagen von Migrantenjugendlichen

Wie erwähnt, schlagen sich Gewalttaten junger Migranten, insbesondere derer mit einem türkischen, ex-jugoslawischen oder ex-sowjetischen Hintergrund, in höherem Maße in Polizeistatistiken nieder als die der deutschen Gleichaltrigen. Soweit die schlechte Nachricht. Die gute Nachricht dagegen: Die Ausländerkriminalität ist seit Jahren rückläufig (siehe Kapitel I, 1).

Auf einige sozialstatistische Gründe für diese ungleiche Kriminalitätsbelastung haben wir eingangs hingewiesen, etwa auf die größere Häufigkeit, mit der Gewalttaten von Ausländern angezeigt werden sowie das niedrigere Durchschnittsalter der Migranten, das automatisch mehr jugendspezifische Delikte mit sich bringt. Diese Altersstruktur gilt auch für die Migranten, die erst vor kurzem eingewandert sind: Im Jahre 2006 waren 33,8% der zugezogenen Personen unter 25 Jahren, aber nur 25,6% der Gesamtbevölkerung (Bundesministerium des Innern 2007, 29).

Vor allem aber unterliegen einige Teile der Zuwanderungsbevölkerung und ihrer Nachkommen besonderen sozialen und kulturellen Belastungen: Der aktuelle „Zwölfte Kinder- und Jugendbericht“, den eine Expertenkommission für die Bundesregierung erstellt hat, listet sie auf: Migrantenkinder und -jugendliche haben im Durchschnitt eine niedrigere Schulbildung als ihre deutschen Altersgenossen und im Durchschnitt schlechtere Deutsch-Leistungen, was es ihnen erschwert, voranzukommen. 19% der 15-jährigen Schülerinnen und Schüler mit Migrationshintergrund, die wie auch ihre Eltern bereits in Deutschland geboren wurden, besuchten im Jahre 2003 die Hauptschule – also fast jede und jeder Fünfte von ihnen. Dagegen waren von den in Deutschland Geborenen der „ersten Generation", deren Eltern im Ausland geboren wurden, 44% auf der Hauptschule, also mehr als doppelt so viele. Umgekehrt sieht es am Gymnasium aus: 35% der schon länger Einheimischen sind Gymnasiasten, aber nur 12% der Ausländer der ersten Generation. Auch die ökonomische Lage von Kindern und Jugendlichen mit Migrationshintergrund ist durchschnittlich schlechter als die der Einheimischen – das zeigen die Zahlen für Arbeitslosigkeit, Armut, Wohnungsqualität und Sozialhilfebezug. So bezogen etwa doppelt so viele ausländische Kinder und Jugendliche Sozialhilfe (13%) wie deutsche. In bestimmten Stadtteilen konzentrieren sich besonders benachteiligte Familien und Jugendliche mit Migrationshintergrund (auch aus verschiedenen Ethnien gemischt), sie bilden eigene Ghettos, was ihnen den Anschluss an die deutsche Umgebungskultur erschwert. Die deutsche Gesellschaft hat einen Großteil der oft desolaten Lage von Migranten verschuldet: So wurde etwa durch den jahrzehntelang unklaren politischen Umgang mit Zuwanderern viel Misstrauen erzeugt: Sie wurden erst angeworben, dann abgestoßen, erst latent integriert, dann ausgegrenzt. Internationale Vergleichsstudien haben gezeigt, dass Deutsche am wenigsten bereit sind, Migranten in der Gesellschaft zu akzeptieren (Bundesministerium für Familie, Senioren, Frauen und Jugend 2005, 81ff, 171ff, 210, 631).

Einige Menschen mit Migrationshintergrund haben traumatisierende Lebensgeschichten hinter sich: Mit ihren Eltern flüchteten sie aus Kriegsgebieten oder Armutsregionen, in denen Gewalt alltäglich war (Flüchtlinge, Asylbewerber). Insbesondere über die so genannten Aussiedler wird im Zusammenhang mit Gewalt immer wieder diskutiert: Aussiedler aus der ehemaligen Sowjetunion gelten als deutsche Staatsbürger, weil ihre Vorfahren vor Jahrhunderten in den Osten ausgewandert sind. Dort haben sie jedoch in völlig anderen Kulturen gelebt; viele der jüngeren „Russlanddeutschen" beherrschen daher die deutsche Sprache bei ihrer Ankunft in Deutschland nicht. Unter anderem aus diesen Gründen fällt es ihnen schwer, sich rasch an deutsche Lebensverhältnisse anzupassen. Auf der anderen Seite werden sie von der deutschen Gesellschaft oftmals ausgegrenzt: Ihnen wurden nach ihrer Ankunft meist von den Gemeinden Wohnungen zugewiesen, teilweise leben sie in ghettoartigen, abgelegenen, rein russischsprachigen Vierteln. All dies erschwert ihre Integration. Die ökonomische und soziale Situation (sie sind z. B. stärker von Armut betroffen als die Einheimischen), die daraus resultiert, trägt dazu bei, dass ein Teil dieser Jugendlichen kriminell wird und wiederum ein Teil davon gewalttätig. Andererseits erreichen sie im Durchschnitt ein höheres Niveau im deutschen Bildungssystem als andere Migrantenkinder (Bundesministerium für Familie, Senioren, Frauen und Jugend 2005, 82, 171).

Der Kampf um die Ehre

Nicht nur wirtschaftliche, soziale und kulturelle Belastungen spielen bei interethnischer Gruppengewalt eine wichtige Rolle – oftmals geht es in den Kämpfen der Jugendgangs auch um die „Ehre", um die eigene kulturelle Identität: Der Journalist Hans-Volkmar Findeisen und der Kriminalsoziologe Joachim Kersten berichten in ihrem Buch „Der Kick und die Ehre" von etlichen Gemeinsamkeiten zwischen den „Russen", wie sie im Jugendjargon heißen, und den „Türkenkids": Beide Gruppierungen leben am unteren Ende der Gesellschaft (**„underclass-kids"**). In beiden Lagern tragen viele ihre junge Männlichkeit offensiv zu Markte: Sie lieben Kampfsport, aufgetunte Autos und schicke Freundinnen; die deutsche Gesellschaft empfinden sie jedoch als zu freizügig. Trotz ihrer Gemeinsamkeiten sind „Russen" und „Türken" oftmals verfeindet; teilweise schließen sie sich aber auch gegen Staat und Polizei zusammen. Viele unter ihnen sind stets bereit, die eigenen Kräfte gegenüber anderen zu erproben – zur Verteidigung der eigenen Ehre, als Beschützer oder Kämpfer gegen das Unrecht. Es kommt sogar vor, dass sich türkische, italienische und deutsche Jugendliche verbünden, um einen Brandanschlag auf eine Asylbewerberunterkunft zu verüben – Randständige verbinden sich in diesem Fall gegen noch Randständigere. Allerdings beschreibt die „Fremdenfeindlichkeit", die die Banden zur Rechtfertigung ihrer Gewalt vorbringen, oft nur einen Teil der Motive. Tatsächlich handelt es sich bei den Konfliktauslösern auch um den Streit um Mädchen, darum, bestimmte Treffpunkte zu beherrschen, oder schlicht um die Lust am Draufschlagen. Aktiv werden in solchen Fällen nur Minderheiten der Migrantengruppen. Gleichwohl sind sie aufgrund ihrer Statussymbole (Auto, teure Handy usw.) und der Fama von Gewalt, die sie umgibt, der Schrecken der deutschen Schrebergärtner und Kleinbürger, die in ihrer Nähe wohnen – und ihnen in einigen Punkten (polierte Autos, peinliche Sauberkeit) sogar ähneln (Findeisen/Kersten 1999, 77ff und 101).

Die Soziologen Eckert, Reis und Wetzstein konnten nachweisen, dass für manche ethnische Jugendgruppe **Kampf ein prägendes Muster** ist, das einen Großteil der Lebenszeit bestimmt: Dazu untersuchten sie eine türkische und eine bosnische Jugendclique. Beide Gruppen hatten ein niedriges Bildungsniveau, brachten ihren Eltern viel Respekt entgegen, litten unter dem Gefühl, von vielen Deutschen diskriminiert zu werden und reagierten darauf mit männlichem Imponiergehabe und aggressivem Auftreten (Eckert et al. 2000, 114ff). Beide untersuchte Cliquen kämpften gegen Kurden, Skinheads, Polizei, Discobesitzer, die sie nicht hereinließen, sie suchten bewusst den Kampf, indem sie etwa in der Disco so lange die Tanzenden anrempelten, bis Streit ausbrach und in einer Schlägerei endete. In den aggressiven Auseinandersetzungen suchten sie die Mischung aus Angst und Spaß als „thrill". Um auf die Kämpfe vorbereitet zu sein, trugen sie Messer und andere Waffen, wie bei Eckert et al. (2000, 124) zu lesen ist:

> „Fast jeder hat 'ne Schreckschuss- oder 'ne Gaspistole, fast jeder, grad' so zum Vorzeigen vor anderen. Ich habe die und die, und die sieht so schön aus, die glänzt und die ist schwerer als deine".

Die Probleme junger Menschen aus der Türkei, aus den Nachfolgestaaten der Sowjetunion oder Jugoslawiens, die nicht in der großen deutschen Gesellschaft, wohl aber in ihrer kleineren ethnischen Gesellschaft integriert sind, sind keineswegs neu – und die Medien befördern seit jeher neben Verständnis für diese Gruppen auch Vorurteile. Bereits 1997 veröffentlichte das Nachrichtenmagazin Der Spiegel mit der Ausgabe 16 ein damals heiß diskutiertes Titelbild: Eine junge dunkelhaarige Frau schwenkt auf einer Demonstration eine große Fahne, im Hintergrund kopftuchbedeckte, den Koran lesende Mädchen und südländische Jungen, die mit einer Würgekette drohen. Dazu der Titel „Ausländer und Deutsche: Gefährlich fremd. Das Scheitern der multikulturellen Gesellschaft". Die Titelgeschichte handelte von türkisch-, russisch- und kasachischstämmigen Jugendgangs, die untereinander heftige Kämpfe ausfochten, von der steigenden Gewaltkriminalität unter Ausländern und von den Bedrohungsgefühlen der Deutschen angesichts der „Zeitbomben in den Vorstädten". Diese Aufmachung trug dem Spiegel damals den Vorwurf ein, das Problem der Ausgrenzung von Migranten noch zu verschärfen.

Seither hat sich wenig geändert: Auch die damaligen Erklärungsversuche gleichen den heutigen. Man schimpft auf die misslingende Integration und auf die hohe Arbeitslosigkeit in Deutschland und beschuldigt die Zugewanderten, sich in ethnischen, sprachlichen und religiösen Ghettos zu verschanzen. Kurz: Als Ursache gilt die Verquickung des Gegensatzes „Arm gegen Reich" mit dem Gegensatz „ausländisch gegen deutsch". Schon damals hat man eine zunehmende Fremdenfeindlichkeit unter Deutschen festgestellt. So berichtet etwa die Schauspielerin und Schriftstellerin Renan Demirkan im selben Heft von den Demütigungen durch deutsche Ämter und Politiker, und stellt die These auf, erst die öffentliche und administrative Behandlung, die die zig anatolischen Volksgruppen in Deutschland erfuhren, habe unter ihnen ein einheitliches türkisches Volksgefühl geformt (Spiegel 16/1997).

Noch heizen die Medien mit ihren emotionalisierenden Schlagzeilen und so mancher Politiker das Problem an und tragen erheblich dazu bei, dass sich gesellschaftliche Probleme schließlich zu ethnisierten Konflikten auswachsen. Obwohl sich mittlerweile ein großer Teil von Journalisten um einen differenzierten Blick bemüht, geraten die Proportionen der Probleme in den Medienberichten doch oft aus dem Lot; so wird z. B. Ausländerkriminalität mit Gewaltkriminalität durch Ausländer verwechselt (erstere ist in den vergangenen Jahren gesunken, letztere in bestimmten Altersgruppen gestiegen). Immerhin haben Politik, Kindergarten, Schule und Jugendhilfe mittlerweile viele Initiativen gestartet, mit denen sie sich speziell um Kinder und Jugendliche mit einem Migrationshintergrund bemühen (siehe Kapitel IV).

Konfrontation an beiden Fronten

Bilkay Öney wurde in der Türkei geboren, kam als Kleinkind nach Deutschland, strengte sich in der Schule an, studierte Betriebswirtschaft, war Redakteurin, dann Abgeordnete der Grünen in Berlin. Sie ärgert sich nicht nur über die Kampagnen deutscher Politiker für die Abschiebung krimineller Ausländer, sie geht auch in Kreuzberger Hauptschulen und redet den Kindern und Jugendlichen, die fast alle aus Einwandererfamilien stammen, ins Gewissen: „Es fällt mir immer schwerer, mich in der Politik für Euch einzusetzen – wenn 80 Prozent aller jungen Intensivtäter in Berlin Migranten sind." Und: „Wenn ihr Mist baut, betrifft das doch nicht nur euch selbst. Es fällt zurück auf eure Landsleute!" Da wird es still in der Kreuzberger Schule. Aber Öney wagt sich auch zur Diskussion mit deutschen Skinheads und Neonazis: „Irgendwann habe ich gesagt: Wenn Sie hier Ausländer verprügeln, dann schadet das dem Bild Deutschlands." Das gab selbst den Neonazis zu denken. Jeden könne man bei dem packen, was ihm wichtig ist. „Jeder liebt doch irgendetwas" (Spiegel online 4.1.2008).

6 Islamistische Täter: Gewalt im Namen des Jihad

Seit den Anschlägen in den USA am 11. September 2001 sind islamistisch-terroristische Aktivitäten verstärkt ins Blickfeld der Öffentlichkeit und der Sicherheitsdienste gerückt. Die Szene wird unter anderem in Deutschland, spätestens seit den missglückten Kofferbombenanschlägen im Juli 2006, stark überwacht. In der Regel wählen islamistisch-terroristische Täter von vielen Menschen besuchte und symbolisch bedeutsame Orte für ihre Angriffe aus, z. B. Bahnhöfe oder Synagogen. Dabei nehmen sie in Kauf, nicht nur „Glaubensfeinde" oder Politiker zu treffen, sondern zufällig anwesende Menschen zu töten oder zu schädigen. Ideologisch berufen sich die Täter auf den „Jihad", einen „heiligen Krieg" zur Verteidigung und Ausbreitung des Islam. Die angestrebte islamistische Gesellschaft unterscheidet sich in ihrer Denkart grundlegend von abendländischen Vorstellungen und Demokratie. Deutschland gilt bei den „Mujahedin", den Kämpfern des „Jihad", als Teil der „Kreuzzugsfront" an der Seite der USA und Israels. Auch der deutsche Militäreinsatz in Afghanistan wird kritisiert.

Sind muslimische Jugendliche gewalttätiger?

Sicherheitspolitisch motiviert, gab das Bundesministerium des Inneren eine empirische Studie mit dem Titel „Muslime in Deutschland" in Auftrag. Die Befragung sollte persönliche Einstellungen von

Muslimen sowie ihre Stellungnahmen zu Integration und Integrationsbarrieren ermitteln und wurde 2005 von der Universität Hamburg in vier großen Städten Deutschlands durchgeführt. Die Stichprobe umfasste 970 Erwachsene, 500 Schülerinnen und Schüler zwischen 14 und 18 Jahren, 195 Studierende und 60 Mitglieder muslimischer Organisationen und Gemeinden. Ein Teil der Studie beschäftigte sich mit der Frage, wie weit der Einsatz von Gewalt akzeptiert wird.

Das Ergebnis: Die große Mehrheit der Muslime lehnt Gewalt ab. Der Blick auf die verschiedenen Gruppen zeigt ein differenzierteres Bild: Nur etwa 6% der erwachsenen Muslime akzeptieren politisch-religiöse Gewalt. Unter den Schülern sind es jedoch mit 11% fast doppelt so viele. Zu einzelnen Zwecken, etwa zur Verbreitung und Durchsetzung des Islam, finden 21% der muslimischen Jugendlichen Gewalt akzeptabel. Diese Meinung teilen knapp 6% der Erwachsenen und lediglich 2% der Studierenden.

Die Untersuchung konnte auch offenlegen, dass viele Muslime sich in Deutschland in einer Opferrolle fühlen. Die Mehrheit sieht sich nach dem 11. September 2001 unter „Generalverdacht“ und einem Klima von Misstrauen und Kontrolle ausgesetzt.

Eine solche Atmosphäre ist aus mehrerlei Hinsicht ungünstig: Zum einen betrifft sie Menschen, die durch ihren Status als Nicht-Deutsche ohnehin oft schon widrigeren Erfahrungen ausgesetzt sind als Einheimische. Zum anderen schafft sie einen Nährboden für verschärfte Sinn- und Identitätssuchen, Umorientierungen und Radikalisierungen sowie schließlich für fundamentalistische Glaubensüberzeugungen (Brettfeld/Wetzels 2007, 176; 319ff; 406; 493ff).

Angesichts dieser Problematik erscheint der Anteil islamistischer Gewaltbefürworter unter den befragten Jugendlichen manchen gar nicht so hoch. Zudem darf man Einstellungen, die in Befragungen geäußert werden, keineswegs mit einer Handlungsbereitschaft gleichsetzen. Dennoch haben diese Jugendlichen – wie einige andere bereits dargestellte Gruppen von Jugendlichen auch – ein Potenzial von Aggressivität, das eine nähere Betrachtung ihrer gesellschaftlichen Lage erforderlich macht.

Den Umfang islamistisch-aggressiver Gruppierungen in Deutschland schätzt der Verfassungsschutz auf etwa 32.000 Personen. Solche Gruppierungen sprechen in Deutschland nicht nur Muslime aus Zuwanderungsfamilien an, sondern auch deutsche Jugendliche, die anfangs nicht muslimischen Glaubens sind, aber dazu konvertieren. Islamistisch-aggressive Gruppierungen agieren weniger in großen

Organisationen als in einem Netzwerk kleiner, autonomer Zusammenschlüsse. Die Zahl ihrer Gewalttaten ist relativ gering, dafür manchmal umso Aufsehen erregender, was die Zahl möglicher oder realer Opfer betrifft. Eine wichtige Rolle für die Kommunikation innerhalb des Netzwerkes spielt das Internet. Daneben werden auch traditionelle Formen der Jugend- und Bildungsarbeit (z. B. Jugendfeste, Seminare) genutzt, um neue Mitglieder zu rekrutieren (Bundesministerium des Innern 2007).

Wurzeln des Fundamentalismus

Experten bieten ein weites Spektrum von Erklärungen an, um die Ursachen des islamistischen Fundamentalismus und der sich darin legitimierenden Gewalt zu erklären: Einige weisen darauf hin, dass historisch betrachtet die Anwendung von Gewalt zur Durchsetzung religiöser (und politischer) Interessen kein Einzelfall ist (z. B. christliche Kreuzzüge; Dreißigjähriger Krieg). Andere sehen die Gewalt im Namen des Islam als Anzeichen des von dem Politikwissenschaftler Huntington (1993) prognostizierten **„Clash of Civilizations"**, einem Zusammenprall traditioneller islamischer Familienformen und Glaubenselemente mit modernen westlichen Werten. Solche Konflikte seien angesichts der Globalisierung, durch die alte religiöse Kulturen auf moderne säkulare Kulturen treffen, fast unvermeidlich. Ein weiteres Bündel von Ursachen wird in den Einwanderungsländern gesehen, wo insbesondere muslimische Migranten mit Misstrauen und wirtschaftlicher Perspektivlosigkeit zu kämpfen haben und teilweise schlecht integriert sind (Heitmeyer et al. 1997, 183ff; Hippler et al. 2006, 76ff, 134ff).

Sehr umstritten ist die Frage nach der politischen Rolle des Islam. Einige Autoren schreiben ihm ein gegen Andersgläubige gerichtetes Gewaltpotential zu, wenn es darum geht, das von Gott gegebene islamische Recht, die Scharia, in allen Lebensbereichen durchzusetzen und demokratische Errungenschaften wie Mehrparteiensysteme oder das Recht auf Bildung zurückzudrängen. Andere Experten widersprechen einer solchen Argumentation und sagen, dass die Gewaltoption nur einen Ausnahmefall im islamischen Glauben darstellt (Waldmann 2005). Nicht zuletzt gibt es innerhalb des Islam viele unterschiedliche Strömungen. Wichtige islamische Organisationen wie der Zentralrat der Muslime und der Islamrat für die Bundesrepublik Deutschland distanzierten sich vom Terror im Namen ihrer Religion (Islam in Deutschland 2006).

Eines ist jedoch sicher: Die Gruppe der militanten Mujahedins, der „Gotteskämpfer", berufen sich auf den Islam und seine Werte und wollen die Botschaft des Korans gegen die Ungläubigen, die Libertinage und den Imperialismus des Westens durchsetzen – wenn notwendig, auch mit Gewalt.

Die biographischen Werdegänge islamistisch-fundamentalistischer Täter lassen sich bisher noch nicht genau nachzeichnen, entsprechende Untersuchungen wurden weltweit erst in den vergangenen Jahren veranlasst. Es gibt jedoch einige Hinweise, etwa aus Analysen von Wissenschaftlern des New Yorker Polizeidepartments und des Verfassungsschutzes, dass eine bestimmte **biographische Stufenfolge** existiert: Viele islamistische Täter stammen aus bürgerlichen Familien und sind im Schnitt älter als andere Gewalttäter. Die Mehrheit wird erst nach der Übersiedlung aus der islamischen Heimat in andere Länder und nach einiger Zeit der Unauffälligkeit kriminell. Es ist davon auszugehen, dass sich islamische Migranten in der neuen Gesellschaft als religiöse und kulturelle Minderheit wahrnehmen. Oft wird dieses Gefühl des Ausgegrenztseins noch durch ökonomische oder familiale Schwierigkeiten verstärkt. Für zukünftige islamistische Gewalttäter besteht „die Lösung" der Problematik darin, sich noch stärker ihrem Glauben zuzuwenden und sich von ihrem sozialen Umfeld völlig abzuschotten, anstatt sich zu öffnen. In weiteren Stufen ihrer Entwicklung lernen sie militante Muslime kennen, die sie mit einer Ideologie vertraut machen, die fordert, den Islam und alle Muslime von als nicht-islamisch betrachteten Auslegungen und Verhaltensweisen zu „reinigen". Nach und nach werden sie von ihren neuen Vertrauten in die Richtung gedrängt, selbst aktiv zu werden. Mit zunehmender Militanz ziehen sich derart radikale Gruppierungen aus den Moscheen zurück, um sich auf ihre große, letzte Aufgabe vorzubereiten: die vollkommene Identifikation mit dem Jihad und die Aufnahme des gewalttätigen Kampfes gegen ihre Glaubensfeinde – als „heilige Krieger" des Islam (Bundesministerium des Innern/Bundesministerium der Justiz 2006, 169ff; The New York City Police Department 2007).

Ideologie – Religion

Der Begriff **Ideologie** wird in den Sozialwissenschaften oft neutral, d. h. ohne Bewertung, für Weltanschauungen benutzt. In der Alltagssprache und als politischer Kampfbegriff wird Ideologie dagegen wertend verwendet: Nur der Gegner hat eine fest gezimmerte Ideologie voller Vorurteile, falscher Annahmen und Ziele; die eigene Sicht der Dinge wird dagegen als selbstverständlich, richtig und gerechtfertigt angesehen.

Ideologien sind Gedankensysteme zur Weltbeschreibung und Handlungsanweisungen für den individuellen, sozialen und politischen Bereich. Anhänger extremer Ideologien beanspruchen für sich die Wahrheit und sehen sich im Recht, ihre Vorstellungen von Menschen, Gesellschaft und Staat, anderen aufzuzwingen. Von Gegnern werden extreme Ideologien als Rechtfertigungs- oder Verschleierungsinstrumente für Herrschaftsansprüche kritisiert.

Unter dem Begriff **Religion** versteht man Glaubenssysteme vielfältigster Art, mit und ohne Annahme von höheren Wesenheiten wie Göttern oder einem Gott. Das Gedankensystem von Religionen kann Deutungen über die Entstehung der Welt, des Menschen und der Gesellschaft geben und zu bestimmten Handlungsweisen aufrufen.

Religionen und Ideologien teilen einige Eigenschaften: In beiden gibt es oft einen großen Unterschied zwischen der Binnen- und der Außensicht – die Anhänger bzw. Mitglieder einer Glaubensgemeinschaft sehen die Welt anders als äußere Beobachter oder Wissenschaftler (Glaube gegenüber kontrolliert-empirischer Erfahrung). Religionen und Ideologien können eine institutionelle Form haben, Führer, Vermittler und Anhänger umfassen. Beide definieren ihre Abgrenzungen gegenüber anderen Religionen bzw. Weltanschauungen. Beide können um Anhänger werben, sei es durch Überzeugungsversuche oder durch gewaltförmige Missionierung.

Fritz-Abdullah, ein islamistischer Bombenbastler

Fritz, der sich nach seinem Übertritt zum Islam Abdullah nennt, wird festgenommen, als er gemeinsam mit Freunden Sprengstoff für Autobomben mischt. Die Hintergründe für die Festnahmeaktion sind zwischen Bundeskriminalamt und Sicherheitsdiensten umstritten, aber Zeitungsreportagen geben zumindest ein ungefähres Bild davon, wie Fritz zu Abdullah und dieser zum Bombenbauer wurde (Dörries/ Ramelsberger 2007; Spiegel online 12.12.2007).

Fritz-Abdullah wächst in einer mittelgroßen Stadt in Süddeutschland auf, seine Eltern sind Akademiker. Seit sie geschieden sind – Fritz war 15 Jahre alt –, lebt er beim Vater. Fritz hat viele türkische

Freunde. In deren Familien spürt er eine herzlichere Atmosphäre als er sie aus deutschen Familien kennt. Als er im Gymnasium nicht versetzt wird, wechselt er auf die Realschule. Er hat kein Interesse am Lernen, stattdessen trinkt er Alkohol, kifft und hört Gangsta-Rap. In dieser Zeit findet er Unterstützung bei islamistisch-fundamentalistischen Bekannten. Durch ihren Einfluss hört er auf zu trinken und zu kiffen. Die polizeilichen Ermittler sehen an dieser Stelle eine typische Entwicklung, die erste Stufe auf dem Weg zum „Gotteskämpfer“: In einer Krise werden junge Leute von islamistischen Freunden herzlich empfangen und bekommen Hilfe; ihre Schwäche wird aber letztlich nur ausgenutzt, die Hilfe mit dem Islam begründet. Zu den wichtigen Ereignissen in Fritz-Abdullahs Jugend gehört nicht nur die Scheidung seiner Eltern, sondern auch sein Rückzug aus der Schule: Nach der neunten Klasse muss ein Freund von Fritz die Realschule verlassen, und Fritz folgt ihm aus Solidarität. Er ist jetzt 16 Jahre alt. Tagsüber hat er fortan nichts mehr zu tun und so besucht er die Moschee, geht in ein Multikulturhaus oder in ein Islamisches Zentrum. Hier nimmt Fritz die zweite Entwicklungsstufe. In dem Kulturhaus treffen sich die zum Islam konvertierten Jugendlichen, die sich kaum mehr bei ihren Eltern aufhalten. Diese Fundamentalisten überzeugen ihre neuen Glaubensbrüder davon, bis jetzt ein „falsches Leben“ geführt zu haben und machen ihnen ein schlechtes Gewissen. Gleichzeitig führen sie ihnen die Lösung aller bisherigen Schwierigkeiten vor Augen: Allah und der Glaube an den Islam.

Fritz’ Persönlichkeit stabilisiert sich dadurch zunächst einmal: Nach einigem schulischen Hin und Her schaffte er es bis zu einem Studium an der Fachhochschule. Doch Freundschaften pflegt er nur innerhalb seines religiösen Umfelds, unter anderem mit dem Sohn eines fundamentalistischen Hasspredigers, der bereits ein Terror-Ausbildungscamp besucht hat. In dieser Zeit gerät Fritz ins Visier der Fahnder.

Etliche Jahre später beschreitet er die dritte Stufe. Den jungen Muslimen wird von ihren „neuen Freunden“ erzählt, was Allah für sie vorgesehen hat. Fritz, nun Abdullah, soll ein Gotteskämpfer werden. In dieser Phase bricht Fritz-Abdullah den Kontakt zur nicht-islamistischen Außenwelt vollends ab. Kurz vor Ende seines Studiums lässt er sich beurlauben, um in ein Terror-Ausbildungscamp nach Pakistan zu reisen. Die Ermittler sind auf seiner Spur. Zurück in Deutschland heiratet er eine türkischstämmige Frau. Als er eine US-Kaserne per Auto mehrfach umrundet, wird er festgenommen, aber mangels weiterer Beweise wieder freigelassen. Einige Monate später wird er beim

Bombenbasteln verhaftet (Dörries/Ramelsberger 2007; Spiegel online 2007).

Weichenstellungen

In Fritz-Abdullahs Lebensgeschichte nimmt eine Jugendkrise, wie sie viele erleben, eine dramatische Wendung: Probleme in der Schule, mit der Familie und die Suche nach einem neuen Lebenssinn haben den Jungen anfällig gemacht für die Verführungen einer klar strukturierten religiösen Ideologie.

Zwar beschreiben auch einige der Befragten in der bereits genannten Studie „Muslime in Deutschland", dass sie im Jugendalter eine Art „geistiges Erwachen" erlebt haben, oft im Zusammenhang mit Freunden und Moscheebesuchen, wo Imame klare Orientierungen geben:

> „Ich bin eigentlich so durch Freunde, die haben mich damals immer eingeladen in die Moschee. Früher bin ich gar nicht hingegangen, aber jetzt geh ich regelmäßig so hin. Haben mich eingeladen, und dadurch hab ich eben halt Informationen gesammelt, also das gibt's und das gibt's und dann kam der Umwandel, sag ich mal so (...) Das meiste davon hab ich von der Moschee gelernt (...) von denen hab ich das immer gelernt, vom Imam" (Brettfeld/Wetzels 2007, 474).

Die Muslime aus der Studie geraten aber nicht wie Fritz-Abdullah an die kleine Minderheit der ideologisierenden Muslime und Hassprediger, die versuchen, bei ihm eigene aggressive Tendenzen zu wecken.

Fritz' Probleme beginnen, wie bei vielen anderen späteren Gewalttätern, in seiner Kindheit. Ein bürgerliches Elternhaus, aber konfliktgeladen und ohne die Wärme, die das Kind gebraucht hätte – und die er dann bei türkischen Freunden und Familien findet. Als er dann Lern-, Schul- und Jugendprobleme hat, kann das seine Familie wiederum nicht auffangen – islamistische Bekannte helfen aus. Grundsätzlich ist es problematisch, wenn junge Heranwachsende in einer Lebenskrise, die mit Sinnsuche und Neuorientierung verbunden ist, mangels besserer Alternativen auf „Hilfsangebote" stoßen, die von einer Ideologie geprägt sind. Im Mittelpunkt stehen hier nicht das Individuum selbst und seine Bedürfnisse, sondern die Instrumentalisierung einer Person für religiös-politische Zwecke.

7 Gewalttätige Mädchen: seltener oder anders?

Geschlechtsspezifische Reaktionen auf Stress und Konflikte

Obwohl in einigen Altersgruppen die Anzahl gewalttätiger Mädchen in den vergangenen Jahren leicht angestiegen ist, kann man nach wie vor sagen, dass von allen Mädchen insgesamt nur sehr wenige körperlich gewalttätig sind (siehe Kapitel I). Dabei erleben sie die zu Aggression führenden Stress- und Konfliktsituationen und die daraus hervorgehenden Emotionen Ärger, Wut usw. möglicherweise öfter als Jungen. Dennoch schlagen diese Emotionen bei Mädchen seltener in direkte Gewalt um; stattdessen verarbeiten sie sie eher internalisierend, d. h., sie stauen Gefühle der Trauer auf und reagieren mit psychosomatischen Beschwerden, Essstörungen oder Medikamentenkonsum.

Um bei den Aggressionsformen mögliche Geschlechterunterschiede präziser beschreiben zu können, hat die Forschung ihren Blick auf ein breiteres Spektrum aggressiven Verhaltens gerichtet, das auch nicht körperlich schädigende Arten der Durchsetzung umfasst. Dabei zeigte sich, dass insbesondere Mädchen, aber auch manche Jungen, ihre Aggression häufig durch Hänseleien, falsche Anschuldigungen, Provokationen, soziale Ausgrenzungen und andere Formen psychischer und verbaler Gewalt ausleben, um die Beziehungen anderer Personen zu manipulieren und zu schädigen („Beziehungsaggression"). Das haben Untersuchungen, Literaturübersichten und Erfahrungen aus der therapeutischen Praxis ergeben (Bruhns/Wittmann 2002, 16f; Foster/Hagan 2002, 685ff; Silkenbeumer 2007, 32ff; Guggenbühl 2007). Für derartige Beziehungsaggression – die kaum in polizeilichen Statistiken auftaucht – benötigt man durchaus eine bestimmte Höhe an sozialer Intelligenz (z. B. andere verstehen, ihre Reaktionen einschätzen können). Darauf haben einige internationale Studien hingewiesen (Björkqvist/Österman/Kaukiainen 2000; Andreu 2006). Insofern wirkt sich soziale Intelligenz also nicht unbedingt in jeder Situation positiv aus. Wenn Mädchen dann doch einmal (selten) zuschlagen, kann es ähnlich brutal ausgehen wie bei Jungen. In einer Untersuchung von Kirsten Bruhns und Svendy Wittmann (2002) schildert die fünfzehnjährige, sehr selbstbewusste Branka, wie sie ein Mädchen zusammengeschlagen hat, weil es „über alle gelabert" habe:

> „Ja, (...) ihre ganze Hand war aufgeschlitzt, ihr Gesicht hat geblutet und so, hat immer gesagt: ‚Hör auf, hör auf' (...) Und dann hab' ich sie an den Haaren genommen und mit der Faust (...) Und dann hatte sie eine Flasche in der Hand, wollte sie mir die Flasche ins Gesicht schlagen. (...) Habe ich ihr die Flasche weggenommen, ist sie auf den Boden gefallen, ist sie kaputt gegangen, dann ist sie auf die Flasche draufgefallen."

Branka erzählt (Bruhns/Wittmann 2002, 170 f), dass sie dazu erzogen worden sei,

> „dass (...) ich mich immer wehren soll (...) Aber ich mache sowieso immer, was ich für richtig halte und nicht, was andere sagen. (...) Man muss sich immer wehren, (...) auch wenn derjenige, der schlägt (...), stärker ist. Hauptsache, man hat zurückgeschlagen".

Auch die vierzehnjährige Alia berichtet, wie sie ein anderes Mädchen zusammenschlägt (Bruhns/Wittmann 2002, 162):

> „Ich pack' sie so auf den Boden, halt sie dann fest, hol' aus, wumm in die Seite (...) Mit meinem Gewicht, wenn ich auf sie so mit dem Bein dann draufliege, da kann sie sich auch nicht wehren (...) Oder, dann am besten ist es noch, wenn sie dann irgendwie so kleiner ist dann noch als du, oder größer, ziehst den Kopf runter und dann mit'm Knie so ins Gesicht. Aber nicht so auf die Nase, nur auf die Stirn (...) nicht auf die Nase, da pass' ich schon auf, dass ich sie nicht auf die Nase treff'. Wenn, nur hier, hier oder da. Das kann ja nicht so viel passieren (...). Ich pass auf, dass ich nicht ihre Nase treff', ich habe nämlich keinen Bock, dass ich dann irgendwie 'ne gebrochene Nase vor mir hab' oder so was".

Neben dem Motiv, die andere richtig fertigzumachen, schwingt also noch ein Rest von Empathie mit – oder die Furcht vor möglichen strafrechtlichen Konsequenzen.

Im Rahmen ihrer Doktorarbeit über aggressive Mädchen und junge Frauen, von denen einige Erfahrungen mit Heimen, Psychiatrie und Jugendarrest gemacht hatten, hat Mirja Silkenbeumer auch Jenny befragt. Diese erzählt:

> „Ja, währenddessen, also wo ich draufgehauen hab', da hab' ich, ehrlich gesagt, ne Erleichterung gefühlt. So hinterher habe ich es schon wieder bereut."

Auch bei Jenny könnte Empathie der Grund für ihre Reue sein. Möglicherweise kommt in ihrer Aussage aber auch der Wunsch nach einem nicht gewalttätigen Selbstbild zum Ausdruck oder eine Entschuldigung, ein Zugeständnis an die Erwünschtheit einer solchen Reue angesichts einer Interviewerin (Silkenbeumer 2007, 156). Es gibt Anzeichen dafür, dass derartige emotionale Ambivalenzen – das emotionale Zerrissen-Sein zwischen Gewaltneigung und Mitgefühl bzw. Reue – bei weiblichen Gewalttätern häufiger vorkommen als bei männlichen.

Weibliche und männliche Selbstbehauptung

Einige Mädchen reagieren bereits als Kinder auf bedrohliche Situationen und Ungerechtigkeiten aggressiv – für sie ist Aggression eine Überlebensstrategie der Selbstbehauptung. Andere Mädchen verhalten sich in der Jugendzeit nach männlichen Stereotypen („Stärke") und sind aggressiv, um ihr Selbstbild zu stabilisieren. Dies kann aber auch zu Überforderung und Verunsicherungen führen. Wie bei Jungen können auch bei Mädchen in der Jugend verstärkt Aggressionen gegenüber den Eltern auftreten. Als Jugendliche sind sie in der Lage, Gewalt qualitativ anders auszuüben als in der Kindheit – sie nutzen diese Fähigkeit teilweise in Rollenumkehr zu früher erfahrener Misshandlung in der Familie. Gewalt als Handlungsmöglichkeit zur Bewältigung innerer Spannungen, aber auch als Widerstandsmöglichkeit, wird insbesondere durch Gleichaltrigengruppen erleichtert. Aus dem „braven Mäuschen" wird in der Gruppe ein wehrhaftes „bad girl", das sich zumindest nach außen behaupten kann, während es innerlich unter starken Gefühlen wie Angst und Trauer leidet. Allerdings sehen Mädchen ihre Gewalttätigkeit eher als vorübergehende Phase an, die meisten wollen Anschluss an die gesellschaftliche Normalität finden (Silkenbeumer 2007, 320ff).

Im Übrigen sind viele der Bedingungen für Gewalt, die die Forschung bei Jungen gefunden hat, auch bei Mädchen wirksam: Sie reichen von Persönlichkeitseigenschaften wie rascher Erregbarkeit über einen niedrigen Bildungs- und Sozialstatus bis hin zu Schulproblemen. Außerdem wird auch bei Mädchen Gewalt begünstigt durch einen Migrantenstatus und durch Gewalt und autoritäre Erziehung in der Familie. Um solche Erfahrungen zu bewältigen, wenden sich Mädchen wie Jungen delinquenten Cliquen zu, die ihnen einen bestimmten Lebensstil ermöglichen. Dabei konstruieren sich Mädchen allerdings ein selbstbewusst-aggressives Weiblichkeitsbild, das nicht nur männliche Verhaltensmuster nachahmt, sondern diese mit traditionellen Frauenorientierungen auf Familie und „weibliche“ Berufe kombiniert (Bruhns/Wittmann 2006, 299ff).

Nach Einschätzung der Polizei gehen weibliche Tatverdächtige planvoller und überlegter vor als männliche Tatverdächtigen, die eher spontan-impulsiv aus der Situation heraus agieren (Bund-Länder-AG 2007, 13). Ergebnisse der Gehirnforschung bestätigen diese Einschätzung: Demnach kontrolliert das Serotonin-System bei Frauen aggressive Impulse wirksamer als bei Männern. Eine Reihe von Studien hat auch weitere geschlechtsspezifische Unterschiede in bestimmten Hirnstrukturen herausgearbeitet, die bei aggressivem Verhalten eine Rolle spielen (z. B. im Hypothalamus; Lück et al. 2005, 112ff; Strüber et al. 2008). Diese Ergebnisse ergänzen die Befunde der Sozialwissenschaften, wonach immer noch viele Eltern – bewusst oder unbewusst – Jungen und Mädchen jeweils geschlechtsspezifisch erziehen: zu aggressiver Durchsetzungsfähigkeit einerseits, zu friedlicher Diplomatie andererseits (siehe Kapitel III, 1)

Beispiel Anna: Ein Mädchen schlägt sich durch

Die folgende Lebensgeschichte entstammt einer Studie über die Ansichten Heranwachsender zwischen 18 und 20 Jahren, die das Deutsche Jugendinstitut mit der Max-Planck-Forschungsstelle für Humanethologie in den Regionen Leipzig und München durchgeführt hat (Wahl/Tramitz/Blumtritt 2001). Dabei wurden 128 junge Männer und Frauen interviewt und psychologisch getestet. Über einen Teil der Befragten lagen Längsschnittdaten seit der Kindheit vor, so auch für Anna.

Anna ist 20, kommt aus der Leipziger Gegend, ist klein, wirkt anfangs im Interview etwas unsicher, zeigt aber sonst keine Gefühle und spricht kaum von sich aus. Als einzige Frau unter Männern macht sie eine Straßenbaulehre.

Ihr Vater arbeitet als Meister in einer Fabrik, ihre Mutter in einer Verwaltung. Wenn sie sich an ihre Kindheit zurückerinnert, hat Anna den Eindruck, ihre Mutter sei strenger mit ihr gewesen als der Vater. Das Lieblingskind der Mutter war der Bruder. Sie erklärt das damit, dass sich die Mutter einen Sohn, der Vater dagegen eine Tochter gewünscht habe. Sie sollte dann wohl ein Junge werden und sei es quasi auch geworden.

Zu ihrer Mutter pflegt Anna keine gute Beziehung. Sie achtet sie nicht und empfindet sie auch nicht als Vorbild. Anna fühlt sich zwar einerseits von der Mutter behütet und versucht auch, gut mit ihr auszukommen, andererseits geht sie ihr aus dem Weg.

Ganz anders schildert Anna ihre Beziehung zum Vater: Als Kind habe sie ein enges Verhältnis zu ihm gehabt, sei sein Lieblingskind gewesen und fühlte sich ihm näher als der Mutter. Auch wenn sie Kummer hatte oder krank war, ging sie vorwiegend zum Vater, der sich dann um sie gekümmert habe. Obwohl der Vater auch streng war, hat sie insgesamt ein positives Bild von ihm und empfindet ihn als Vorbild.

Anna wurde nicht besonders streng erzogen, sie sagt, ihre Eltern hätten ihr vieles durchgehen lassen, sie selbst hingegen werde ihre eigenen Kinder einmal „straff rannehmen“. Allerdings empfand sie es als ungerecht, dass ihre Mutter ihren Bruder bevorzugt habe und nur sie mit ein paar Schlägen auf den Hintern bestraft wurde, wenn sie mit ihrem Bruder gerauft hatte. Dann habe sie „getobt, und wenn der Vati kam, bin ich hin und habe gepetzt“. Damit hatte die kleine Anna Erfolg, weil dann der Vater die Mutter ausgeschimpft habe. Auch bei den Großeltern fühlte sie sich wohl.

Zu Beginn der Studie befragten die Wissenschaftler auch Annas Eltern: Sie gaben an, das Kind habe lange Zeit nachts eingenässt, sei unruhig und unkonzentriert gewesen, habe schwer gelernt, sei aber auch schon früh durchsetzungskräftig gewesen. Auch Anna sagte, sie habe sich von klein auf nervös und aggressiv gefühlt, sei mit fremden Leuten nicht zurechtgekommen und habe andere gerne provoziert, bis sie wütend wurden.

Zu Annas Freizeitbeschäftigungen gehören nächtliche, illegale Autorennen; sie fährt dann, ohne angeschallt zu sein – „Ehrensache“. Ansonsten ist sie mit ihrer Clique in einem Clubhaus, um Bier und Schnaps zu trinken, Musik zu hören, auf Ausländer zu schimpfen und bei Gelegenheit einige zu verprügeln, „mit der Faust, mit dem Fuß, mit dem Baseballschläger, alles was man gerade in der Hand hat“. Anna hat selbst schon Afrikaner und Türken so verprügelt, dass sie ins Krankenhaus mussten: „Es macht halt Spaß“. Die Polizei habe sie noch nie erwischt. Ohnehin gerate sie häufig mit anderen in Auseinandersetzungen. Obwohl sie selbst teilweise einen Migrationshintergrund (ihre Großmutter stammt aus Südeuropa) und ausländische Bekannte hat, ist sie fremdenfeindlich und rechtsradikal eingestellt („Ausländer nehmen uns die Arbeit weg“), und sie schätzt ihre Eltern ähnlich eingestellt ein. Um sich „gegen die Ausländer zu verteidigen“, die sie auf der Straße angemacht hätten, hat sie einen Karatekurs begonnen.

Weichenstellungen

Aus Annas Bericht über ihre Kindheit geht hervor, dass sie wohl ein hyperaktives, aufmerksamkeits- und lerngestörtes, emotional kühles und zu Aggression neigendes Kind war. Wegen der schwierigen Beziehung zur Mutter identifizierte sie sich mit dem Vater, wählte später einen „männlichen" Beruf und steigerte ihre aggressiven Neigungen in einer Peergroup mit männlich-aggressiven Hobbys bis zu einer gewalttätigen Dominanz. Insofern haben sich hier möglicherweise schon im Temperament angelegte aggressive Dispositionen mit einer Reaktion auf die elterliche Sozialisation verbunden und Anna zu einer gefährlichen Person gemacht (Wahl/Tramitz/Blumtritt 2001, 236ff).

Es hätte hilfreich sein können, wenn eine beratende oder pädagogische Instanz die Eltern früh auf die risikoreiche Konstellation mit den so unterschiedlichen Beziehungen von Mutter und Vater zu ihr hingewiesen und die Verhaltensauffälligkeiten behandelt hätte, die ohne solche Interventionen zu immer stärkerer Aggression führten.

III Wie Aggression in Menschen entsteht

Wenn Gewalt unter Jugendlichen ausbricht, Hooligans sich nach Fußballspielen Schlachten liefern, Skinheads ausländischen oder ihnen fremd erscheinenden Menschen auflauern, Straßengangs Autos in Brand stecken und ein Amokläufer Schüler und Lehrer niederschießt, dann flammen stets öffentliche Debatten über die Ursachen dafür auf: Politiker und Journalisten erklären die Gewaltausbrüche meist mit wirtschaftlichen, gesellschaftlichen und politischen Faktoren: Armut, Arbeitslosigkeit, soziale Ungleichheit, Werteverfall, nachlassende Erziehungsfähigkeit der Familien, mangelnde Integration in die neue Heimat oder zu lasche Strafen sollen verantwortlich sein. Auch die Medien werden regelmäßig beschuldigt: Zu viel Gewalt im Fernsehen liefere junge Menschen falschen Vorbildern aus, blutrünstige Computerspiele werden insbesondere mit Amokläufern in Verbindung gebracht.

Diese **Erklärungsversuche** sind jedoch im Hinblick auf die Mehrfach- und Intensivtäter, auf die ein Großteil der Gewaltdelikte zurückgeht, verkürzt und einseitig, denn sie setzen zu spät im Leben der Jugendlichen an und beschränken sich auf die letzten Glieder langer Ursachenketten. In den Lebensläufen von Gewalttätern zeigt sich immer wieder ein typisches Muster: Schon in der Kindheit ist ein erhöhtes Maß an Aggression erkennbar. Ab der Pubertät kommen bei einigen politische gewaltlegitimierende Ideologien dazu.

Wissenschaftliche Studien haben gezeigt, dass intensives und anhaltendes gewalttätiges Handeln in der Regel **„psychische Vorläufer"** hat, die schon an Kleinkindern beobachtet werden können. So hebt sich ein Großteil der gewalttätigen Jugendlichen und Erwachsenen bereits ab dem Kindergarten- und Grundschulalter durch anhaltend extreme Emotionen und aggressive Verhaltensweisen von seinen Altersgenossen ab (Wahl 2003).

> **Hans:** „Mit den anderen Kindern im Kindergarten bin ich überhaupt nicht zurechtgekommen, es hat immer Schlägereien gegeben. Meistens ging es um Spielzeug. Ich und andere Kinder haben uns immer mit den Sandschippen geschlagen."

Dieter: „Die Kinder im Kindergarten haben mich gestresst. Die haben mich beklaut und verprügelt. Weil ich anscheinend zu aggressiv bin. Denn ich habe einem mal das Auge ausgetreten. Die haben mich die ganze Zeit genervt, und da habe ich den halt auf den Boden geworfen und ins Gesicht getreten."

Günter: „Ich wollte nicht in den Kindergarten. Meine Mutter hat mich jedes Mal da hinzerren müssen. Ja, eben aus Schüchternheit (...) Später dreht ich im Kindergarten dann aber voll auf. Einmal habe ich aus Versehen einem was auf den Kopf gehauen und einen anderen mal irgendwann von einer Leiter hinunter geworfen. Aber ich war halt immer schon ein bisschen kräftiger gebaut als der Rest. Ich konnte ja nicht riechen, dass die so wenig aushalten."

Boris: „Ich war damals schon oft traurig. Dann bin ich in mein Zimmer gegangen, habe mich eingeschlossen und geweint. Ich wurde auch wütend. Ich habe damals ein Messer bekommen, mit einer großen Klinge, um das ich meine Großmutter lange angebettelt hatte. Dann versuchte ich, damit auf meine Tante loszugehen, da war ich acht Jahre alt."

Anna: „Als Kind war ich in der Schule oft nervös und überfordert und habe andere gerne gereizt, bis sie wütend wurden." (Wahl 2007, 13ff).

Viele Gewalttäter sind als Kinder entweder überdurchschnittlich wütend und aggressiv oder auffällig ängstlich und schüchtern. Aber auch Nervosität, motorische Unruhe oder große Traurigkeit sind typisch. Diese extremen Emotionen können schon früh in Aggression und Gewalt umschlagen. Einige jugendliche Gewalttäter sind bereits im Kindergarten so aggressiv, dass sie die Einrichtung verlassen müssen. Die Mehrheit wird später aus der Schule verwiesen, weil sie andere Kinder und Mitschüler gewalttätig angreift (Wahl 2003, 105, 135).

Die Präventionsarbeit sollte daraus ihre Konsequenzen ziehen: Primär sollten sich ihre Maßnahmen auf die Aggressionskomponente beziehen, erst später auf die ideologische Komponente. Leider ist dies bei vielen sozialpädagogischen Ansätzen oder bildungspolitischen Bemühungen noch nicht der Fall.

1 Wie Erbanlagen und Umwelt zusammenwirken

Persönlichkeit und Emotionen eines Kindes entwickeln sich in einem komplexen Prozess, der genetische, neurobiologische, hormonelle, psychische, soziale und kulturelle Faktoren einschließt (wie z. B. Umwelt- und Erziehungseinflüsse von der Schwangerschaft bis zur Gegenwart). All diese Kräfte greifen ineinander und prägen die Persönlichkeitsstruktur des Individuums. Das Zusammenspiel der Faktoren beim heranwachsenden Kind und Jugendlichen bezeichnet die Psychologie als **„Entwicklungspfad"**.

Eine zentrale Fragestellung in der Öffentlichkeit wie in den Wissenschaften lautet seit Jahrzehnten: Was prägt eine Persönlichkeit mehr – die Anlage oder die Umwelt? Den ersten Schritt zur Beantwortung dieser Frage machten die Genetiker. Sie sahen die genetischen Anlagen am Anfang aller menschlichen Entwicklung. Es war lange Zeit ein beliebtes Spiel dieser Forscher, den Einfluss der Gene in Relation zum Einfluss der Umwelt bei der Herausbildung bestimmter Persönlichkeitseigenschaften zu berechnen. Dazu werteten die Forscher Zwillings- und Adoptionsstudien statistisch aus (z. B. Hamer/Copeland 1998, 120ff; Medina 2002, 239ff; Van den Oord et al. 1994; Van den Oord et al. 2000; Baker 2002; Brendgen et al. 2005). Diese Studien machen sich zu Nutze, dass die Gene eineiiger Zwillinge fast zu 100% identisch sind, die normaler Geschwister und zweieiiger Zwillinge nur zu ca. 50%, die Gene nicht leiblich verwandter Pflege- und Adoptivkinder zu 0%. Im Idealfall erfassen solche Untersuchungen eineiige Zwillinge, die früh getrennt und in verschiedenen Adoptivfamilien unterschiedlich erzogen wurden. Bleiben unter diesen Umständen die Persönlichkeitsmerkmale der Zwillinge weitgehend gleich, spricht dies für den Einfluss der Gene, entwickeln sich ihre Persönlichkeiten unterschiedlich, spricht dies für den Einfluss der Umwelt, insbesondere der Erziehung.

Die vielen empirischen Studien, *die sich mit dieser Frage befasst haben, kommen allerdings zu unterschiedlichen Ergebnissen, die eine Zusammenfassung erschweren.* Grund ist, dass sie unterschiedliche Verhaltensarten zu Grunde legen (im Fall von Delinquenz z. B. allgemeine Kriminalität, Gewaltkriminalität, antisoziale Persönlichkeit, Aggressivität), unterschiedliche Altersgruppen betrachten, Personen unterschiedlich auswählen (z. B. aus Zwillings- und Adoptionsregistern) und unterschiedliche Untersuchungsmethoden nutzen. Immerhin haben mehrere Studien die unterschiedlichen Ausmaße von Kriminalität und Aggressivität (die Statistik spricht von „erklärter Varianz“) zu 40 bis 70% auf genetische Faktoren zurückgeführt. Im Jugendalter ist der Einfluss des sozialen Umfelds (vor allem kriminelle Jugendcliquen) stärker, bei Erwachsenen macht sich wieder eher der genetische Einfluss bemerkbar. Die Teil-Erblichkeit von Aggressivität geht allerdings nicht auf ein einfaches „Aggressivitäts-Gen“ zurück. Vielmehr beeinflussen viele Gene verschiedene neuronale und psychische Anlagen bzw. Eigenschaften des Heranwachsenden, die ihrerseits Aggressivität wahrscheinlicher machen.

Über die **Epigenetik** aggressionsfördernder Eigenschaften ist noch wenig bekannt, d. h. über das, was jenseits der Gene vererbt wird oder wann die Wirkung bestimmter Gene an- oder abgeschaltet wird. Aktuell werden in den Naturwissenschaften nicht mehr nur globale Einflüsse der Gene (d. h. die gemeinsame Wirkung von im Detail teils noch unbekannten Genen) auf die Entstehung von Gewalttätigkeit erforscht, sondern auch zahlreiche biologische Vorläufer und Verstärker von Aggressivität, wie etwa *Hormone und Neurotransmitter*, vor allem Serotonin, Cortisol und Testosteron. Einige dieser neuroaktiven Substanzen wirken geschlechtsspezifisch unterschiedlich in bestimmten Gehirnstrukturen (z. B. Teilen des Hypothalamus) und werden für einen Teil der Aggressivitätsunterschiede zwischen Jungen und Mädchen verantwortlich gemacht (Coie/Dodge 1998, 808; McBurnett et al. 2000; Dölling/Hermann 2001, 172; Medina 2002, 249ff; Lück et al. 2005; Strüber et al. 2008; Roth 2008).

Die Sozialwissenschaften beharrten trotz der Befunde aus der genetischen Forschung auf der Wirkung, die die soziale Umwelt auf die Entwicklung der kindlichen Persönlichkeit hat. Auch angestoßen durch die Kritik der Sozialwissenschaftler verfeinerten Naturwissenschaftler ihre Forschungsansätze. Heute weiß man daher mehr über das komplizierte *Zusammenspiel* von genetischen *Anlagen und Umweltfaktoren.* Man geht nicht mehr davon aus, dass sich der Einfluss von Genen und Umwelt auf die Persönlichkeitsentwicklung eines Menschen exakt prozentual nachweisen lässt. Denn die genetische Veranlagung tritt sehr früh in Wechselwirkung mit Einflüssen aus der Umwelt.

So kann sich aus dem Temperament eines Kindes, seinen Emotionen und Verhaltensweisen und der Erziehung der Eltern ein Teufelskreis aufbauen. Man weiß aus der Forschung, dass eine primär genetisch bedingte, für Eltern „schwierige“ Persönlichkeit eines Kindes (z. B. „Schreibaby“ oder Hyperaktivität) das Risiko erhöht, dass Eltern mit impulsiver und feindseliger Erziehung reagieren, was dann wiederum das kindliche Verhalten verschärft (Thomas/Chess 1977;

Papoušek 2005). Ebenso hat sich eine zu geringe Sensibilität der Mütter für die Bedürfnisse und Signale des kleinen Kindes und für die notwendige Mutter-Kind-Bindung als ungünstige Entwicklungsbedingung für das Kind erwiesen (Zoccolillo et al. 2005; Vitaro et al. 2006).

2 Von Kindheit an: Was die Aggressionsentwicklung beeinflusst

Kinder, die durch ihre **genetische Veranlagung** risikobereiter sind als andere, suchen gefährlichere **Umgebungen** auf, etwa vorkriminelle Kinderbanden mit einem bereits erheblichen Aggressionspotential. Weil sie von ihrem sozialen Umfeld entsprechend angeregt werden, gehen sie sodann weitere Risiken ein. Das Resultat ist, dass diese Kinder sich im Lauf der Zeit immer riskanter verhalten (Rutter 1997; Asendorpf 1998, 112ff; Scarr 1992). Die Wissenschaft geht davon aus, dass die genetischen Anlagen eines Kindes weitgehend dafür verantwortlich sind, wie es Erfahrungen aus seiner Umwelt verarbeitet. Manche Kinder reagieren aufgrund ihrer genetischen Voraussetzungen sensibler als andere: Während dem einen Kind bei einem aufregenden Erlebnis vor Angst das Herz klopft, empfindet ein anderes Interesse und Neugierde. Je nach der Art der genetisch bedingten „emotionalen Rezeptoren“ wirken sich Einflüsse der sozialen Umwelt unterschiedlich auf Kinder aus, prägen ihren Charakter und ihre Emotionen auf unterschiedliche Weise.

Die Einflüsse der Umwelt auf heranwachsende Kinder und ihre spezifischen Persönlichkeiten können früh wirksam werden – sogar schon während der *Schwangerschaft*. So legt eine Reihe von Studien nahe, dass Mütter, die in der Schwangerschaft rauchen (und oft auch einen niedrigen sozialen Status aufweisen), häufiger aggressive Kinder bekommen (Varisco 2000). Auch *Geburtskomplikationen* und *Stress* der Mütter im Umfeld der Geburt werden von der Wissenschaft als mögliche Auslöser von Aggressivität der Kinder beschrieben (Lück et al., 39ff).

Ein wichtiges „Scharnier“ am Übergang von biotisch zu psychisch bedingten Entwicklungsprozessen ist die emotionale **Bindung** zwischen einer erwachsenen Bezugsperson (faktisch vor allem der Mutter) und dem Kleinkind. Nach der Bindungstheorie verhalten sich Kinder, die von Anfang an sicher und eng an ihre Mütter gebunden sind, später in ihrem Leben auch sicherer im Umgang mit unvertrauten Personen, sind weniger ängstlich und aggressiv (Bowlby 1995, 21f; Zimmermann 2002). Die Gehirnforschung ist dabei, entsprechende Prozesse im Gehirn des Kindes nachzuvollziehen, die bei „Traumatisierung“, d.h. bei Trennung des Kindes von seinen Eltern, aktiviert werden. Die betroffenen Gehirnareale sind für die kindlichen Emotionen zuständig und können schließlich das spätere Sozialverhalten beeinflussen (Braun/Bock 2003).

Erziehungsstile

Seit Jahrzehnten hat die Forschung zu ermitteln versucht, welche Art von Erziehung für die Entwicklung der Kinder am förderlichsten ist. Dabei kommen natürlich wechselnde pädagogische Moden ins Spiel: So haben sich die Ziele der Erziehung in westlichen Ländern z. B. weg vom Gehorsam und hin zu Selbstständigkeit gewandelt. Auch die Erziehungsmittel sind sanfter geworden, weg vom Befehl und hin zum Appell an Einsicht.

Um die individuellen Erziehungsstile von Eltern zu kennzeichnen, werden heute vielfach zwei Achsen für das elterliche Verhalten zugrunde gelegt: *Wärme versus Kälte* (oder unterschiedlich starke Zuwendung) sowie *Kontrolle versus Vernachlässigung* (oder starke versus geringe Kontrolle). Kreuzen sich diese beiden Achsen, ergeben sich vier Felder, in denen vier Typen von Erziehungsstilen angesiedelt werden:

- „Autoritäre Erziehung“ (hohe Kontrolle, geringe Zuwendung)
- „Autoritative Erziehung“ (hohe Kontrolle, hohe Zuwendung)
- „Vernachlässigung“ (niedrige Kontrolle, geringe Zuwendung)
- „Verwöhnung“ (niedrige Kontrolle, hohe Zuwendung).

Der erste Typus, die **„autoritäre“ Erziehung** mit viel Kontrolle, womöglich Einsatz körperlicher Gewalt und wenig emotionaler Wärme macht Kinder verschiedenen Studien zufolge aggressiv (Wahl 2007, 103ff). Der zweite Typus dieser Erziehungsstile **(autoritative Erziehung)** wird manchmal auch mit „Freiheit in Grenzen“ oder „Fördern und Fordern“ umschrieben. Darin sehen Entwicklungspsychologie und Pädagogik heute ein Bündel von elterlichen Verhaltensweisen, das sich in der empirischen Forschung als günstig für viele Aspekte der Entwicklung von Kindern herausgestellt hat (Walper 2007, 27). Daneben haben andere Autoren weitere positive pädagogische Faktorenbündel benannt, so einen „induktiven“ Stil, der sich auf Argumente stützt und die Kinder auf die Bedürfnisse anderer hinweist sowie ihre Selbstbestimmung und helfendes Verhalten fördert. Günstig wirkt sich auch ein „proaktiver" Stil aus, der Unterstützung mit Grenzziehung kombiniert. Diese positiven Erziehungsstile wirken nach verschiedenen Studien präventiv gegen Aggression der Kinder (Wahl 2007, 106f).

Im „Kreislauf der Gewalt" schlagen Eltern ihre Kinder, die dann selbst wieder andere Menschen schlagen. Neben dieser unheilvollen Kette sind oft noch weitere schädigende Auswirkungen elterlichen Tuns oder Nichttuns zu beobachten: psychische Kindesmisshandlung (z. B. das Kind bedrohen, einschüchtern, demütigen), sexueller Missbrauch oder Vernachlässigung. Studienergebnisse deuten darauf hin, dass die meisten betroffenen Kinder nicht nur einer, sondern gleich mehreren der genannten Gewaltformen ausgesetzt sind (Deegener 2005). Und: Je mehr **Risikofaktoren** innerhalb einer Familie zusammenspielen, desto höher ist die Wahrscheinlichkeit, dass Kinder vernachlässigt und/oder misshandelt werden. So fanden die Wissenschaftlerin Jocelyn Brown und ihre Mitarbeiter (1998) in einer Längsschnittstudie heraus, dass das Risiko für Misshandlung und Vernachlässigung, das generell bei unter 10% liegt, auf knapp 25% ansteigt, wenn in einer Familie drei und mehr Risikofaktoren vorliegen. Zu den gewichtigsten Risikofaktoren von elterlicher Seite zählen: Gewalttätigkeiten zwischen den beiden Elternteilen, die Befürwortung harscher Strafen, Ablehnung des Kindes, eigene Misshandlungs- bzw. Vernachlässigungserfahrungen, hohe Impulsivität, ausgeprägte Gefühle der Be- und Überlastung, Mangel an Einfühlungsvermögen bezüglich der Bedürfnisse des Kindes, eine negativ verzerrte Wahrnehmung sowie überzogene Erwartungen an das Kind. Auch depressive Störungen und Suchterkrankungen der Eltern gelten als Risiken. Merkmale der familialen Lebenswelt wie Armut, Alleinerziehendenstatus, kinderreiche Familie oder jugendliche Mutter sind für sich genommen nur schwache Risikofaktoren, die jedoch im Zusammenspiel mit den oben genannten vorhersagekräftigeren Risiken an Bedeutung gewinnen (Galm et al. 2007, 36).

Die soziale Umwelt eines Kindes umfasst alle prägenden Einflüsse von *Eltern, Verwandten, Erzieherinnen* und *Lehrern*: Für die Ausbildung der für Aggressivität wichtigen Emotionen (insbesondere Wut, Angst, Trauer, Ohnmacht, Lust) spielt eine entscheidende Rolle, wie diese Bezugspersonen auf das Temperament des Kindes eingehen.

Ihre **Erziehungsstile** gestalten sich in jedem sozialen und kulturellen Milieu anders: in der weltoffenen, liberalen Hafenstadt anders als in einem abgeschotteten, konservativen Bergdorf, bei Arbeitern anders als bei Akademikern, bei Zugewanderten anders als bei Einheimischen, in einer vollständigen Familie anders als bei Alleinerziehenden und nicht zuletzt gegenüber Mädchen anders als gegenüber Jungen. Kindliche Aggressivität wird durch einen autoritären, von Strafen geprägten Erziehungsstil der Eltern ebenso gefördert wie durch geringe emotionale Zuwendung – wenn sich Eltern und/oder Kinder häufig streiten, nichts zusammen unternehmen oder sich allein gelassen fühlen (Jung/ Wahl 2008). Gewalttätige Jugendliche waren in ihrer Kindheit selbst vielfach Opfer elterlicher Gewalt. Allerdings deutet vieles darauf hin, dass sich nicht nur eine strenge, womöglich gewalttätige Erziehung mit Ohrfeigen und Prügel dahingehend auswirkt, dass Kinder aggressiver werden, sondern auch eine inkonsistente Erziehung, d. h., Uneinigkeit von Mutter und Vater bei der Erziehung (einmal wird ein bestimmtes Verhalten bestraft, ein anderes mal nicht). Auch wenn sich nur ein Elternteil widersprüchlich und für das Kind unberechenbar verhält, kann dies verheerende Auswirkungen haben: In diesem Fall wird das Kind je nach Laune mal mit Liebe und Zuwendung überschüttet, dann wieder zieht sich die Mutter oder der Vater aus einem für das Kind unklaren Grund zurück, verhält sich kalt, distanziert, unnahbar („heiß-kalte Beziehungsdusche"). Auch ein vernachlässigender Erziehungsstil, d.h. zu geringe Zuwendung und Kontrolle durch die Eltern, führt oftmals zu erhöhter Aggressivität bei Kindern (Wahl et al. 2001, 263; Tramitz 2003, 147). **Konflikte, Trennungen und Scheidungen** der Eltern können von Kindern traumatisch erlebt werden, wenn Eltern und soziale Umwelt diese Prozesse für die Kinder nicht sensibel gestalten. Manche Kinder kommen mit einem neuen Partner der Mutter oder einem Stiefvater nicht zurecht, bleiben daher von Zuhause weg, suchen an anderer Stelle nach sozialem Anschluss, wenden sich dann problematischen Cliquen von Gleichaltrigen zu, mit denen sie ihre häusliche Frustration durch Aggressivität abreagieren können. Die oben dargestellten Fälle von Ken, Ralf, Uli und Fritz sind Beispiele dafür.

Temperament

Schon bei kleinen Kindern kann man unterschiedliche Persönlichkeiten beobachten: Man sieht z. B. lebhafte, an der Umwelt interessierte, aber auch schüchterne und zurückgezogene Kinder. Seit der

Antike hat man immer wieder versucht, die unterschiedlichen Persönlichkeiten nach bestimmten Merkmalen zu charakterisieren und zu Typen zusammenzufassen (vor allem nach ihrer emotionalen Stimmung, ihrem Verhältnis zu anderen Menschen, ihrer Denkart, ihren Reaktionen, ihrem Verhalten, ihrem Herangehen an Aufgaben). Bekannt sind die klassischen vier Temperamente: der traurige, misstrauische Melancholiker, der langsame, schwerfällige Phlegmatiker, der heitere, offene Sanguiniker und der impulsive, aufbrausende Choleriker.

Auch die moderne Psychologie bemühte sich, anhand empirischer Daten aus vielen Tests zu einem Ensemble von häufigen Persönlichkeitsmustern zu kommen, z. B. Introversion und Extraversion oder die **„Big Five“**:

- Neurotizismus (emotional instabil, von Gefühlen überwältigt)
- Introversion (nach innen gekehrt, zurückhaltend)
- Offenheit für Erfahrungen (an Neuem interessiert)
- Verträglichkeit (mitfühlend, hilfsbereit)
- Gewissenhaftigkeit (sorgfältig, überlegt)

Darüber hinaus gibt es weitere Listen von Temperamentsmerkmalen. Das Temperament eines Menschen bleibt über den Lebenslauf hinweg ziemlich stabil – aus sehr schüchternen Kindern werden meist auch zurückhaltende Erwachsene; sehr aggressive Kinder haben ein größeres Risiko, auch in der Jugend- und Erwachsenenphase aggressiver zu sein als andere, wenngleich sich die meisten später an die gesellschaftlichen Normen anpassen.

Zuweilen werden in der Psychologie zwei Seiten der Persönlichkeit unterschieden: das **Temperament**, das auf die genetische Ausstattung zurückgeführt wird, und der **Charakter** (z. B. Selbstlenkung, Kooperationsfähigkeit), der sich durch Erziehung und Lebenserfahrungen herausbildet. Beide Aspekte stehen in Wechselwirkung.

Temperamentszüge sind also angeboren, früh in der Kindheit bemerkbar und somit tief in der Persönlichkeit verankert. Das gilt auch für Impulsivität, Jähzorn oder Ängstlichkeit, die oft am Anfang von Entwicklungspfaden zu erhöhter Aggressivität stehen. Daher müssen präventive pädagogische oder therapeutische Maßnahmen früh ansetzen und lange genug dauern, um diese tiefen Verankerungen zu erreichen und nachhaltig wirksam werden zu können. Nur mit langfristiger Unterstützung können Menschen problematische emotionale Reaktionsformen aufweichen und in alternative Verhaltensweisen umlenken – je früher im Leben, desto einfacher.

Krippen, Kindergärten und Schulen sind für Kinder ein neues soziales Umfeld, wo sie zunächst mit fremden Erwachsenen und Kindern konfrontiert werden. In dieses Umfeld bringen sie die Erfahrungen mit, die sie in ihrer Familie gemacht haben. Sie begegnen dort weiteren Menschen, die sie in der Entwicklung ihrer Persönlichkeit nachhaltig beeinflussen: Einerseits lernen sie, sich mit pädagogischen Autoritäten auseinanderzusetzen, andererseits haben sie die Aufgabe, sich in eine Gruppe Gleichaltriger einzufügen. Von ihrer **„Peergroup"** erfahren sie, wie ihre eigene Person auf andere wirkt, zugleich lernen sie, ihre Position in der Gruppe einzuschätzen. Unter Gleichaltrigen üben Kinder soziale Rollen und Verhaltensweisen ein: Sie machen die Erfahrung, sich verbal oder körperlich zu verteidigen und durchzusetzen, Kompromisse auszuhandeln oder ausgeschlossen zu werden. Im ungünstigsten Fall können Kinder in einer Gruppe lernen, sich mit aggressiven Mitteln Vorteile zu verschaffen. Genauso kann es passieren, dass sie durch autoritäres, unsensibles Verhalten von Erziehern oder Lehrern verängstigt werden und sich zurückziehen – bis eines Tages ihre Frustration in Gewalttätigkeit umschlägt.

Nachdem die neuesten Ergebnissen der internationalen PISA-Studien erschienen waren (Deutsches PISA-Konsortium 2001), wurde erneut über Mängel der deutschen Schulen und Kindergärten diskutiert. Eine zentrale Schlussfolgerung aus den PISA-Ergebnissen war, dass deutsche Kindergärten Kinder nicht angemessen auf die Schule vorbereiten. In anderen Studien wurden Qualitätsmängel der Kindergarten-Pädagogik offengelegt (z. B. Tietze 1998; siehe auch Kapitel IV, 3)). Der geschilderte Fall „Ralf: ein rechtsextremer Scheitelträger" zeigt exemplarisch, dass jugendliche Gewalttäter sich als Kinder oft im Kindergarten langweilen, in der Schule überfordert fühlen und daher spannende Erlebnisse jenseits erzieherischer Normengrenzen suchen. Weitere Untersuchungsergebnisse verdeutlichen, dass schulische Frustrationen und deren Auswirkungen, wie z. B. Klassenwiederholungen, Schul-Unlust und Konkurrenzkämpfe zwischen Schülern, mit höherer Aggressivität einher gehen (Mansel 2000). Für einige Schüler gerät die Schule zum Alptraum, zu einem Ort, an dem sie von anderen Kindern regelmäßig geschlagen, bedroht und gedemütigt werden (Wahl 2007, 116ff). Es gibt also keinen Zweifel daran, dass nicht alle Kinder den Kindergarten und die Schule als Oasen friedlichen Aufwachsens empfinden, in denen sie gefördert werden und ihre sozialen Kompetenzen ausbilden könnten.

Mit der **Jugendphase** beginnt ein Prozess, der viel Konfliktpotential birgt: die Ablösung vom Elternhaus, zunehmende Selbstständigkeit, der Übergang von der Schule in die Berufsausbildung und in einen Beruf – oder in die Arbeitslosigkeit. Für diesen Prozess brauchen Jugendliche (soziale) Kompetenzen und Unterstützung durch andere. In dieser Phase des Entwicklungspfades nimmt die Achterbahnfahrt ihren Anfang, die als „Identitätssuche" beschrieben wird. Es geht um Fragen wie „Wer bin ich?", „Wie sehen mich die anderen?", „Wie bekomme ich Selbstwert und Anerkennung?", „Wie möchte ich sein?", „Was gibt meinem Leben Sinn?" Die Antworten darauf finden Jugendliche vor allem in der Auseinandersetzung mit anderen Jugendlichen. Die Jugendgruppenforscher Eckert et al. (2000) beschreiben solche Suchprozesse ausführlich: Mit dem Einsetzen der Pubertät verringert sich der elterliche Einfluss kontinuierlich in dem Maße, wie der Einfluss der Peergroup wächst.

Viele Jugendliche leiden heute unter einem Gefühl der Orientierungslosigkeit und Unverbindlichkeit: Historisch betrachtet, haben sich die Bindungen und der Kontakt zwischen den Generationen zunehmend gelockert, ihre Wohnungen und Arbeitsplätze liegen meist nicht mehr unter einem Dach. Die Kontrolle durch Nachbarn, aber auch das nachbarschaftliche Miteinander nehmen in einer Zeit gestiegener Mobilität und tendenzieller Anonymität in modernen Städten ab. Traditionellen Institutionen der Lebensnormierung wie den Kirchen laufen die Mitglieder davon, auch Kulturen wie das Arbeitermilieu haben an Prägekraft eingebüßt. Das Zeitalter der Individualisierung und Globalisierung gibt keine biographischen Muster mehr vor, daher müssen Jugendliche heute die Chance ergreifen – oder den Druck aushalten – sich ihre Sinnzusammenhänge überwiegend selbst herzustellen. Sie müssen sie selbst zusammenbasteln aus dem riesigen Angebot der „Lebensstile", dem Baukasten der Weltanschauungen, Musik- und Kleidermoden, die heute vor allem in den Massenmedien und Jugendkulturen zur Schau getragen werden. Bei der Auswahl spielen Emotionen und Ideale eine große Rolle: Jugendliche streben nach Selbstverwirklichung, möchten aber gleichzeitig die Erwartungen der Freundesgruppe erfüllen, um dort anerkannt zu werden. Sie wollen ihre persönlichen Probleme selbst bewältigen oder kompensieren: Konflikte mit den Eltern, Ablösung vom Elternhaus, Schulprobleme, Berufswahl, Ausbildungs- und Arbeitsplatzsuche oder drohender Ausschluss vom Arbeitsmarkt bei wenig Gebildeten. Die meisten Jugendlichen beschaffen sich ihre bevorzugte soziale Umgebung in unauffälliger Weise, ob von den Eltern unterstützt oder bloß geduldet: Sie engagieren sich z. B. in Sport- und Musikvereinen, bei den Pfadfindern oder in kirchlichen Organisationen. Zusammen mit

Freunden gehen sie ins Kino oder in die Disco. Bei Aktivitäten wie diesen sehen die Jugendlichen ihre emotionalen Bedürfnisse ausreichend befriedigt, finden Spaß, erfahren Selbstwirksamkeit und Selbstwertgefühl, Sinn und Identität.

Einige wenige Jugendgruppen, in denen sich aggressionsgeneigte junge Leute treffen, benutzen zur Selbstdefinition und Abgrenzung von anderen jedoch auch gewalttätige Mittel, sie befürworten den Kampf gegen „gegnerische" Gruppen, Staat und Polizei. Von außen betrachtet „stolpern" Jugendliche in eine gewalttätige Jugendszene hinein, probieren sie in einem „trial and error"-Prozess aus. Dem liegt jedoch ein bestimmter Mechanismus zugrunde: Einerseits werden seit der Kindheit aggressive Personen von noch mehr Aggression versprechenden Gruppierungen angezogen. Andererseits wird die Gruppe mit jedem neuen Mitglied mächtiger und für Gleichgesinnte attraktiver. Dazu kommt die hoffnungsvolle Absicht der Jugendlichen, irgendwo dazuzugehören. Die geschilderten Lebensläufe verdeutlichen die Suche nach Geborgenheit: Ken empfindet die Hooligans als seine zweite Familie, Ralf fühlt sich bei den Skinheads wohl, Uli bei den Punks, Fritz bei seinen muslimischen Freunden. In der Gruppe können Jugendliche Emotionen wie Unsicherheit, Angst, Wut, Liebe und Freiheitssehnsüchte kompensieren bzw. ausleben, in Musik, Ritualen und Tanz kultivieren. Die emotionale Verbindung zwischen den Gruppenmitgliedern entsteht aufgrund ähnlicher Biografien und Lebenserfahrungen: Aufgrund schwieriger Beziehungen zu den Eltern, der gemeinsamen kulturellen Herkunft oder aufgrund wirtschaftlicher, sozialer und kultureller Benachteiligung. Gewalt ist schließlich das Mittel, mit dem sich die Gruppenmitglieder von ihren Altersgenossen abgrenzen, die von ihnen als überlegen und besser ausgestattet wahrgenommenen werden. Gleichzeitig bekämpfen aggressive Jugendgruppen „schwächere" Jugendliche, die als vermeintliche Konkurrenz empfunden und verachtet werden. Allerdings gibt es dabei keineswegs immer eine klare Trennung zwischen Tätern und Opfern. Jugenduntersuchungen zeigen immer wieder, dass ein Großteil der Jugendlichen beide Rollen kennt, also **Opfer und Täter** zugleich ist (z. B. Mansel 2000). Das kann mit der etwa gleichen Körperstärke zu tun haben, aber auch mit situativ unterschiedlich großen Gruppen, die sich gerade streiten.

Der Zusammenhalt der Gruppe wird durch gemeinsame Vorlieben verstärkt: Durch den gleichen musikalischen und modischen Geschmack, das gleiche ideologische Gedankengut sowie das gleiche Verständnis von Unterhaltung und Spaß.

In vielen Szenen dominieren männliche Jugendliche. Manche demonstrieren eine machohafte Männlichkeit, betrachten Mädchen nur als schmückenden „Anhang“ und als Mittel zur sexuellen Befriedigung. Offenbar suchen Jungen eher als Mädchen Unterhaltung und Anerkennung in öffentlich sichtbaren Cliquen. Mädchen halten sich hingegen tendenziell an Eltern sowie an die „besten“ Freundinnen und Freunde (Eckert et al. 2000, 13ff; 398ff). Seit einiger Zeit lässt sich jedoch beobachten, dass ein Teil der Mädchen in den Jugendszenen selbstbewusster auftritt – auch durch eigene Gewalt (Bruhns/Wittmann 2002, 261f). Die Tatsache, dass körperliche Gewalt hauptsächlich von Jungen und Männern ausgeübt wird, während Mädchen und Frauen es eher bei psychischen und verbalen Aggressionen belassen, wird von den Natur- und Sozialwissenschaften unterschiedlich erklärt: So verweisen die Naturwissenschaften auf die evolutionsbedingte Entwicklung von Geschlechtsunterschieden bei der aggressiven Auseinandersetzung von Männern mit der Umwelt (Jagd) und mit anderen Männern (Konkurrenzkampf um Frauen, Krieg). Biologische Theorien dahinter besagen – sehr verkürzt dargestellt –, dass Frauen zu ihrer Fortpflanzung mehr in die Aufzucht ihrer Kinder investieren müssen als Männer: Frauen entwickeln im Laufe ihres Lebens relativ wenige und daher wertvolle Eizellen, die Männer dagegen eine riesige Zahl von Spermien. Frauen sind durch Schwangerschaften (samt ihrer Risiken) und die Kinderaufzucht mehr beansprucht als Männer. Daher sind Frauen bei der Partnerwahl „wählerischer“, und Männer müssen um sie konkurrieren. In den Jahrmillionen der Evolution haben sich dabei aggressive Mittel bewährt, denn für Frauen waren diejenigen Männer attraktiv, die genügend Stärke versprachen, sich in der Konkurrenz um Nahrung, Territorien usw. durchzusetzen und ihren Nachwuchs zu verteidigen (Trivers 1972; Daly/Wilson 2002).

Sozialwissenschaftlerinnen hingegen führen als Erklärung an, dass Jungen und Mädchen jeweils unterschiedliche geschlechtsspezifische Verhaltensmuster in Familien und Bildungseinrichtungen vermittelt werden, die auf seit langem durchgesetzten patriarchalischen Gesellschaftsstrukturen und Ideologien beruhen, die eine männliche Hegemonie beibehalten möchten (z. B. Rommelspacher 1991).

Tatsächlich haben beide Wissenschaften recht. Die empirische Forschung erbrachte Hinweise auf biologische *und* sozialkulturelle Faktoren. So belegt eine neuseeländische Längsschnittstudie, die Kinder seit der Geburt beobachtete, dass ein Teil der Jungen schon früh in der Kindheit biopsychische Persönlichkeitsmerkmale aufweist wie etwa Hyperaktivität, mangelnde Impulskontrolle und weitere kognitive und neurologische Risikofaktoren. Aufgrund dieser Merkmale sind sie anfälliger für Aggressivitätsentwicklung als Mädchen (Moffitt 2003). Grundlegend sind Unterschiede zwischen bestimmten Bereichen des männlichen und weiblichen Gehirns, unter anderem an den Teilen des Hypothalamus, die mit Aggressivität in Verbindung stehen. In dieselbe Richtung wirken neuroaktive Substanzen wie Serotonin: Auch sie bewirken, dass Mädchen und Jungen aggressive Impulse unterschiedlich erfolgreich kontrollieren können (Roth 2008; Strüber et al. 2008).

Laut einer aktuellen Schülerbefragung spielen kulturelle Männlichkeitsideale und Normen ebenfalls eine große Rolle für geschlechtsspezifische Aggressionsausprägungen – so wird vielen Jungen mit türkischem oder exjugoslawischem Hintergrund, die noch eher in traditionelle Strukturen eingebunden sind, beigebracht, die Familienehre zu verteidigen; wenn nötig, mit Gewalt. Anhand kultureller Normen lässt sich teilweise erklären, warum bei männlichen Jugendlichen dieser Kulturkreise Gewalttätigkeiten stärker verbreitet sind und eher akzeptiert werden als unter ihren deutschen Altersgenossen (Baier et al. 2006). Das unterschiedliche Ausmaß der Gewalt bleibt laut einigen Studien auch dann bestehen, wenn man deutsche und *Migrantenjugendliche* mit gleichem Bildungsniveau vergleicht. Selbst wenn man den Faktor ausschließt, dass nicht-deutsche Eltern aufgrund ihrer traditionellen Kulturmuster mehr Gewalt in der Familie anwenden als deutsche, bleibt die höhere Gewaltneigung nicht-deutscher Jugendlicher bestehen (Baier/Pfeiffer 2007). Die unterschiedlichen Kulturmuster der Gewaltakzeptanz scheinen also recht stabil in Menschen verankert zu sein.

Mit dem komplexen Zusammenspiel von genetischen Anlagen und Einflüssen aus der Umwelt lässt sich erklären, warum sich manche Kinder bereits früh durch extreme Emotionen von anderen abheben und gewalttätig werden. Doch wie so oft in den Wissenschaften sind auch hier noch viele Fragen offen: Weder die Genetik noch die Sozialisationsforschung, die Entwicklungspsychologie oder die Erziehungswissenschaft konnten die komplizierten Entstehungsprozesse der Persönlichkeitsstruktur, der Emotionen und Aggression bisher vollständig entschlüsseln.

Immerhin hat man einige **typische Verläufe in den Biografien** hoch aggressiver Menschen erkannt:

Am Anfang stehen individuelle Persönlichkeiten mit extrem starken Emotionen in der Kindheit – Wut, Angst, Ohmacht, Misstrauen,

Trauer oder auch allgemeine Nervosität bzw. ADHS (Aufmerksamkeitsdefizit- und Hyperaktivitäts-Syndrom). Eltern, Erzieherinnen und Lehrer reagieren darauf oft nicht gelassen und fördernd, sondern überfordert, aggressiv oder das Problem ignorierend. Das wiederum lässt die Kinder immer aggressiver werden, sie schlagen andere Kinder. Darauf reagieren Kindergarten und Schule harsch, bis hin zum Ausschluss. Auf der Straße schließen sich diese Kinder dann anderen Kindern und Jugendlichen in ähnlicher Lage an, womöglich eingebettet in eine insgesamt gewalttätige Szene, die zusätzlich von einer Ideologie (z. B. Rechtsextremismus) geprägt sein kann. Solche Gruppierungen laufen Gefahr, sich von anderen abzugrenzen: „Wir" gegenüber „den anderen", die bald zu „Feinden" werden, die „Guten" gegenüber den „Bösen". Die Soziologie vertritt die Ansicht, dass es für soziale Gruppen geradezu überlebenswichtig ist, sich vom Rest der Gesellschaft abzugrenzen, die eigene Besonderheit durch die Unterscheidung von den anderen zu betonen. Die Psychologie erklärt den Abgrenzungsmechanismus mit den Vorteilen, die solche einfachen Abgrenzungsmuster für die Psyche des Einzelnen mit sich bringen: Die Komplexität der Welt wird auf einfach zu Begreifendes reduziert, der eigene Selbstwert wird auf Kosten anderer erhöht. Das Phänomen, dass sich Gruppenmitglieder von Außenstehenden abgrenzen, beschäftigte unter anderem den Philosophen Arthur Schopenhauer:

> „Aber jeder erbärmliche Tropf, der nichts in der Welt hat, darauf er stolz sein könnte, ergreift das letzte Mittel, auf die Nation, der er gerade angehört, stolz zu seyn" (Schopenhauer 1946, 383).

Wenn man wenig hat, das abgegrenzt werden kann – wenig Bildung, wenig Geld, wenig Teilhabe an attraktiven, aber teueren Freizeitmöglichkeiten –, bleibt nur noch Abstraktes, etwa ein ästhetischer Proteststil wie der der Punks, oder etwas, das man gratis bekommt, wie die Nationalität. Rechtsextreme deutsche Jugendliche, die aus wirtschaftlich und sozial benachteiligten Verhältnissen stammen, mögen sich aus diesem Grund gegenüber Ausländern erhaben fühlen.

Jugendgruppen, die sich gegenüber Andersartigen abschotten, sind häufig delinquent. Kleinkriminalität wie z. B. Ladendiebstahl und Schwarzfahren ist an der Tagesordnung, wenn man kein eigenes Geld verdient, aber in der Konsumwelt der „angesagten" Dinge mithalten

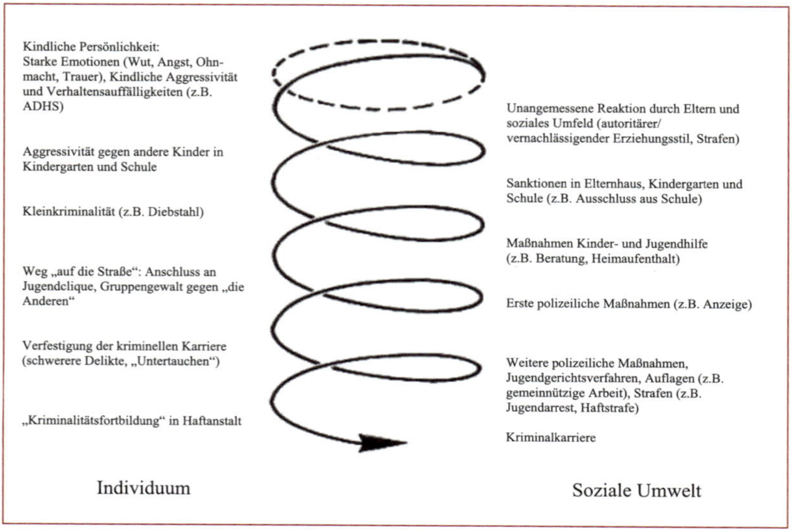

Abbildung 5: Negativspirale – der Weg zur Kriminalkarriere

und mobil sein möchte. Nicht selten wächst sich solcherart Kleinkriminalität zu Gewalttaten aus: „Jacken abziehen", Handys rauben, andere verprügeln. Aus der Jugendclique auszusteigen ist schwierig, denn die Gruppe fährt ihr Droharsenal auf, man wird als Verräter gebrandmarkt. Wenn nach ersten Gewalttaten die Kinder- und Jugendhilfe sowie Polizei auf den Plan treten, beginnt oft eine Kriminalkarriere, die trotz der Beteiligung verschiedener Instanzen in heftiger Gewalt kulminiert. In dieser Negativspirale kreisen Institutionen wie Jugendämter, Jugendgerichte und Psychiatrien, ihre Sanktionen reichen vom Jugendarrest bis hin zur Jugendhaftanstalt (siehe Abbildung 5). In vielen Phasen dieses Verlaufs könnte man gegensteuern – dazu später mehr.

3 Explodieren oder gelassen bleiben? – Wie Emotionen in Aggression umschlagen

Umgang mit Frustration

Wie kommt es, dass starke Emotionen schon bei Kindern in Gewalt umschlagen können? – Oft spielen hier verschiedene Arten von Frustration eine wesentliche Rolle. Die klassische *Frustrations-Aggressions-Theorie* (Dollard et al. 1970) ist zwar nicht allgemeingültig. Denn nicht jede frustrierende Störung führt zu Aggression, und nicht hinter jeder Aggression steckt eine Frustration. Dennoch trifft diese Theorie oftmals zu.

So verhält sich ein kleiner Teil von Kindern von früh an besonders impulsiv und aggressiv. Aus Sicht der Erwachsenen winzige Ereignisse – wenn die Mutter nicht tut, was sie gerne hätten oder wenn ihnen etwas misslingt – frustrieren sie und lassen sie ausrasten. Jedoch können auch Kinder, die sehr früh ängstlich sind und sich vor anderen Kindern fürchten, später gewalttätig werden. Anfangs verhalten sie sich still und ziehen sich zurück. Doch fühlen sie sich in dieser Rolle nicht wohl und können langfristig Frustrationen aufbauen, die sich später in aggressivem Verhalten entladen. Andere aggressive Kinder sind früh sehr traurig. Das rührt vor allem von Frustrationen im Elternhaus her, etwa wenn die Mutter früh stirbt und der Vater sich in Alkohol flüchtet und nicht ausreichend auf die Gefühle des Kindes eingeht. Im Lauf der Zeit kann sich Trauer in Wut und Aggression verwandeln. Derart frustrierte Kinder nutzen Aggression unbewusst, um auf ihre Hilfsbedürftigkeit aufmerksam zu machen (Wahl 2003, 90ff).

Wie aggressiv Kinder und Jugendliche sind, hängt nicht zuletzt auch von ihrer **Selbstkontrolle** ab, von der Fähigkeit, auch bei Frustrationen ihre emotionale Wut und aggressiven Impulse zu hemmen und nicht oder in Maßen auszuleben. Mädchen gelingt das besser als Jungen – auch schon, bevor Erziehungsversuche greifen, die Mädchen zurückhaltender als Jungen machen wollen. Ergebnisse der Gehirnforschung zeigen, dass bei Mädchen der Orbitofrontale Cortex und die Amygdala anders verbunden sind und das Serotonin-System besser ausgebildet ist als bei Jungen. Das sind Gehirnstrukturen, die für die Kontrolle von Impulsen wichtig sind (Lück et al. 2005, 71; Strüber et al. 2008). Kinder, die ihren Ärger regulieren und ihre aggressiven Impulse unter Kontrolle haben, tun sich später im Leben viel leichter, weil sie nicht überall anecken, sie werden eher anerkannt, und sie haben mehr schulischen und beruflichen Erfolg – so die Ergebnisse von Längsschnittstudien (Kokko/Pulkkinen 2000).

Resiliente Kinder – widerstandsfähig trotz schwieriger Umstände

Interessanterweise gibt es Kinder, denen selbst schlimme Erfahrungen anscheinend nichts ausmachen, sie haben gleichsam eine besonders dicke psychische Haut. Wo die einen Kinder unter traumatischen Erlebnissen wie dem Tod eines Elternteils leiden und möglicherweise aggressiv werden, bewältigen andere die Situation ohne bleibende Schäden. Man kann diese Tatsache bisweilen an Geschwistern beobachten, die ein sehr unterschiedliches Temperament haben und ganz verschieden auf die Welt reagieren. Dahinter stecken zum Teil andere Genkonstellationen (normale Geschwister haben nur ca. 50% der Gene gemeinsam). Zudem werden Geschwister von Eltern, Erzieherinnen und Lehrern unterschiedlich behandelt, sie wachsen nicht in individuell völlig gleichen Umwelten auf. Was Kinder mit hoher Unverletzlichkeit oder Widerstandsfähigkeit gegenüber Stress von verletzlichen Kindern unterscheidet, wird von der Psychologie unter den Begriffen *Invulnerabilität* und *Resilienz* untersucht. Wertvolle Aufschlüsse geben verschiedene Langzeitbeobachtungen, u. a. eine Längsschnittstudie, die auf einer Hawaii-Insel durchgeführt wurde. Sie erfasste Kinder schon vor der Geburt und begleitete sie über 40 Jahre. Die Forscher fanden heraus, dass Kinder, die sich als besonders resilient oder widerstandsfähig hervorheben, nicht unbedingt intelligenter sind als andere. Jedoch haben sie mindestens eine sichere Bindung, sind offen, selbstbewusst, kommunikationsfähig, konzentriert, vertrauen in ihre eigene Wirksamkeit und können selbstständig Probleme lösen. Später in der Jugend sind sie weniger impulsiv, unterstellen anderen keine Feindseligkeit, verhalten sich einfühlsam und hilfsbereit. Die Bedingungen, unter denen diese Kinder aufwachsen, sind überaus positiv: Sie leben mit besonders feinfühligen, beschützenden und zuverlässigen Eltern oder anderen Bezugspersonen (z. B. Großeltern), die sie wertschätzen und unterstützen, aber auch Grenzen setzen und so Orientierung ermöglichen; zudem leben sie in hilfreichen sozialen Netzwerken von Verwandten und Bekannten (Werner/Smith 1989; 2001; Wustmann 2003).

Aggression und Gewalt gehören zum Leben

Polizisten und Sozialarbeiter tröstet es und Längsschnittuntersuchungen bestätigen es: Die Gewalttätigkeit Jugendlicher ist zu großen Teilen nur eine *Begleiterscheinung* der männlichen Jugendjahre, in denen Grenzen der eigenen Kraft und des Gruppenterritoriums, sowie Grenzen gesellschaftlicher Normen ausgetestet werden. Das Schubsen, Raufen, auch mal Zuschlagen (besonders unter Alkoholeinfluss) ist in dieser Entwicklungsphase ein sehr verbreitetes soziales Phänomen, und Jugendliche suchen geradezu Situationen, in denen sie mit anderen ihre körperliche Stärke messen, Mutproben und Statuskämpfe ausfechten können – im Sport, auf der Straße, dem Schulhof, vor dem Fußballstadion oder auf Volksfesten. Andere Jugendliche bieten hier den emotionalisierenden, aufstachelnden, provozierenden Hintergrund für die persönliche, vorübergehende Aggressionserprobung.

Bei einem kleinen Teil der Heranwachsenden bleibt überdurchschnittliche Aggressivität von der Kindheit an bis in die Jugend und manchmal bis in die Erwachsenenzeit bestehen. Die Forscher der schon genannten neuseeländischen Langzeitstudie unterschieden daher Personen mit einem auf die Jugendphase beschränkten antisozialen Verhalten von jenen mit einem den ganzen Lebenslauf begleitenden antisozialen Verhalten (Moffitt 2003). Zu letzteren gehören die Mehrfach- bzw. Intensivtäter.

Nun hat sich ein gewisses Maß an Aggressivität in der menschliche Evolution als förderlich erwiesen. Manche Wissenschaftler sind daher der Ansicht, man müsse angesichts des allen Menschen innewohnenden Potentials für Aggression weniger erklären, warum es Gewalt gibt, sondern eher, warum es so wenig Gewalt gibt. Nur weil unsere Vorfahren kooperative *und* aggressive Verhaltensstrategien eingesetzt haben, konnten sie überleben. Dementsprechend sind aggressive Spielformen besonders bei Jungen verbreitet. Bei diesen spielerischen Kämpfen lernen Kinder auch, wie man Aggression durch Rituale der Versöhnung regulieren und die „Beißhemmung“ verstärken kann (Tremblay 2003, 202). Laut verschiedener Studien (z. B. Agnew 1997; Moffitt 2003; Tremblay 2000) nimmt das körperlich-aggressive Verhalten von Kindern bis zum dritten oder vierten Lebensjahr zu, um dann bei den meisten Kindern wieder zurück zu gehen. Kinder jedoch, die zu langfristig andauernder Aggression und Gewalttätigkeit neigen, laufen später in der Pubertät Gefahr, ihr problematisches Verhalten unter dem Einfluss anderer aggressiver Jugendlicher zu verstärken und zu intensivieren.

Dies verweist auf weitere Hintergründe für Gewalttätigkeit, nämlich auf die Lust am emotionalen „Kick“, am aggressiven Wettkampf, am Provozieren, aber auch am (sadistischen) Quälen oder auf die Lust, andere für ein echtes oder vermeintliches Fehlverhalten oder für das Nichteinhalten von Normen mit Gewalt zu bestrafen (Wahl 2001, 217ff; Baumeister/Bushman 2002, 615).

Misstrauen und Erstschlag

Viele Gewalttäter neigen dazu, Menschen aus ihrem Umfeld, auch friedlichen, zu misstrauen und ihnen unlautere Absichten zu unterstellen. Ein Blick zur falschen Zeit genügt oft, und die Situation eskaliert. Gewalttäter interpretieren das alltägliche Verhalten anderer schnell als „Provokation“ und reagieren handgreiflich. Dabei nutzen sie das Prinzip des Erstschlags, um sich gegen vermeintliche Angriffsabsichten zu wehren. Vor Gericht berufen sie sich darauf, ihre gewalttätige Reaktion sei nur zur Verteidigung gedacht gewesen – denn die anderen hätten ja angefangen (Wahl 2003, 84). In einer Studie des DJI zeigte sich, dass fremdenfeindlich-gewalttätige Jugendliche auf Bilder, die exotisch aussehende Männer und Frauen darstellen, schon vorbewusst physiologisch rascher affektiv reagierten als nichtkriminelle Jugendliche. Dieses Untersuchungsergebnis lässt tief sitzende Gefühle des Misstrauens und der Bedrohung erkennen, denn dieselbe hochemotionale Reaktion zeigten die gewalttätigen Jugendlichen beim Betrachten von Bildern, auf denen gefährliche Tiere in Drohhaltung zu sehen waren (Wahl et al. 2001).

Objektiv sind die Situationen nicht so bedrohlich, wie vom „subjektiven Sozialradar“ der Heranwachsenden wahrgenommen. Dahinter stecken vielmehr psychische Mechanismen, denn die Betroffenen haben nicht gelernt, Mimik, Gestik oder allgemein die Gefühlsausdrücke anderer richtig zu deuten. Zudem projizieren sie ihre eigenen aggressiven Neigungen in andere Personen hinein. Derartige Wahrnehmungsverzerrungen haben ihren Ursprung oftmals in der Kindheit. Nicht selten sind Erfahrungen wie Missbrauch durch Bezugspersonen oder Zurückweisung durch gleichaltrige Kinder die Auslöser für gestörte Wahrnehmungen (Tedeschi 2002, 585f; Dodge 2003). Meistens wollen Kinder die kränkende Behandlung durch Eltern oder Kameraden nicht wahrhaben und verdrängen sie unbewusst. Irgendwann ängstigen sie sich so sehr, dass sie nicht mehr genau auf die Körpersprache ihres Gegenüber achten und daher auch dessen momentane Gefühle und Absichten nicht mehr angemessen interpretieren können -- sie nehmen sie verzerrt wahr, sind sich dessen aber nicht bewusst. Ihre Furcht vor bestimmten Personen vergrößert sich schließlich in eine allgemeine soziale Ängstlichkeit. Das Prinzip des Erstschlags ist aus psychologischer Perspektive einerseits als „vorbeugende Maßnahme" der jugendlichen Gewalttäter gegen vermeintliche Provokateure zu verstehen, als Versuch, dieser Angst Ausdruck zu verleihen. Andererseits dient es der Legitimation dafür, ihre meist auch unabhängig von konkreten Auslösern vorhandene Aggressivität „gegen drohende Gefahr" auszuspielen.

Weitere Ergebnisse unserer Studien zeigen, dass sich fremdenfeindliche und rechtsextreme Jugendliche sowohl gegenüber Jugendlichen mit Migrationshintergrund dominant bis aggressiv verhalten, als auch gegenüber einheimischen Menschen, die sie nicht kennen. Diese Art von „Fremdenfeindlichkeit" scheint auf einer emotionalen Basis zu beruhen, die sich nicht primär gegen die Herkunft eines Menschen richtet, sondern gegen unvertraute Menschen überhaupt – und das seit der Kindheit. Erst etwa ab der Pubertät, wenn politische Kategorien aus der sozialen Umwelt des Jugendlichen sein Interesse wecken, beginnt sich die Angst vor dem Unbekannten stärker gegen einzelne Personengruppen zu richten, wie z. B. gegen Ausländer, Homosexuelle, Obdachlose, Menschen mit einer Behinderung oder Personen mit anderen politischen Anschauungen. Die Entscheidung für das „rechtsextreme Lager" ist meist nur ein letzter Schritt, um die beschriebenen emotionalen Defizite zu kompensieren und die eigene Aggressivität zu legitimieren (Wahl et al. 2001).

Gelernte Aggressionen

Gewalttätigkeit kann auch erlernt werden. Die Psychologie unterscheidet drei Varianten sozialen Lernens. Erstens das **klassische Konditionierungslernen**: Nicole hat Julia schon des Öfteren bis zur Weißglut geärgert. Nicoles Anblick genügt, schon spürt Julia Wut in sich aufsteigen und den Wunsch, die Schikanen des Mädchens tätlich zu vergelten. Selbst wenn sie einem Mädchen begegnet, das Nicole nur ähnlich sieht, erinnert sich Julia an Nicole und die Betreffende wird Opfer von Julias Gewaltphantasien. Ihre Aggressionen sind auf Mädchen dieses Aussehens konditioniert worden.

Ein anderer Lerneffekt liegt zweitens vor, wenn z. B. Michael seinen Schulkameraden Jens einmal erfolgreich beim Raufen bezwungen hat. Durch dieses „positive Erlebnis" fühlt sich Michael bestärkt, dieses Mittel bei Jens, aber vielleicht auch bei anderen immer wieder einzusetzen. Psychologen nennen diesen Vorgang die **operante Konditionierung**. Eine Handlung hat Erfolg und wird daher wiederholt eingesetzt und eingeübt.

Drittens kennt die Psychologie das ***Lernen am Modell***. Prügelnde Eltern oder ältere Geschwister können zum Vorbild werden. Kinder registrieren, dass Ältere Gewalt zur „Lösung" von Konflikten einsetzen, in denen sie sich nicht anders zu helfen wissen, und sie imitieren dieses Verhalten in ähnlichen Konfliktsituationen mit anderen. Nachahmungseffekte lassen sich übrigens auch bei fremdenfeindlichen Gewalttaten von Jugendlichen beobachten: Ein Anschlag zieht den anderen nach sich.

Gerade im Fall von Aggression und Gewalt darf man den Blick nicht nur auf das Individuum, das einzelne Kind oder den einzelnen Jugendlichen richten. Entscheidend ist ebenfalls, welche Verhaltensweisen im Rahmen *sozialer Beziehungen* in Familie und Peergroup wechselseitig gelernt, bestätigt und intensiviert werden. Das gilt im positiven wie im negativen Sinne, denn in sozialen Konstellationen besteht zum einen die Möglichkeit der reziproken Verstärkung von immer aggressiveren Verhaltensweisen, zum anderen die Möglichkeit, dass es der Familie oder Jugendgruppe gelingt, sich gegenseitig soweit zu unterstützen und zu kontrollieren, dass am Ende ein friedlicheres Miteinander entsteht (Albrecht 2002, 795).

4 Gesellschaftliche Verwerfungen, Medien und Gewalt

Neben biologischen und psychischen werden insbesondere gesellschaftliche Faktoren für Gewalt verantwortlich gemacht. Obwohl Tötungsdelikte aus historischer Sicht über die Jahrhunderte hinweg abgenommen haben (Eisner 2002), werden moderne Gesellschaften fortwährend verdächtigt, gewalttätiges Verhalten *zu stimulieren*. Allgemeine Ursachen werden z. B. in der **Globalisierung** und in **internationalen Wanderungsbewegungen** gesehen. Einwanderer aus ärmeren Ländern suchen in Deutschland Einkommenschancen, treffen aber auf einen ziemlich schwierigen Arbeitsmarkt und werden gesellschaftlich nicht integriert. Solche enttäuschten Hoffnungen können aggressiv machen. Zugleich gerät ein Teil der deutschen Jugendlichen bei ihrer Lehrstellen- und Arbeitssuche unter Druck und reagiert mit fremdenfeindlicher Gewalt, da er glaubt, Einwanderer nähmen ihm die Arbeit weg.

Auch innerhalb von Gesellschaften liegen Risiken für Gewalt. Weil von der Moderne latent ein Versprechen ausgeht, nicht nur kleine Eliten kämen zu Lebzeiten zu einem gewissen Wohlstand (wie z. B. früher Geistliche, Adel oder reiche Großbürger), sondern auch die breiten Gesellschaftsschichten, empfinden Minderheiten, denen das nicht gelingt, ihr „Scheitern" um so schmerzlicher. Sie sind gleichsam Opfer der **Modernisierungsfalle**: Die Moderne verspricht vielen Vieles, hält aber das Versprechen nicht für alle ein. Solche Frustrationen sind für den Einzelnen belastend, speziell im Vergleich mit anderen, die erfolgreicher sind. Sie können sich über längere Zeit aufstauen und bei einem Teil der Zurückgebliebenen zu Resignation und Rückzug, bei einem anderen Teil zu erhöhter Aggressivität führen (Wahl 1989; Löchte/Sill 1994). Häufig sind solche „Modernisierungsverlierer" obendrein nicht stabil in Familien, Schulklassen, Freundesgruppen, Nachbarschaften oder berufliche Gruppen integriert. Unter gewalttätigen und rechtsextremen Jugendlichen ist die Anzahl der Modernisierungsverlierer besonders hoch, so die verbreitete These des Gewaltforschers Wilhelm Heitmeyer (Heitmeyer et al. 1995).

Sind also typische Merkmale solcher Verlierer, wie z. B. **Arbeitslosigkeit**, Hauptfaktoren jugendlicher Gewalt? Je nachdem: Untersuchungen zeigen einerseits, dass unter *Tatverdächtigen* deutlich mehr Arbeitslose sind als in vergleichbaren Altersgruppen der Gesellschaft; andererseits besteht die Mehrheit der Tatverdächtigen aus Schülern, Auszubildenden und Erwerbstätigen (also nicht aus Arbeitslosen) (Wahl 2003, 263). Andere Studien ermittelten zunehmende Arbeitslosigkeit unter jugendlichen *Gewalttätern* (Pfeiffer/Wetzels 2001). Aber hier muss man genau hinsehen, denn Arbeitslosigkeit ist teilweise nicht Ursache, sondern Folge von Kriminalität: Wenn Gewalttäter polizeilich als arbeitslos registriert werden, handelt es sich teils um Personen mit einer langen Kriminalitätskarriere, die etwa wegen Alkohol oder Gewalt gegen Kollegen von Betrieben entlassen werden und dann neue Delikte begehen. Einig ist sich die Forschung darüber, dass Gewalttäter durchschnittlich eine **niedrige Bildung** haben (Hauptschule, Sonderschule, kein Schulabschluss) und dass in Deutschland unter ihnen einige Migrantengruppen dominieren (siehe Teil I). Insgesamt überwiegen also sozial Benachteiligte, doch gibt es unter aggressiven Jugendlichen auch eine ganze Reihe solcher, die in der Schule gut mitkommen, in Ausbildung oder Beruf stehen. Sie scheinen eher ihren erreichten Status gegenüber anderen, schwächeren Minderheiten verteidigen zu wollen – notfalls mit Gewalt. Die Benachteiligten wollen sich ihre Chancen auf eine bessere Position nicht nehmen lassen, die Etablierten ihre Erfolge nicht teilen. Beide vereint der Unwillen zu teilen – eine Art *Sankt-Martins-Komplex* (Wahl 1995, 63).

Jedenfalls bleiben Armut und Arbeitslosigkeit zentrale, (aber keineswegs die einzigen) Risikofaktoren für die Entstehung und Zunahme von Gewalt. In dieser Hinsicht ist auch bedenklich, dass die Kinderarmut in Deutschland zunimmt (Deutsches Jugendinstitut 2007b). Der Anteil all jener Menschen, die in Deutschland als arm gelten, lag im Jahr 2004 bei 12,7%. Am höchsten aber waren die Armutsquoten in den Altersgruppen 11 bis 20 Jahre (18,4%) und 21 bis 30 Jahre (18,9%). Das heißt: Jeder sechste, der in Deutschland heranwächst (Kinder, Jugendliche, junge Erwachsene einschließlich junge Eltern, insbesondere Alleinerziehende), lebte 2004 unter der Armutsgrenze (Statistisches Bundesamt 2006, 616).

Vor allem die verlorenen und sich bedroht fühlenden Söhne der Modernisierung sammeln sich gerne in *Gruppierungen*, die ihnen sozialen Halt, Solidarität, emotionale Unterstützung, Gruppenwärme, Spaß, Action, vielleicht sogar ein ideologisch festes Weltbild mit klarer Freund-Feind-Unterscheidung und das Ausleben von Gewalt in und mit der Gruppe versprechen (Gaßebner 2003). Daher sind die gewaltorientierten Szenen der Hooligans, Skinheads, Neonazis, Autonomen oder islamistischen Fundamentalisten so attraktiv für Jugendliche, die objektiv oder zumindest ihrem subjektiven Empfinden nach all das nicht von der Gesellschaft erhalten, was sie gerne hätten: Schulerfolg, Ausbildungs- und Arbeitsplätze, Anerkennung und Integration oder vielleicht „nur" eine Freundin oder einen Freund.

Auch die technische Modernisierung wird für Gewalt von Kindern und Jugendlichen verantwortlich gemacht: Über **elektronische Medien**, wie z. B. Fernsehen, Videos, DVDs, Computerspiele und Internet, werden aggressive Inhalte verbreitet. Kriminalfilme, Killerspiele usw. werden verdächtigt, jungen Leuten als Lern-Modelle für entsprechende Aktionen zu dienen. Es ist allerdings schwierig, genaue Untersuchungen über die Wirkungen der Medien anzustellen. Einiges spricht dafür, dass aggressivere Kinder und Jugendliche häufiger entsprechende Filme, Videos und Spiele konsumieren. Eine große Schülerbefragung in verschiedenen Teilen Deutschlands aus dem Jahre 2005 zeigte zum einen, dass Schülerinnen und Schüler heute mehr Zeit mit Fernsehen, Video, PC und Internet verbringen als mit Freunden und beim Sport. Zum anderen wurde nachgewiesen, dass jene

Schüler, die häufig Filme ab 16 oder 18 Jahren ansahen (z. B. Horrorfilme), auch gewalttätiger waren (Baier et al. 2006). Die Ergebnisse legen die Interpretation nahe, dass Medien nicht unbedingt Auslöser für Gewalt sein müssen, sondern als Verstärker schon bestehender Neigungen dienen. Das gilt selbst für die extremen Fälle jugendlicher Amokläufer, die in der Zeit kurz vor ihrer Tat in brutale Spiele abgetaucht waren – sie erlebten eine längere Vorgeschichte von Misserfolgen, Nicht-beachtet-werden, Isolation und Rachephantasien. Eine weitere Interpretation bezieht sich auf die Effekte langfristigen Medienkonsums: Studien zur Langzeitwirkung von Medien mit aggressiven Inhalten sind zwar noch selten, aber die wenigen zeigen immerhin, dass Kinder, die häufig Gewalt im Fernsehen ansehen, sich 15 Jahre später aggressiver verhalten als andere Kinder ohne derartigen Fernsehkonsum (Huesmann et al. 2003).

5 Wie Aggression und Ideologie zusammenwirken

Aggression ist oftmals sprachlos. Bisweilen jedoch wird sie begründet – knapp oder wortreich. Denn im Lauf der Geschichte wurde das „Einfach-drauflos-schlagen", um eigene Interessen zu verfolgen, von der Gesellschaft immer weniger akzeptiert. Der moderne Staat behält sich das Gewaltmonopol vor: Keiner sonst darf andere mit Gewalt zu etwas zwingen.

Auch Jugendliche versuchen, ihre aggressiven Handlungen vor allem dadurch zu rechtfertigen, dass sie auf politische Standpunkte zurückgreifen: Das rechtsextreme Lager legitimiert seine Gewalt dadurch, dass es sie gegen Einwanderer richtet, die angeblich Staat und Wirtschaft gefährden. Im linksextremen Lager kämpft man gegen den Unterdrückungsapparat eines kapitalistischen Herrschaftssystems. Der Eindruck, den beide Lager erwecken wollen, heißt: Zuerst waren die „guten Gründe" der Ideologie da, dann kam – notgedrungen – die Gewalt.

Die Forschung zeigt jedoch, wie schon erläutert, dass spätere Gewalttäter meist bereits in ihrer Kindheit überdurchschnittlich aggressiv sind. Später, etwa ab der Pubertät, wenn sich langsam ein politisches Weltbild aufbaut, übernehmen einige von ihnen ideologisches Gedankengut, um ihre Gewaltausübung zu rechtfertigen. Wohlgemerkt: Es geht hier nicht um Jugendliche, die legitimen Widerstand leisten und sich gegen die Verfolgung durch einen übermächtigen diktatorischen Staat oder ihre Ausbeutung durch kapitalistische Unternehmen wehren.

Beispiel Franz und seine Brüder: gleiche Aggression, ungleiche Ideologien

Wie Ken und Ralf wurde auch Franz in der Gewalttäter-Untersuchung von Wahl (2003) und Mitarbeitern befragt (siehe Kapitel II, 2).

Franz tritt beim Gespräch im Gefängnis mit Glatze, Tätowierungen und Szenenkleidung als rechtsextremer Skinhead auf. Er hat mehrere Strafen wegen gefährlicher Körperverletzung bekommen. Seine Aggressivität trat schon früh in Erscheinung. Weil er einem anderen Kind mit einer Metallschaufel Löcher in den Kopf geschlagen hatte, musste er den Kindergarten verlassen.

> „Ich war schon immer ein Tyrann. Erst komme ich, dann kommt lange nichts."

Noch heute versucht Franz stets, seinen Willen durchzusetzen. Gleichzeitig ist seine Persönlichkeit gekennzeichnet durch Schreckhaftigkeit, Misstrauen gegenüber anderen, Impulsivität und eine überdurchschnittliche Neigung zur Gewalttätigkeit. Die macht auch nicht vor seiner unmittelbaren Umgebung halt:

> „Ich habe meine Wohnung ein Dutzend mal komplett wieder einrichten müssen ... Alles kurz und klein geschlagen. Das ist mir in dem Moment auch nicht klar, dann habe ich Hass."

Wenn ihn jemand aufregt, könnte er den Betreffenden „in den Boden stampfen". Um sich abzureagieren geht er dann zum Sport. Aber ab und zu prügelt er sich, kommt deswegen in Kontakt mit Jugendamt, Polizei und Justiz.

Später wird er Mitglied mehrerer militanter rechtsextremer Jugendorganisationen, auch in führender Position, und dann Skinhead. Auch sein Bruder, mit dem er viel Zeit verbringt, ist rechtsextremer Skinhead und sitzt in Haft. Ein anderer Bruder gehört dagegen den linksextremen Autonomen an. Zu ihm pflegt Franz keinen Kontakt.

> „Wir [mein linksextremer Bruder und ich] leben in verschiedenen Welten."

Trotzdem sind sich alle Brüder in bestimmten Persönlichkeitszügen ähnlich: jeder von ihnen ist impulsiv, rebellisch und äußerst aggressiv. Ihre ideologischen Denkrichtungen gehen dagegen weit auseinander. Wie konnte es zu diesem Paradox kommen?

Die Mutter der Brüder ist Alkoholikerin. Franz berichtet, sie habe ihn als Kind und als Jugendlichen geschlagen und sich dauernd mit ihrem Mann gestritten. Um dem permanenten Konflikt zu entgehen, wird Franz vor allem im Haus der Großmutter erzogen, wo er sich wohl fühlt. Dort entdeckt er Hitlers „Mein Kampf" und liest das Buch mehrmals. Er wühlt sich in die nationalsozialistische Ideologie hinein, findet sie gut, vielleicht im Lauf der Zeit auch, um sich von seiner Mutter abzusetzen, die er als links-autonom, kommunistisch und anarchistisch bezeichnet. Zu seinem Vater hat Franz eine bessere Beziehung. Er schätzt ihn als ebenfalls rechtsextrem eingestellt ein.

So passen die unterschiedlichen emotionalen Beziehungen der Brüder zu Mutter und Vater ganz zu der Opposition bzw. Identifikation mit deren politischen Einstellungen. Die aggressive Grundkomponente haben wohl alle Brüder von der Mutter geerbt (genetisch und über psychische Reaktionsbildungen wie Widerstand und Anpassung). Alle Brüder neigen demnach dazu, handgreiflich zu werden. Aber die Ideologien, die sie mit ihrer Gewalt verbinden und mit denen sie ihre Aggression legitimieren, gehen in entgegengesetzte Richtungen.

Beispiel Maik: Aggression sucht sich unterschiedliche Legitimationen

manche meinen
lechts und rinks
kann man nicht velwechsern
werch ein illtum

Ernst Jandl

Zuweilen offenbart sich der Zusammenhang zwischen Aggressionsneigung und unterschiedlichen ideologischen Verkleidungen, in denen sie sich ausdrückt, in ein und derselben Person. Der folgende Fall stammt ebenfalls aus einer bereits zitierten Gewalttäter-Studie (Frindte/Neumann 2002; siehe Kapitel II, 2).

Maik ist ein junger Mann mit Abitur, der anfangs noch in der DDR aufwächst und nun u. a. wegen versuchtem Totschlag im Gefängnis sitzt. In seiner Selbsteinschätzung gibt er sich zunächst ganz friedlich:

> „Ich bin eigentlich ein wirklich ruhiger Mensch, wirklich bis zur letzten Phase vor meiner Inhaftierung. Ich bin eigentlich ein Mensch, wirklich Gemütsmensch, ich bin eigentlich nicht aus der Reserve zu locken. Aber wenn, dann sind es furchtbare Folgen…"

Nach und nach gibt er im Interview zu, dass in dem „Gemütsmenschen" doch ein sehr gefährliches Potential schlummert:

> „Ich war nie ein gewalttätiger Mensch. Ich war immer jemand, der, sag ich mal, gewaltbereit – aber ich versteh dieses Wort defensiv – war. Also wenn man auf mich Gewalt verübt hat, hab ich das mit absoluter Konsequenz erwidert und bin meistens über mein Ziel hinausgeschossen in dieser Situation. Aber ich hab es wirklich immer nur als Notwehr und Selbstverteidigung betrieben."

Die Rechtfertigung eigener Gewalttätigkeiten als Notwehr, Selbstverteidigung, Schutz gegen Provokationen und Angriffe anderer, ist bei Gewalttätern sehr verbreitet. Es gibt in der kurzen Biographie Maiks etliche Anzeichen, die seine Neigung zu aggressiven Aktivitäten dokumentieren: Er hat mehrere Kampfsportarten gelernt, wollte zu Kampftruppen der Bundeswehr, was aber dann nicht geklappt hat. Er bewegte sich in satanistischen und rechtsextremen Jugendszenen und sieht sich nun als bekennender Nationalist und Rassist.

> „[Ich bekomme einen Kick von] Musik, ein richtig intensives Zusammensein mit meiner Freundin oder Gewalt. Jedenfalls war es das die letzte Zeit, wo ich draußen war, und alle extremen Situationen. Ich bin Bungee gesprungen, habe ich gern gemacht, ich wollte mein Fallschirmspringerabzeichen machen, und ich will mein Leben lang Söldner werden, und irgendwann werde ich auch noch mal an irgendeinem Krieg teilnehmen."
>
> „[Mir macht] die absolute Konfrontation [Spaß], auf sich selbst gestellt sein, in der Straßenschlacht, wo es wirklich ums Überleben geht, und eine absolute Ausnahmesituation. Das Adrenalin ist da, ich stehe für mich, und ich kann mich unter Beweis stellen, ich hab mein halbes Leben lang darauf trainiert, mich zur Wehr zu setzen, ich will endlich wissen, kann ich es oder kann ich es nicht."

Doch es bedarf bei Maik nicht unbedingt einer emotionalisierten Ausnahmesituation. Er kann auch „einfach so" mal die Kontrolle verlieren:

> „Ich erinnere mich an die vergangenen Tage vor meiner Inhaftierung, und der vorletzte Tag, wo ich draußen war, hab ich einem Türken mit einer Pistole ins Gesicht geschossen aus Hass, einfach so."

Und dann die Überraschung in diesem Interview: Seine überdurchschnittliche Aggressivität, die er in den Dienst der nationalsozialistischen Weltanschauung stellen möchte, scheint so stark zu sein, dass er sie sogar für eine ganz entgegengesetzte Ideologie aktivieren würde, als linker systemfeindlicher Autonomer. Maik bewundert insgeheim die Organisation und das Wissen von Teilen der linken Szene, das die „besoffenen Skinheads" nie erreichen würden.

„Für mich ist das System der Feind"

Auf die Frage des Interviewers, woher diese paradoxe Vorliebe eines Rechtsextremisten für Linksextremismus kommt, meint Maik, sie sei für ihn als Tarnung gut:

> „Es geht ja hauptsächlich darum, dass ich eine gewisse Entziehung praktiziere, denn ich bin ins Fadenkreuz geraten, ich werde kontrolliert und überwacht. Das wird sich nicht ändern, wenn ich (aus dem Gefängnis) entlassen werde. Deswegen muss ich untertauchen. Es wäre natürlich zu offensichtlich, würde ich das in der rechten Szene tun. Das steht sogar im Haftbefehl, dass ich das tun würde, d. h. da erwartet man mich, da würde ich sofort dingfest gemacht. Aber wenn ich jetzt unerwartete Schritte mache, das ist wie Hakenschlagen für mich. Und die autonome Szene ist ja auch was, da findet man eine gewisse Möglichkeit, um meine Kenntnisse einzubringen und zu verbessern, und das würde ich auch mit Konsequenz dann ertragen, diese Einschränkung."
>
> „Auf gar keinen Fall würde das was an meinen Ansichten ändern. So plump würde ich das dort aber nicht ausdrücken. Ich hab mich schon mit Bakunin [Anarchist im 19. Jahrhundert] und anderen auseinandergesetzt, ich weiß, worum es geht. Ich kann sofort in die linke Szene gehen und auch dafür agitieren, sag ich mal, das wäre kein Problem, und ich würde da sicherlich sofort Fuß fassen, ich könnte genauso für die PDS, wenn ich in fünf Jahren straffrei bin oder sein sollte oder in zehn Jahren, sofort ins Parlament gehen, da habe ich zwar ein ideologisches Problem, aber sicher nicht aufgrund meiner Fähigkeiten oder meiner Möglichkeiten."
>
> „Für mich ist das System derzeit der größere Feind als die Ausländer, denn das ist das, was direkt auf mich wirkt, also muss ich

mich auch, oder sag ich mal, schon vom Interesse her in eine Institution begeben, in ein Umfeld begeben, das genau diesen Feind primär bekämpft. Und das genau ist die autonome Szene, denn die Rechten haben in erster Linie die Ausländer und die Juden als Gegner. Die habe ich zwar auch, aber für mich ist primär das System der Feind."

„Ich bin autonom, ja autonom rechtsradikal, wenn es so was gibt."

„Ja, ich sehe da als Ziel wie so ein, ja biblisch gesprochen, apokalyptischer Kampf, ich sehe da einen Rassenkrieg, den hat Charles Manson vor 30 Jahren bezweckt, der wird früher oder später kommen, aufgrund der großen sozialen und rassischen Gegensätze, denke ich. Wenn nicht der Ökokollaps kommt, kommt dieser Krieg, und im Rahmen dieses Krieges, wir können dieses System nur durch Anarchie bekommen, wir können nicht durch das System an die Macht kommen, sondern nur, indem wir über die Ruinen dieses Systems hinweg schreiten, um das mal ein bisschen bildlich darzulegen. Ich denke, dann muss man eine gewisse anarchistische Haltung schon tragen, denn was wir brauchen, ist erstmal keine Regierung, bevor wir unsere Regierung durchsetzen können. Und keine Regierung ist eben eine Anarchie, nicht Herrschaft, und wir brauchen auch diese gesetzesfreie Zone, um wirklich uns zu sortieren, um diese Selektion zu betreiben kurzfristig – unsere Feinde, wirklich das genetisch Schwache, das rassisch Schwache aus unseren Reihen zu tilgen, sag ich mal und eh, das, denk ich mal, ist von großem Interesse, und das kann man nicht mit einer Regierung machen."

„Das sind unsere Feinde, weil sie eine ständige offene und teilweise auch latente Bedrohung sind. Offene Bedrohung ist für mich, wenn sich hier die Ausländer in unseren mitteldeutschen Städten, also ehemals DDR, anfangen wirklich festzusetzen. Dann kommt eine gewisse Verdrängung der deutschen Jugend, der deutschen Kultur, ob das nun in der Drogenszene ist oder bei Veranstaltungen, man wird weggedrängt, weil das sehr dominante Kulturen sind, die Türken beispielsweise. Und da sehe ich eine gewisse Gefahr immer noch in diesen hinter den Reihen politisch Einfluss nehmenden jüdischen Gemeinden. Ich sehe da auch immer noch irgendwo, ich verwende mal den Begriff, diese Weltverschwörung, die wirklich Israel, auch die Vereinigten Staaten als Oberhäupter haben, die irgendwo aktiv sind."

Maik braucht für seine Aggressivität so sehr ein Ventil, dass er sogar (zumindest nach außen) die ideologische Front wechseln würde, um Druck ablassen zu können.

Ideologische Gegensätze, gemeinsame Gewalt

Am 1. Mai demonstrieren viele: Nicht nur die Gewerkschaften, sozialdemokratische und sozialistische Parteien, sondern auch rechtsextreme Parteien, linke Autonome oder die „Spaßguerilla". All diese Gruppen wollen sich selbst als Gemeinschaften beschwören und von anderen abgrenzen (Rucht 2003). Die jährlichen gewalttätigen Krawalle zum 1. Mai in Berlin, Zürich und anderen Städten werden meist den linksextremen Autonomen bzw. dem so genannten Schwarzen Block angelastet. Eine Studie zur Zürcher „1. Mai-Nachdemonstration 2002" hat jedoch gezeigt, dass an solchen Demonstrationen und Gewaltaktionen bisweilen unterschiedliche Jugendszenen kollektiv beteiligt sind, obwohl sie sich in ihren politischen, sozialen und psychischen Motiven unterscheiden. Bei Straßenkrawallen in Frankreich beispielsweise haben sich unterschiedlich eingestellte Jugendliche in den vergangenen Jahren auf den Straßen gesammelt, randaliert und Autos angezündet – aus Wut über die hohe Jungendarbeitslosigkeit und staatliche Benachteiligungen.

Die Untersuchung zur Zürcher „1. Mai-Nachdemonstration 2002" ist zwar nicht repräsentativ für alle Beteiligten, gibt aber Aufschluss über die von der Polizei Festgenommenen: Die 15- bis 25-jährigen männlichen Akteure waren vom Erwerbsstatus her durchgängig gesellschaftlich integriert, kaum einer war arbeitslos. Überdurchschnittlich häufig waren Realschüler und Jugendliche mit Migrationshintergrund darunter. Die politische Orientierung der Festgenommenen überrascht: Keineswegs dominierte der linksextreme Teil des Spektrums, die Autonomen oder der Schwarze Block, sondern etwas mehr als die Hälfte orientierte sich liberal bis rechts. Fast ein Drittel der Festgenommenen (29%) ist rechtslastig, darunter Nazis und Hooligans.

Die Untersuchung relativiert die Annahme, bei solchen Demonstrationen herrsche unpolitische, reine Aggression vor und politische Ideologien würden nur als Vorwand zur Legitimation benutzt. Immerhin sagten mehr als 80 Prozent der Befragten, sie seien an Politik interessiert. Und zumindest die links Eingestellten äußerten ein Bedürfnis nach politischem Engagement in der Freizeit, nach Jugendpolitik und nach mehr Partizipation (Fatke/Fontanellaz 2003).

Gleichwohl dürften politische Motive selbst nur einen Teil der gesamten Motivation ausmachen. So sagte ein Demonstrant in einem Interview, nach einer anderen Zürcher 1. Mai-Nachdemo, versteckt hinter einer Gesichtsmaske:

„Der Straßenkampf bietet einen spannenden Nervenkitzel. Wie an einer guten Party. Allerdings stimmt es schon, dass bei der Nachdemo politisch nicht mehr viel dahinter steckt. Es ist primär ein Kampf gegen Polizisten und Schaufenster. [...] Ich persönlich finde es andererseits auch interessant, am nächsten Tag in den Medien zu lesen, was alles kaputt gegangen ist“ (ETH Life 2001).

Die jungen Männer der Antifa treffen sich aus ähnlichen Motiven wie die Hooligans und die Skinheads zu Gewaltaktionen: Sie wollen sich körperlich-kämpferisch bewähren und Heldenlegenden für den späteren Gebrauch produzieren (Findeisen/Kersten 1999, 136). Medienberichte über die eigenen Taten werden von Jugendlichen aller aggressiven Szenen sehr geschätzt. Sie steigern das Renommee bei Gleichgesinnten und provozieren die andere Seite – den Staat, das „System“, die Erwachsenen oder die Szene vom anderen politischen Ufer.

IV Gewaltprävention

1 Vorsorge, Erziehungsheim, Gefängnis?

Drakonische Repression, gnadenlose Strafen – oder viel Verständnis und „Kuschelpädagogik"? - Was die wirksameren Mittel sind, um gewalttätige, straffällige Jugendliche zur Besinnung zu bringen, darüber haben sich Politiker, Journalisten und Experten in **Deutschland** bis zum Sommer 2008 wieder heftig und wochenlang öffentlich gestritten, bis die Urteile über die zwei jungen Männer ergangen waren, die Ende 2007 einen Pensionär in der Münchner U-Bahn fast totschlugen. Manche plädieren dafür, solche Täter zu militärischem Drill in Erziehungscamps zu schicken; auch eine Verschärfung des Jugendstrafrechts und der Warnschuss durch Arrest wurden empfohlen. Andere wollen gewalttätige junge Leute am liebsten regelmäßig auf der Psychotherapeutencouch sehen oder mit einem Sozialpädagogen „auf eine Insel" schicken. Leider drückt sich in solchen Empfehlungen oft eher die Persönlichkeitsstruktur der Ratgebenden aus (von tolerant-sanft bis starr-autoritär) oder das Berufsbild der Betreffenden, das ihre Sichtweise prägt (z. B. Polizisten, Pädagogen, Politiker). In jedem Fall werden Erkenntnisse der empirischen Forschung zur Wirksamkeit der einzelnen Maßnahmen zu wenig beachtet.

Auch in **Österreich** denkt man über Maßnahmen nach: Die Polizei etwa bildet seit einer Weile Jugendpräventionsbeamte aus. Sowohl in Deutschland als auch in Österreich werden spezielle Programme für Schulen erprobt, etwa das an der Universität Wien entwickelte „Wiener soziale Kompetenztraining (WiSK)" (www.gemeinsam-gegen-gewalt.at), das „Friedensstifter Training" (Gasteiger-Klicpera/Klein 2006) oder „Faustlos" (www.faustlos.de). Unter dem Symbol der „Weißen Feder" hat das Österreichische Bundesministerium für Unterricht, Kunst und Kultur eine Internet-Plattform für präventive Programme eingerichtet, und ein entsprechender Anstecker soll dokumentieren, dass Gewalt an und von jungen Menschen nicht „cool" ist (Bundesministerium für Unterricht, Kunst und Kultur o. J.).

Im Mittelpunkt des wissenschaftlichen Diskurses in der **Schweiz** steht die Frage, ob Jugendgewalt tatsächlich zugenommen hat (Neue Zürcher Zeitung 2008). Die Konferenz der kantonalen Justiz- und Polizeidirektionen hat einen „Maßnahmenplan 2008 Jugend und Gewalt“ für die Kriminalprävention in Auftrag gegeben, der u. a. die Aus- und Weiterbildung der Polizei und die Zusammenarbeit mit anderen kantonalen Stellen vorsieht (Schweizerische Kriminalprävention 2008). Eine schweizer Wissenschaftlergruppe empfiehlt, bereits in der Kindheit mit Prävention zu beginnen und speziell auch Migrantenkinder einbeziehen (Eisner et al. 2006, 58ff). Die Universität Bern entwickelte im Rahmen einer größeren Studie zum Thema Mobbing unter Kindern im Kindergarten und in der Grundschule das Programm „Be-Prox“ (Alsaker et al. 2005; www.praevention-alsaker.unibe.ch).

Einerseits sind emotionale Reaktionen in der öffentlichen Diskussion angesichts der Brutalität mancher Gewalttaten nachvollziehbar. Aus der Forschung weiß man, dass in den meisten Menschen ein gewisses Bedürfnis nach Rache und Bestrafung wohnt (Gull 2004). Es hilft jedoch mehr, sich nach der ersten Gefühlswallung wieder zu beruhigen und zur Kenntnis zu nehmen, was die Forschung bereits herausgefunden hat und welche Erfahrungen aus der Strafjustiz vorliegen.

Repressive Maßnahmen: die Haftstrafe

Kriminologen sind sich heute darin einig, dass Haftstrafen bei jugendlichen Tätern wenig nützen – egal, ob sie „nur“ angedroht oder tatsächlich vollzogen werden; im Gegenteil: Repression und Vergeltung wirken eher kriminalitätsverfestigend – das zeigen unter anderem die Rückfallquoten (Bundesministerium des Innern/Bundesministerium der Justiz 2006, 665f; Viehmann 2007, 211; Heinz 2008). So wurden in den 1990er Jahren in Deutschland 70% der Jugendlichen rückfällig, die zum Jugendarrest (maximal vierwöchig) verurteilt worden waren. Unter den Jugendlichen, die eine Haftstrafe ohne Bewährung erhalten hatten, lag die Rückfallquote sogar bei 78% (Deutscher Bundestag 2008). Das Gefängnis ist der Ort, an dem Häftlinge oft erst weitere Tricks lernen, sich illegal durchs Leben zu schlagen. Oder sie verstärken ihre aggressiven Vorurteile: So erlebten Forscher während ihrer Studien in Jugendhaftanstalten, dass dort misstrauisch gegen Ausländer eingestellte deutsche Gefangene auf ausländische Gefangene trafen und sich die beiden Gruppen gelegentlich prügelten.

Ein wirksameres „Programm" zur Verschärfung ethnischer Konflikte als die Haft gibt es kaum: In den Sporträumen der Gefängnisse bauen Jugendliche aus verschiedenen Kulturen weitere Muskelkraft auf, die nach Einsatz drängt – eine explosive Mischung neuer Gewalt entsteht.

Präventive Maßnahmen

„Wir brauchen eine gute Mischung aus Prävention und Repression. Denn wenn der junge Täter in Sozialtherapie und Anti-Gewalt-Training nicht lernt, sich anders zu verhalten, bringt das Eingesperrtsein gar nichts. Die Strafe allein wirkt am ehesten bei einem normalen Menschen. Je gestörter, schwieriger oder problematischer eine Person ist, um so weniger bringt eine Strafe" (Friedrich Lösel, Aggressionsforscher 2008).

Jugendliche werden in der Regel nicht „von heute auf morgen" straffällig – ihre Kriminalitätskarrieren bahnen sich langsam an, über mehrere Jahre; Anzeichen gibt es meist schon in der Kindheit. Frühe Prävention kann daher helfen zu verhindern, dass aggressive oder emotional auffällige Kinder straffällig werden. Wenn es um die Vorbeugung, Behandlung und Bekämpfung von Kriminalität und Gewalt geht, unterscheiden Fachleute folgende Maßnahmen:

Primäre Prävention: Die Verhütung von Straftaten, bevor Kinder und Jugendliche überhaupt gewalttätig werden. So sollen erstens emotionale und soziale Kompetenzen schon bei Kindern aufgebaut werden – dazu gehören angemessenes Selbstwertgefühl, Einfühlungsvermögen, Kooperations-, Kommunikations- und Konfliktlösungsfähigkeiten. Zweitens sollte die Politik Kindern aus belasteten Familien Bildungschancen ermöglichen, Arbeitslosigkeit abbauen und die Integration ethnischer Minderheiten fördern – so schafft sie die Grundvoraussetzungen für eine Gesellschaft, in der weniger Konflikte entstehen.

Sekundäre Prävention: Hier geht es um die Einflussnahme auf potentielle Gewalttäter, etwa durch gezielte pädagogische Hilfen für sozial gefährdete Jugendliche und durch die Stabilisierung potentieller Opferpersonen. Als Maßnahme eignet sich z. B. ein Selbstsicherheitstraining.

Tertiäre Prävention: Versuche, bereits zu Gewalttätern oder zu Opfern gewordene Personen vor einer Wiederholung der Straftaten bzw. der Opfererfahrung zu bewahren. Das geschieht z. B. durch intensive therapeutische oder pädagogische Maßnahmen bis hin zu Arbeitsauflagen und letztlich Jugendarrest.

Neue Akzente der Gewaltprävention

Eltern mit gewalttätigem Nachwuchs wissen oft nicht, dass es Hilfe für sie und ihr Kind gibt. Viele scheuen davor zurück, sich Menschen anzuvertrauen, die ihnen weiterhelfen oder Hilfe vermitteln könnten. Es mangelt ihnen an Informationen darüber, welche Unterstützungsmöglichkeiten überhaupt angeboten werden: Im Fernsehen und in anderen Medien werden Programme zur Gewaltprävention meist nur am Rand erwähnt. Das Publikum verlangt nach spannender Unterhaltung, nach der Szenerie einer Gewalttat, der Biografie ihrer Täter und nach Details aus ihrer Umwelt. Im Vergleich dazu erscheint der Alltag der Gewaltprävention wenig aufregend.

Präventive Maßnahmen finden an Orten statt, die von der Öffentlichkeit kaum beachtet werden: in Familien, die bereits Zugang zu Präventionsprogrammen haben, in Kindertagesstätten, Schulen sowie durch die Kinder- und Jugendhilfe, Polizei und Justiz. Um Eltern den Zugang zu Präventionsprogrammen zu erleichtern und um die Öffentlichkeit besser aufzuklären, informieren die Bundesländer seit einigen Jahren verstärkt über Gewaltprävention.

Gewaltprävention ist jedoch bei weitem kein neues Thema: Bereits 1987 rief die damalige Regierung eine „Unabhängige Regierungskommission zur Verhinderung und Bekämpfung von Gewalt“ ins Leben. Diese Kommission war interdisziplinär besetzt und damit beauftragt, die Erscheinungsformen von Gewalt, ihre Ursachen und ihr Ausmaß zu analysieren sowie Empfehlungen für die Prävention und strafrechtliche Intervention auszusprechen. Die Ergebnisse der Expertenkommission setzen bis heute Maßstäbe; viele der damaligen Erklärungen sind immer noch relevant, etwa der Hinweis auf die vielen Ursachenebenen von Gewalt (Schwind/Baumann et al. 1990). Allerdings greifen die Aussagen der einzelnen Unterkommissionen zu den soziologischen, psychologischen, kriminologischen usw. Aspekten kaum ineinander.

Die Experten der **Arbeitsstelle Kinder- und Jugendkriminalitätsprävention** am DJI stellen fest (2007), dass seither einige zentrale Faktoren in der Gewaltforschung und -prävention anders akzentuiert werden:

Im Mittelpunkt steht heute der **Umgang mit sozialer Desintegration**. Als besonders problematisch gilt die Arbeits- und Perspektivlosigkeit von Jugendlichen ohne und insbesondere mit Migrationshintergrund.

Weiterhin ist man sich dessen bewusst, dass immer mehr **Eltern** mit der Erziehung ihrer Kinder schlichtweg überfordert sind.

Daneben spielen die **Medien** im täglichen Leben des Kindes und Jugendlichen eine wichtige Rolle als „heimliche Miterzieher". Brutale Computerspiele und hoher Medienkonsum sind – spätestens seit dem Amoklauf des Schülers Robert Steinhäuser am Erfurter Gutenberg-Gymnasium 2002 (siehe Kapitel II, 1) – ebenfalls ins Zentrum der Aufmerksamkeit gerückt. Und noch ein Akzent ist neu:

Heute fordern Experten eine stärkere **Kooperation der Fachkräfte**, die mit Gewaltprävention befasst sind – z. B. den Austausch zwischen Erziehern im Kindergarten und Eltern oder eine bessere Verzahnung der Arbeit von Polizei, Jugendämtern und Schulen. Insbesondere Kinder- und Jugendhilfe, Polizei und Schule hatten sich in der Vergangenheit oft misstrauisch beäugt und voneinander abgegrenzt – heute erproben sie neue Formen der Zusammenarbeit und tauschen sich in Gremien aus: Die am weitesten verbreiteten Gremien sind die kommunalen „Kriminalpräventiven Räte" oder „Runden Tische".

Auch die **Strategien und Programme der Gewaltprävention** haben sich in den vergangenen Jahren verändert: Sie setzen heute primär an den Problemen an, die Kinder und Jugendliche haben, und nicht an denen, die sie machen. Dabei werden zunehmend auch die sozialen Milieus einbezogen, in denen Kinder und Jugendliche leben – etwa durch Programme zur Verbesserung der Wohnviertel oder des Schulklimas. Dahinter steht das Ziel, nicht nur das aggressive Verhalten von Personen positiv zu beeinflussen, sondern auch ihre Umgebung, die solches Verhalten begünstigt. Schließlich hat man auch die **Gesetzgebung** erweitert (siehe Kasten auf Seite 120f).

Was zählt alles zu „Gewaltprävention"?

Dass Gewaltprävention im Kinder- und Jugendbereich unverzichtbar ist, bestreitet inzwischen niemand mehr – uneinig ist man sich jedoch nach wie vor über das „Wie". Auch aus diesem Grund wurden in den vergangenen Jahren nicht nur einige, sondern gleich eine Vielzahl unterschiedlicher Initiativen und Maßnahmen (weiter-)entwickelt und ergriffen, um zu verhindern, dass Jugendliche gewalttätig werden oder um bereits gewalttätige Jugendliche aufzufangen und auf friedlichere Pfade zu leiten.

Manche Experten plädieren dafür, der Begriff „Gewaltprävention" sollte – um nicht unscharf zu werden – nur auf solche Programme angewendet werden, die vorrangig und explizit mit der Absicht eingesetzt werden, *Gewalt* im Kindes- und Jugendalter zu verhindern bzw. zu reduzieren; dazu gehören z. B. Fan-Projekte, die der Gewalt von Hooligans entgegenwirken sollen, oder Programme zur Streitschlichtung („Mediation") an Schulen. Gewaltpräventive Programme richten sich im Optimalfall an die jungen Täter *und* Opfer von Gewalt. Denn gerade in der Kindheit und Jugend sind Täter häufig auch Opfer, und Opfer können schnell zu Tätern werden (siehe Kapitel I, 1 und II, 1).

Neben solchen explizit gewaltpräventiven Maßnahmen existiert eine Vielzahl an Programmen, die *allgemein* zu einer guten Entwicklung von Kindern und Jugendlichen beitragen wollen, ihre sozialen und emotionalen Kompetenzen fördern und diversen Verhaltensauffälligkeiten vorbeugen – darunter auch erhöhter Aggressivität. Sie können primär familienpolitisch orientiert sein, aber auch arbeitsmarkt-, bildungs-, sozial- oder integrationspolitisch. Beispiele sind die Beratung von Eltern zu Erziehungsfragen oder Sprachkurse im Kindergarten für Kinder mit Migrationshintergrund und für deren Eltern. Derlei Programme leisten gewissermaßen „nebenbei" ein Beitrag dazu, Gewalt zu verhindern, indem sie Familien zu besserer Kommunikation und Integration untereinander bzw. in der neuen Heimat verhelfen (Heitkötter et al. 2007, 18f). Gleichgültig, ob explizit oder implizit gewaltpräventiv – entscheidend ist die Wirksamkeit.

Die Kinder- und Jugendhilfe

Die in der breiten Öffentlichkeit nicht besonders bekannte, aber vielgestaltige Kinder- und Jugendhilfe (KJH) hat den Auftrag, Kinder, Jugendliche und junge Volljährige (d. h. alle Menschen unter 27 Jahren) zu fördern und dazu beizutragen, Benachteiligungen zu vermeiden bzw. abzubauen. Die Hilfen werden sowohl von öffentlichen als auch von freien Trägern – z. B. von Vereinen oder Initiativen – in Städten und Landkreisen angeboten. Anerkannte freie Träger erhalten für ihre Programme Zuschüsse von Bund, Ländern und Kommunen, manche ihrer Programme finanzieren sie aber auch selbst. Bund, Länder und Kommunen haben 2006 insgesamt 20,9 Milliarden Euro für Leistungen der Kinder- und Jugendhilfe ausgegeben. Mehr als die

Hälfte des gesamten Budgets (11,8 Milliarden Euro) floss in die Finanzierung von Tageseinrichtungen für Kinder. Da es ab 2013 einen Rechtsanspruch auf die Betreuung von Unter-Dreijährigen geben soll, werden die Ausgaben in diesem Bereich wohl weiter steigen. Mit mehr als einem Viertel des Budgets wurden die „Erzieherischen Hilfen" finanziert (Statistisches Bundesamt 2007). Insgesamt gab es 2006 in Deutschland rund 28.200 Einrichtungen für Heimerziehung, Jugendarbeit, Frühförderung sowie Jugendzentren und Jugendräume, Familienferienstätten und Erziehungs-, Jugend- und Familienberatungsstellen. 2006 waren 1,5% mehr Mitarbeitende in diesen Einrichtungen beschäftigt als 2002 (ohne Verwaltung). Zwischen 1998 und 2002 war jedoch viel Personal abgebaut worden (-2,7%) – vor allem in den neuen Bundesländern (Statistisches Bundesamt 2008a).

Prävention gegen Jugendgewalt ist zwar nicht die vorrangige Aufgabe der Kinder- und Jugendhilfe – sie wird im Gesetz nicht einmal explizit erwähnt – dennoch wird sie als sehr wichtig eingestuft (Lüders 2000). Zu den Maßnahmen der KJH gehören neben der Einrichtung von Kindertagesstätten z. B. die Jugendarbeit, außerschulische Jugendbildung, Jugendsozialarbeit, Jugendschutz und Jugendhilfe im Strafverfahren („Jugendgerichtshilfe"). Auch einige Erzieherische Hilfen fokussieren auf Jugendliche und Heranwachsende: Beratung, Betreuung, intensive sozialpädagogische Einzelbetreuung, Tagesgruppenerziehung, Vollzeitpflege in einer anderen Familie oder Heimerziehung. Im Jahr 2006 haben in Deutschland mehr als 651.000 Menschen im Alter von bis zu 26 Jahren Erzieherische Hilfen in Anspruch genommen. Das waren 11% mehr als 2001 und 79% mehr als 1991, dem Jahr, in dem das neue Kinder- und Jugendhilfegesetz in Kraft trat. Insgesamt nehmen mehr Jungen als Mädchen Erzieherische Hilfen in Anspruch (Statistisches Bundesamt 2008b).

Grundsätzlich greift bei Präventionsprogrammen, die von der KJH gefördert werden, das **Subsidiaritätsprinzip**: Es sieht vor, dass Projekte und Programme vor allem von lokalen Trägern entwickelt und auch realisiert werden. Der Bund setzt mit dem Sozialgesetzbuch VIII (KJHG) lediglich den gesetzlichen Rahmen. In den Kommunen und Landkreisen haben die anerkannten freien Träger der Jugendhilfe mit ihren Angeboten Vorrang vor den Jugendämtern: Letztere dürfen erst dann tätig werden, wenn die freien Träger keine oder nicht ausreichend Angebote machen. Zudem gibt es aufgrund des *Föderalismus* in Deutschland – anders als in eher zentral strukturierten Ländern – kein nationales Programm zur Gewaltprävention, sondern bestenfalls Modellprogramme und Programme mit vergleichbaren Zielen, etwa im

Bereich der Vorbeugung gegen Fremdenfeindlichkeit und Rechtsextremismus.

Warum Langzeitstudien zur Wirkung von Prävention?

Die meisten gewaltpräventiven Strategien, Konzepte und Maßnahmen, die aktuell in Deutschland im Einsatz sind, wurden aufgrund der hohen Anforderungen und Kosten langfristiger Evaluationsstudien bis heute nicht auf ihre **Langzeitwirkung** untersucht, so dass kaum wissenschaftlich fundierte Aussagen und Vergleiche über ihren Nutzen, ihre Qualität und Nachhaltigkeit gemacht werden können. Eine Herausforderung für die Zukunft liegt darin, empirisch über einen längeren Zeitraum zu überprüfen, welche der vielen Maßnahmen sich bewähren und nachhaltige Erfolge erzielen und welche nicht.

„Preventing Crime: What Works, What Doesn't, What's Promising" („Verbrechen vorbeugen: Was wirkt, was nicht wirkt, was vielversprechend ist") hieß ein viel beachteter Bericht von Wissenschaftlern für den US-amerikanischen Kongress (Sherman et al. 1997). In den USA ist es seit Jahren weit verbreitete Praxis, Präventionsprogramme konsequent und langfristig auf ihre Wirkung zu überprüfen (nicht nur unmittelbar am Ende eines Programms), in Deutschland hingegen noch kaum. Dabei gibt es hierzulande eine unüberschaubare Zahl an Präventionsansätzen und Praxismodellen – vom sozialpädagogischen bis hin zum polizeilichen Kompetenzbereich. Solange diese Ansätze nicht auf ihre nachhaltige Effizienz hin untersucht werden, wird öffentliches Geld zur Finanzierung von Präventionsprogrammen eingesetzt, deren Wirksamkeit unklar ist. Aber nicht nur für den Staat als Geldgeber, auch für die Anbieter selbst ist es höchst interessant zu erfahren, welche ihrer Maßnahmen wirken und welche nicht. Allerdings lassen sich Langzeitdaten nicht so einfach ermitteln, wie es scheinen mag. Denn die Entstehung und Hemmung von Aggression bei Kindern und Jugendlichen wird durch das Zusammenspiel vieler Faktoren initiiert (siehe Kapitel III, 1); Präventionsmaßnahmen können aber nur auf einige dieser Faktoren zielen. Hinzu kommt, dass Wissenschaftler, um die Wirkung von Faktoren eindeutiger beurteilen zu können, „Kontrollgruppen" (d. h. Gruppen von Jugendlichen mit aggressiven und gewalttätigen Neigungen) benötigen, die nicht in den Genuss der Präventionsmaßnahmen kommen. Werden jedoch die Hilfeleistungen einem Teil der jungen Studienteilnehmer verweigert, entsteht ein ethisches Problem. Um es zu umgehen, benutzt man hierzulande vielfach unaufwändige Verfahren: Man befragt z. B. das pädagogische Personal, das einen Trainingskurs angeboten hat oder Kinder und Jugendliche, die den Kurs besucht haben, wie sie dessen Wirkung erleben. Das Problem dabei: aus wissenschaftlicher Perspektive ist das eher Meinungs- als Evaluationsforschung. Überdies müssten Evaluationsstudien langfristig angelegt sein, um nicht nur reine Kurzzeitwirkungen zu messen – das ist teuer. Und selbst wenn der Aufwand für eine solche Studie betrieben wird und sich tatsächlich einzelne Vorbeugungsmaßnahmen als dauerhaft effizient erweisen, so bleibt immer noch die Frage offen, ob sie in einer anderen Umgebung und unter anderen Umständen genau so wirken würden. Die Evaluation von gewaltpräventiven Maßnahmen ist also ein voraussetzungsreiches Geschäft und eine Herausforderung, die hierzulande leider noch kaum angenommen wird (Holthusen/Lüders 2003; Wahl et al. 2005, 67ff; Glaser/Schuster 2007).

2 Familie: die Täter-Opfer-Täter-Kette brechen

Wer (potentiell) gewalttätigen Kindern und Jugendlichen helfen möchte, sollte sowohl ihre Persönlichkeit als auch ihr gesamtes Lebensumfeld im Blick haben: Bei der Entstehung von überdurchschnittlicher Aggressivität wirken genetische, neurobiologische und psychische Aspekte der Person und Aspekte ihrer sozialen, ökonomischen und kulturellen Umwelt als Teufelskreis zusammen: Probleme von Kindern führen zu negativen Reaktionen der Bezugspersonen und umgekehrt. So kann ein sich selbst verstärkender Prozess in Gang gesetzt werden (siehe Kapitel III, 1; Lück et al. 2005, 60).

Eine besonders wichtige Rolle für die Ausbildung der für Aggressivität grundlegenden Emotionen – Wut, Angst, Trauer – spielt das Verhältnis zwischen dem Kind und seinen nächsten Bezugspersonen: Die kindliche Aggressivität wird durch einen strengen oder vernachlässigenden Erziehungsstil der Eltern ebenso gefördert wie durch ein frostiges oder wechselhaft-widersprüchliches emotionales Klima in der Familie (siehe Kapitel III, 2). In der Regel sind sich die Eltern gar nicht bewusst, dass sie ihre Kinder besonders streng, nachlässig, kalt oder inkonsistent behandeln, anstatt liebevoll, unterstützend, verlässlich und wohlwollend. Sie haben sich schon immer so verhalten, viele wurden von ihren Eltern ebenfalls so behandelt, und empfinden dieses Verhalten als „normal". In speziellen Präventionskursen können

Fachkräfte solchen Eltern ihr schädigendes Verhalten vor Augen führen, um danach gemeinsam mit ihnen über alternative Verhaltensweisen nachzudenken bzw. Alternativen konkret einzuüben.

Insbesondere wenn Kinder der Gewalt ihrer Eltern zum Opfer fallen, steigt das Risiko erheblich an, dass sie sich später selbst gewalttätig verhalten. In Studien mit jungen Gewalttätern schätzt nur etwas mehr als die Hälfte dieser Täter die Beziehung zur Mutter als gut ein; die Beziehung zum Vater empfindet nur die Hälfte als positiv. Nur jeder zweite gewalttätige Jugendliche fühlt sich von den Eltern akzeptiert und geliebt. 60% der befragten Jugendlichen beschreiben den Erziehungsstil ihrer Eltern als autoritär. Fast zwei Drittel berichten, dass sie von ihren Eltern geprügelt, mit Gegenständen geschlagen oder gequält wurden (z. B. zur Bestrafung unter Wasser getaucht). An psychische Gewalt – verbale Demütigungen und Missachtung ihrer Bedürfnisse – erinnern sich junge Gewalttäter deutlich häufiger als nicht-gewalttätige Jugendliche der Kontrollgruppe. Jeder fünfte Gewalttäter hat Gewalt zwischen den Eltern miterlebt. Gewalttätige Jugendliche sind in ihrer Kindheit vielfach Opfer elterlicher Gewalt – und sogar manchmal selbst schon Täter: Mehr als jeder Vierte übte Gewalt gegen den (Stief-)Vater aus, jeder zehnte gegen die Mutter (Neumann/Frindte 2001, 255f; Wahl 2003, 134f).

In Familien tritt Gewalt in unterschiedlichen Formen auf: Kinder und Jugendliche können dort einerseits direkt Opfer von Gewalt werden – dann, wenn sie von ihren Eltern bzw. Verwandten vernachlässigt, psychisch oder physisch misshandelt oder sexuell missbraucht werden. Andererseits können sie den Gewalthandlungen zwischen ihren Eltern bzw. Sorgeberechtigten ausgesetzt und somit von der Erfahrung und von den Auswirkungen der Partnergewalt betroffen sein. Im Detail unterscheiden die Experten des **Informationszentrums Kindesmisshandlung, Kindesvernachlässigung (IzKK)** am DJI folgende Erscheinungsformen:

- Von **Vernachlässigung** spricht man, wenn die sorgeverantwortlichen Personen die Fürsorge für das Kind unterlassen – manche tun dies absichtlich, andere unbewusst aus mangelndem Wissen, mangelndem Können oder mangelnder Einsicht. In jedem Fall werden die Bedürfnisse des Kindes chronisch unterversorgt und seine körperliche, geistige und seelische Entwicklung beeinträchtigt. Unterschieden wird zwischen der emotionalen, kognitiven, körperlichen und medizinischen Vernachlässigung sowie der unzureichenden Beaufsichtigung.

- **Psychische Kindesmisshandlung** liegt vor, wenn Sorgeverantwortliche ein Kind andauernd oder wiederholt terrorisieren (z. B. bedrohen, einschüchtern, überfordern), ablehnen (z. B. ständig kritisieren, erniedrigen), isolieren (z. B. einsperren, Kontaktverbote auferlegen), vorsätzlich widersprüchlich erziehen oder korrumpieren (z. B. antisoziales Verhalten fördern).
- **Physische Kindesmisshandlung** betrifft körperlichen Zwang (der zu erheblichen körperlichen und/oder psychischen Beeinträchtigungen des Kindes und seiner Entwicklung führt oder vorhersehbar ein hohes Risiko solcher Folgen birgt.
- **Sexuell missbraucht** werden Kinder durch Handlungen mit eindeutig als sexuell identifizierbarem Körperkontakt (auch durch die Bekleidung) zwischen Opfer und Täter. Aber auch ohne Körperkontakt (z. B. Exhibitionismus, Zwang zum Ansehen von Pornografie) können Kinder sexuell missbraucht werden. Des Weiteren ziehen Gutachter verschiedene Kriterien heran – etwa das Machtgefälle zwischen Opfer und Täter –, um im Einzelfall besser einschätzen zu können, ob es sich um sexuellen Missbrauch handelt oder nicht (Galm et al. 2007, 31f).

Unter welchen Folgen ein Mensch langfristig zu leiden hat, der in einem problematischen Elternhaus aufgewachsen ist und Missbraucherfahrungen gemacht hat, hängt von den individuellen Belastungen, aber auch von den Ressourcen in der Kindheit ab. Ressourcen – besonders die Anwesenheit von mindestens einer verlässlichen Bezugsperson – können so manche Belastung abfedern und eine positive Entwicklung begünstigen (siehe Kapitel III, 3). Daher ist es so wichtig, belastete Familien durch Präventionsmaßnahmen möglichst frühzeitig zu unterstützen. Generell gilt dabei: Prävention muss an den Ressourcen der Familien ansetzen und versuchen, sie auszubauen.

Gesetze und Programme für Familien

> „... letztlich hat das ganze Hilfesystem, einschließlich des Jugendstrafrechts, nur eine gewisse Eindringtiefe, wenn es uns nicht gelingt, den Kern des Ganzen zu beeinflussen: Die Familie. [...] Die Hilfsmittel von außen verpuffen, wenn die Familie nicht mitmacht oder die Hilfen torpediert“ (Gerhard Schlögl, Chef der Nürnberger Polizei, 2008).

Neue Gesetze zum Schutz von Kindern und Jugendlichen

Der Staat nimmt die Bedeutung früher Gewaltprävention für Kinder ernst und hat mehrere Gesetze erlassen, die die rechtlichen Voraussetzungen dafür bieten: Um Gewalt als Erziehungsmittel zurückzudrängen, wurde im Jahr 2000 das **Gesetz zur Ächtung der Gewalt in der Erziehung** verabschiedet (BGBl. I 2000, 1479). Mit ihm ist ein Recht des Kindes auf gewaltfreie Erziehung im **Bürgerlichen Gesetzbuch (BGB)** verankert worden. Körperliche Bestrafungen, seelische Verletzungen und andere entwürdigende Maßnahmen werden für unzulässig erklärt (§ 1631 Abs. 2 BGB). Zugleich stellt das **Kinder- und Jugendhilfegesetz (KJHG)** als Teil VIII des **Sozialgesetzbuchs (SGB)** klar, dass der Staat Eltern Angebote unterbreiten soll, mithilfe derer sie lernen können, Konflikte gewaltfrei zu lösen (§ 16 Abs. 1 Satz 3 SGB VIII). Begleitet wurde die Gesetzesänderung von 2000 bis 2001 von einer bundesweiten Kampagne unter dem Motto „Mehr Respekt vor Kindern". Die Bundesregierung hat in mehreren Studien überprüfen lassen, inwiefern die Gesetzesänderungen und die Kampagne wirksam waren (Bussmann 2005). Sie ergaben, dass sich das Prinzip der gewaltfreien Erziehung in der Gesellschaft ausgebreitet hat, seitdem das Kinder- und Jugendhilfegesetz eingeführt wurde. Andererseits sei in gewaltbelasteten Familien das Ausmaß körperlicher Gewalt trotz aller Neuerungen nicht gesunken.

Kinder, die von häuslicher Gewalt betroffen sind, haben seit dem **Kinderrechteverbesserungsgesetz** aus dem Jahr 2002 einen Anspruch darauf, dass der gewalttätige Elternteil oder Dritte aus der vom Kind mitbewohnten Wohnung verwiesen werden. Auch der von Gewalt betroffene Elternteil erhält seit 2001 durch das **Gewaltschutzgesetz** Beistand. Um diesen Schutz unmittelbar durchsetzen zu können, wurden in den **Polizeigesetzen der Länder** entsprechende Regelungen getroffen. Sie ermöglichen z. B. einen vorübergehenden, sofortigen Verweis des misshandelnden Familienvaters aus der Wohnung, wenn Gefahr im Verzug ist.

Um den Schutz gefährdeter Kinder weiter zu verbessern, wurde 2007 der Entwurf für ein **Gesetz zur Erleichterung familiengerichtlicher Maßnahmen bei Kindeswohlgefährdung** vorgelegt. Es soll die Zusammenarbeit zwischen Familiengerichten und Jugendämtern stärken. Mit derselben Absicht wurde auch das Kinder- und Jugendhilfegesetz 2005 durch das **Kinder- und Jugendhilfeweiterentwicklungsgesetz (KICK)** reformiert. Durch eine verbesserte Zusammenarbeit von öffentlichen und freien Trägern der Jugendhilfe sowie der Familiengerichte will man gefährdete Familien früher auffangen und so Kinder und Jugendliche umfassender schützen.

Aktuell ist zudem ein **Präventionsgesetz** in Arbeit, zu dem erste Eckpunkte bereits 2004 formuliert wurden, über dessen Ausgestaltung die Bundestagsfraktionen jedoch nach wie vor verhandeln (Stand: Sommer 2008). Der bisherige Gesetzesentwurf sieht vor, die Prävention zu einer eigenständigen Säule der gesundheitlichen Versorgung auszubauen. Ziel ist, die Kooperation von Akteuren, die mit der Prävention befasst sind, sowie die Qualität der Präventionsmaßnahmen zu verbessern.

Präventionsprogramme für Eltern

Auch diejenigen Leistungen nach dem *Kinder- und Jugendhilfegesetz (KJHG)*, die sich an Eltern und Familien richten, werden von öffentlichen und freien Trägern angeboten. Eltern, die sich dafür interessieren, können sich direkt an den Anbieter des Programms wenden. Für Sorgeberechtigte, die sich in Sachen Erziehung einfach weiterbilden möchten, finanziert die Kinder- und Jugendhilfe Angebote zur Verbesserung der erzieherischen Kompetenz wie z. B. **Familienbildung und -beratung**. Den Eltern steht es frei, diese Angebote für sich und ihre Kinder zu nutzen. Eine weitere Leistung der Kinder- und Jugendhilfe sind die *„Erzieherischen Hilfen“* (§ 27 KJHG). Alle Eltern haben darauf einen Rechtsanspruch, „wenn eine dem Wohl des Kindes oder des Jugendlichen entsprechende Erziehung nicht gewährleistet ist und die Hilfe für seine Entwicklung geeignet und notwendig ist.“ Erzieherische Hilfen sollen verhindern, dass sich kindeswohlgefährdendes Verhalten in Familien verfestigt. Ziel ist grundsätzlich, zu ermöglichen, dass das Kind oder der Jugendliche in seiner eigenen Familie bleiben kann. Manche Erzieherischen Hilfen richten sich primär an Eltern, andere primär an Kinder und Jugendliche. Das Spektrum reicht von Erziehungsberatung über Erziehungsbeistand, von sozialer Gruppenarbeit, sozialpädagogischer Familienhilfe und Tagesgruppenerziehung bis hin zur Vollzeitpflege in einer anderen Familie oder Heimerziehung. *Elternbezogene Erzieherische Hilfen* zielen darauf ab, Eltern anzuleiten und zu unterstützen, damit sie ihre Erziehungsaufgaben selbst zufriedenstellend bewältigen können. Dies kann z. B. im Rahmen einer Erziehungsberatung geschehen: Dort besprechen professionelle Berater mit den Eltern bzw. der Familie problematische Verhaltensweisen und Konflikte; gemeinsam werden konstruktive Verhaltensalternativen erarbeitet. 2006 wurden fast drei Viertel der Erzieherischen Hilfen in den Familien durchgeführt, nur 4% teilstationär, 23% stationär (Statistisches Bundesamt 2008b).

Programme der Gewaltprävention, die sich an Eltern und Familien richten, sind entweder selektiv oder universell angelegt: **Selektive Maßnahmen** versuchen zunächst, Familien mit erhöhten Vernachlässigungs- und Misshandlungsrisiken herauszufiltern, um sich dann gezielt an sie zu wenden. **Universelle Maßnahmen** hingegen sind für einen breiten Kreis von Familien offen – etwa für alle Eltern mit Neugeborenen. Es gibt Ansätze mit **„Komm-Struktur"**, d. h., die Eltern müssen das Hilfsangebot aus eigener Initiative am Veranstaltungsort besuchen, und Programme mit **„Geh-Struktur"**, d. h., Helfer suchen die Familie in deren Wohnung auf. Manche Programme beschränken sich darauf, Eltern zu *informieren* (z. B. Elternbriefe), andere wollen sie *erzieherisch anleiten* (z. B. Eltern- und Familienberatung), wieder andere zielen darauf ab, das elterliche Verhalten zu beobachten und durch *direktes Feedback* zu verändern (z. B. die Trainingsprogramme „Starke Eltern – Starke Kinder", „Triple P" und „Opstapje").

Wir stellen im Folgenden einige Programme in Stichworten vor. Bei keinem dieser Programme wurde bislang die Wirksamkeit durch breit angelegte (viele Programme einbeziehende), planmäßig vergleichende, langfristige und unabhängige Studien überprüft (erste Ansätze dazu bei Tschöpe-Scheffler 2005). Diese Auswahl kann daher weder systematisch noch umfassend sein. Vielmehr stellt sie unterschiedliche Programme vor, die im deutschsprachigen Raum mittlerweile relativ weit verbreitet sind und die zumindest ansatzweise evaluiert wurden. Eine ergänzende Zusammenstellung von Präventions- und Erziehungskursen für Eltern bieten das Buch Wahl und Hees (2007) und der Deutsche Bildungsserver (www.bildungsserver.de, unter dem Suchbegriff „Kurse und Methoden der Elternbildung"). Von dort gelangt man direkt auf die Homepages der einzelnen Programme bzw. Veranstalter.

Programme für alle Eltern

Die folgenden Präventionsprogramme wenden sich an alle Eltern. Besucht werden sie vor allem aus eigenem Antrieb und aus Interesse, sich pädagogisch weiterzubilden.

„Starke Eltern – Starke Kinder“

Der Elternkurs „Starke Eltern – Starke Kinder“ kommt ursprünglich aus Finnland, in Deutschland wird er vom Deutschen Kinderschutzbund durchgeführt – fast jeder Orts- und Kreisverband bietet ihn an. Sein inhaltliches Fundament setzt sich aus der humanistischen Psychologie, Paul Watzlawicks Kommunikationstheorie, Carl Rogers' Gesprächstherapie, aus der systemischen Familientherapie und aus der Verhaltenstherapie zusammen. Ziel ist, Gewalt in der Familie vorzubeugen und den Rechten von Kindern Geltung zu verschaffen. Eltern werden darin bestärkt, sich auf ihre Fähigkeiten zu besinnen und ihren Kindern die Sicherheit zu geben, die sie für ihre Entwicklung brauchen. Dabei setzt das Programm an den positiven Erziehungsleistungen der Eltern an. Kursteilnehmer und Kursleiter befassen sich gemeinsam mit folgenden Fragen: Welche Werte und Erziehungsziele habe ich – was ist mir wichtig in der Familie? Wie kann ich das Selbstwertgefühl meines Kindes stärken? Wie kann ich meinem Kind helfen? Wie setze und vereinbare ich Grenzen? Wie lösen wir Probleme in der Familie? Der Kurs wendet sich an Eltern mit Kindern aller Altersstufen und umfasst acht bis zwölf Einheiten zu je zwei bis drei Stunden. Er vermittelt sowohl theoretisches Wissen als auch praktische Möglichkeiten zur Selbsterfahrung. In ersten Evaluationen geben Eltern und Kinder mehrheitlich an, dass Eltern durch den Besuch dieser Kurse entwicklungsfördernde Verhaltensweisen aufbauen konnten (Honkanen-Schoberth 2003 und 2005; Möller-Frommann 2004). Auf der Homepage des Deutschen Kinderschutzbundes erhalten Interessierte weitere Informationen und können nach Veranstaltungen an Ihrem Heimatort suchen: www.dksb.de (dort findet man unter der Rubrik „Für Erziehende und Fachkräfte“ Informationen zu „Starke Eltern – Starke Kinder“).

„Triple P – Positive Parenting Program“

„Triple P“ ist ein präventives Elternprogramm, das ursprünglich in Australien entwickelt wurde. Es zielt darauf ab, dass Kinder gewaltfrei erzogen werden. Daher leitet es Eltern dazu an, ihre Probleme selbstständig zu lösen und ein gutes Familienklima zu schaffen. Es will die Erziehungskompetenzen der Eltern stärken und eine positive Eltern-Kind-Beziehung unterstützen. Dazu nutzt das Programm Materialien, Beratung und Elternkurse. Eine stabile Beziehung zum

Kind wird als besonders wichtig erachtet; Triple P vermittelt konkrete Erziehungsmaßnahmen, die in bestimmten Situationen mit Kindern angewendet werden sollen: Beispielsweise Lernprinzipien wie Belohnung und Ignorieren, aber auch eine kurze „Auszeit" oder „Stille Zeit" für Kinder, um Konflikte zwischen Kindern und Eltern abzukühlen. In Evaluationsstudien sagten die meisten Eltern, sie hätten den Eindruck, durch ihre Teilnahme an diesem Programm ihre Erziehungskompetenzen verbessert zu haben (Sanders et al. 2000; Kuschel et al. 2000; Bahnmüller/von Wulfen 2004; Dirscher et al. 2005). Auf der Homepage www.triplep.de gibt es weitere Informationen, auch hier kann man nach Veranstaltungen am Heimatort suchen.

Weitere Programme

Auch Programme wie „FamilienTeam" (www.familienteam.org), „Freiheit in Grenzen" (www.freiheit-in-grenzen.org) oder „STEP – Systematisches Training für Eltern" (www.instep-online.de), die sich als Kurs oder auf CD an alle Eltern wenden, sind darauf ausgelegt, Erziehungskompetenzen positiv zu beeinflussen.

Programme für belastete Familien

In psychosozial belasteten Familien werden Gewalt und Vernachlässigung oft über mehrere Generationen weitergegeben: Konflikte, instabile Beziehungen und Beziehungsabbrüche wiederholen sich über Jahrzehnte hinweg. Fatal ist, dass gerade diese Familien für die Prävention kaum erreichbar sind: Sorgeberechtigte in belasteten Familien verfügen häufig nicht über ein ausreichendes Wahrnehmungs- und Reflexionsvermögen, um die Gefährdung ihrer Kinder und ihren Hilfsbedarf zu erkennen. Erschwerend kommt hinzu, dass viele belastete Familien ambivalente Gefühle gegenüber dem Jugendamt und anderen Ämtern hegen; Misstrauen und Angst vor öffentlicher Kontrolle tragen dazu bei, dass sie sich vor institutioneller Hilfe meist verschließen. Belastete Familien fragen darum in der Regel auch nicht aus eigener Initiative nach Hilfe oder besuchen einen Kurs – für sie eignen sich deshalb die Präventionsprogramme mit Geh-Struktur, in der eine Betreuerin die Familie zu Hause aufsucht.

Gleichzeitig ist es aber für die Kinder- und Jugendhilfe schwierig, den Hilfsbedarf belasteter Familien rechtzeitig zu erkennen und ihm zu begegnen. Ursachen liegen an der Überlastung der Mitarbeitenden, ungeklärten Verantwortlichkeiten sowie mangelnder Kommunikation und Kooperation (etwa zwischen Kinderärzten, Kindergarten, Schule, Gesundheitsamt, Jugendamt, Polizei). So schreitet das Jugendamt in vielen Fällen erst dann ein, wenn Kinder aufgrund von Folgeproblemen wie Drogenkonsum oder Gewalttaten auffällig geworden sind.

Präventionsmaßnahmen für belastete Familien sollten nicht kurzfristig oder zeitlich befristet sein. Die Familien benötigen ausreichend Zeit, um ihre Belastungen wahrzunehmen und um Fähigkeiten des Gegensteuerns zu entwickeln. Eine geeignete Präventionsmaßnahme für Risikofamilien ist zum Beispiel die **Sozialpädagogische Familienhilfe** gemäß dem Kinder- und Jugendhilfegesetz: Eine qualifizierte Bezugsperson sucht die Familie regelmäßig direkt in ihrer Wohnung auf, berät sie dort in erzieherischen Fragen und unterstützt sie darüber hinaus bei alltagspraktischen Problemen (Helming et al. 1997). Weitere Programme setzen Laien oder semi-professionelle Mitarbeitende als Bezugspersonen ein. Diese werden zuvor in speziellen Kursen dafür qualifiziert. Ein Programm, das mit ausgebildeten Laien arbeitet, ist „Opstapje".

„Opstapje – Schritt für Schritt"

Das Programm „Opstapje" kommt aus den Niederlanden und wurde an die deutschen Lebensbedingungen angepasst. Als Spiel- und Lernprogramm richtet es sich an sozial benachteiligte Eltern mit Kleinkindern, insbesondere an Familien, die durch Armut, Arbeitslosigkeit, Trennung, Scheidung, niedriges Bildungsniveau oder einen Migrationshintergrund belastet sind. Mitarbeiterinnen, die aus demselben soziokulturellen Milieu wie die Familie stammen, besuchen die Familie regelmäßig zu Hause und vermitteln die Inhalte des Programms: durch das Vorbild der Besucherin sollen die Eltern mit ihren Kindern auf eine förderliche Art zu spielen lernen, und ihnen damit positive Bindungserfahrungen ermöglichen. Wenn auch manche Eltern ihre Lernaufgabe nicht bewältigen, so bekommen die Kinder zumindest durch die wöchentlichen Hausbesuche eine kindgerechte Förderung, die sie ansonsten nicht hätten. Die Betreuerin wird regelmäßig von einer sozialpädagogischen Fachkraft geschult und unterstützt. Zudem finden Gruppentreffen statt, um die Familien in eine Gemeinschaft zu integrieren. Dabei wird auch auf unterstützende Angebote im Stadtteil hingewiesen. Oft wünschen sich die Eltern nach ihrer Teilnahme am Programm weitere Unterstützung – Opstapje wirkt somit als „Türöffner“. Evaluationsstudien zeigen, dass bestimmte Kompetenzen von Kindern, so etwa die emotionale Regulation, durch das Programm gefördert werden (Sann/Thrum 2005; www.opstapje.de).

Programme für Eltern mit Migrationshintergrund

Belastete Familien mit Migrationshintergrund benötigen Präventionsmaßnahmen, die speziell auf ihre kulturellen Hintergründe und ihre Erfahrungen in der neuen Heimat zugeschnitten sind: Viele Familien leiden unter sozialer Ausgrenzung, oft spielen wirtschaftliche Schwierigkeiten eine wichtige Rolle im Alltag – das sollten Präventionsstrategien berücksichtigen. Hinzu kommt, dass Gewalt bei manchen ethnischen und kulturellen Gruppen fester Bestandteil des Familienlebens ist und dementsprechend nicht unbedingt negativ bewertet wird. Ein Beispiel dafür sind die zugewanderten jungen „Russland-Deutschen“ – Aussiedler mit deutschem Pass. Sie sind in einem Land aufgewachsen, in dem Gewalttätigkeit als „positive männliche Eigenschaft“ gilt: Wer in einer Clique auf welchem Rang steht – das wird unter diesen Jungen oft über Stärke und Prügeleien geregelt. Erst in Deutschland stoßen sie mit diesem Verhalten an Grenzen und kommen in Schwierigkeiten. Sie verstehen dann nicht, warum ihr in Russland akzeptiertes Verhalten hierzulande Ärger erregt.

Auch belastete Familien mit Migrationshintergrund sind schwer für präventive Maßnahmen zu erreichen: Viele fühlen sich ihren neuen Landsleuten und der deutschen Kultur gegenüber unsicher, und Familien halten deshalb an der eigenen, vertrauten Kultur und insbesondere an der eigenen Sprache fest.

Hierin liegt für die Präventionsarbeit jedoch zugleich eine Chance: Werden Migranten von den Mitarbeitern zunächst in ihrer Muttersprache angesprochen, kann dies den ersten Kontakt erleichtern und z. B. die Bereitschaft fördern, einen Elternkurs zu besuchen. Die Muttersprache signalisiert Respekt und Wertschätzung der kulturellen Identität der Teilnehmer. Muttersprachliche Elternkurse fördern zudem die Auseinandersetzung mit verschiedenen kulturell geprägten Werten und Normen in der Erziehung.

„Starke Eltern – Starke Kinder" für Familien mit Migrationshintergrund

Bisher gibt es in Deutschland noch zu wenige Programme, die sich speziell an Migrantenfamilien richten. Zu den wenigen zählt das Programm *„Starke Eltern – Starke Kinder"* des Deutschen Kinderschutzbundes (www.dksb.de). Es wird – bisher zumindest in Bayern, Berlin und in einigen Ortsverbänden anderer Bundesländer – durch muttersprachliche Kursleiter auf Türkisch und seit dem Frühjahr 2008 in Bayern auch auf Russisch angeboten.

„Opstapje" für Familien mit Migrationshintergrund

Ein weiteres Programm ist das bereits oben besprochene „Opstapje". Es wurde zwar nicht speziell für Migranten entwickelt, in der Praxis hat sich jedoch gezeigt, dass damit sehr viele Migranten angesprochen werden. Denn die Laienhelferinnnen durchbrechen mit ihren Hausbesuchen die Isolation, in der diese Familien oft leben.

Strategien zur Früherkennung und zur frühen Prävention

Da immer mehr Fälle von Kindesmisshandlung in der Öffentlichkeit bekannt werden, arbeitet die Bundesregierung seit einiger Zeit verstärkt daran, Risikofamilien früher zu identifizieren, um deren Kinder besser vor Misshandlung und Vernachlässigung schützen zu können – und somit auch die generationenübergreifende Kette von „Gewalt – Gewaltopfer – neue Gewalt" zu unterbrechen. Die meisten *Frühen Hilfen*, die bisher in Deutschland im Einsatz sind, richten sich daher selektiv an belastete Familien. Sie umfassen ein breites Spektrum an unterstützenden Maßnahmen und zielen darauf ab, die körperliche Versorgung des Kindes sicherzustellen, seine geistige Entwicklung zu fördern, den Umgang der Eltern mit dem Kind, ihre Erziehungskompetenz und ihre Bindungsfähigkeit zu verbessern. Spezielle Programme versuchen, besondere Gefahren zu verhindern – darunter sexuellen Missbrauch.

Im Rahmen des Aktionsprogramms des Bundesministeriums für Familie, Senioren, Frauen und Jugend **„Frühe Hilfen für Eltern und Kinder und soziale Frühwarnsysteme"** betreiben die Bundeszentrale für gesundheitliche Aufklärung (BZgA) und das Deutsche Jugendinstitut (DJI) gemeinsam seit 2007 das *Nationale Zentrum Frühe Hilfen* (www.fruehehilfen.de). Die Mitarbeiter des Zentrums wirken darauf hin, dass die bestehenden Einrichtungen für den Kinderschutz nicht – wie bisher der Fall – parallel und getrennt voneinander arbeiten, sondern an einem Strang ziehen: Gesundheitseinrichtungen, Jugendhilfe, Kindertagesstätten, Schulen und Polizei sollen sich vernetzen und gegenseitig Informationen austauschen, um so eine eventuelle Risikobelastung und Anzeichen einer Kindeswohlgefährdung möglichst früh zu erkennen. Ziel ist, rechtzeitig angemessene und ineinandergreifende Hilfen anzubieten. Auch zwischen den Landkreisen und den Bundesländern soll der Austausch von Daten zum Kinderschutz verbessert werden, um Risikofamilien bei Umzügen im Auge zu behalten. Alle Eltern sollen künftig Einladungen zu Vorsorgeuntersuchungen erhalten. Falls sie mit ihrem Kind nicht zur Vorsorge erscheinen, werden sie von Mitarbeitern des Jugendamts aufgesucht. Für Kinder zwischen dem zweiten und vierten Lebensjahr ist eine Untersuchung mehr als bisher geplant.

Im Rahmen des Aktionsprogramms werden zudem verschiedene Projekte finanziell gefördert und wissenschaftlich begleitet. Manche der Projekte werden bisher nur in einzelnen Regionen angeboten. Sie konzentrieren sich auf Familien mit Kindern bis zum Alter von etwa drei Jahren, die belastet sind und unter vielfältigen, schwerwiegenden Risiken leiden – z. B. unter Armut, Gewalt oder Suchterkrankung. Einige Beispiele: Das Projekt **„Keiner fällt durchs Netz"** richtet sich an risikobelastete werdende Eltern und an Eltern von Neugeborenen. Sie werden entweder an einer Elternschule gefördert oder durch eine Familienhebamme begleitet. Auch das länderübergreifende Modellprojekt **„Guter Start ins Kinderleben"** will die Erziehungs- und Beziehungskompetenzen von Eltern in schwierigen Lebenslagen verbessern. Es zielt darauf ab, Vernachlässigung und Kindeswohlgefährdung im frühen Lebensalter zu verhindern. Weitere frühpräventive Projekte werden auf der Internetseiten des **Nationalen Zentrums Frühe Hilfen** ausführlich beschrieben: www.fruehehilfen.de, dort unter „Projekte". Auf jeden Fall sollten alle Eltern von der Möglichkeit erfahren, an einem frühpräventiven Programm teilzunehmen – und daher bereits in der Geburtsklinik entsprechend informiert werden.

Insbesondere *Krippen, Kindergärten und Tagesstätten* spielen eine Schlüsselrolle im Frühwarnsystem der Gewaltprävention: Die Betreuer und Erzieher sind regelmäßig mit den Kindern zusammen und können mit entsprechender Feinfühligkeit und Schulung Auffälligkeiten erkennen und den Eltern in einem frühem Stadium Förderung,

Hilfe und Unterstützung anbieten – etwa, indem sie sie an eine Beratungseinrichtung weitervermitteln. Dieses Ziel lässt sich besonders gut in integrierten Häusern umsetzen, die Betreuungs-, Beratungs- und Hilfsangebote „unter einem Dach“ versammeln. Allerdings werden bisher nur wenige Fachkräfte den Anforderungen gerecht, die für ein frühes Eingreifen und Helfen notwendig wären: Nicht alle sind feinfühlig genug, um Auffälligkeiten korrekt einzuschätzen, nur wenige sind im Umgang mit Risikofamilien geschult. Nach wie vor findet Prävention in der pädagogischen Ausbildung nicht genügend Berücksichtigung, umfangreichere Weiterbildungen scheitern oft am Geld- und Personalmangel der Einrichtungen. Ein anderes Problem ist, dass gerade Kinder aus belasteten Familien meistens weder Krippe noch Kindergarten besuchen.

3 Kindergarten: Kinderstreit als Lernchance!

Kinder leben – vor allem im Umgang mit anderen Kindern – eine ganze Palette aggressiver Verhaltensweisen aus. Streit gibt es z. B. darüber, wer in einer Kindergruppe mitspielen darf und wer nicht, wer ein Spielzeug bekommt, wer die Richtung des Spiels und die Rollen bestimmen darf. Kinder provozieren einander und testen so ihre Beziehungen aus, dabei bewegen sie sich auf einem Grat zwischen Spaß und Ernst. Kleinkinder greifen sich zudem häufig körperlich an: Sie erforschen so die Grenzen zwischen Selbst und Umwelt. Meist bewerten sie ihre handgreiflichen Auseinandersetzungen anders als Erwachsene (Sommerfeld 2007, 79f). Entwicklungspsychologische Studien haben gezeigt, dass Kinder bereits ab dem zweiten Lebensjahr aggressiv sind – das gehört als „Trotzphase“ zur normalen Entwicklung. Manche Kinder verhalten sich jedoch auch in den darauf folgenden Lebensjahren häufig aggressiv und sind dabei so destruktiv, dass sie zu einer echten Gefahr für andere Kinder werden können.

Krippen, Kindergärten und Tagesstätten haben laut dem Kinder- und Jugendhilfegesetz den Auftrag, jedes Kind in seiner Entwicklung zu fördern und Benachteiligungen entgegenzuwirken. Damit dieser Auftrag in die Praxis umgesetzt werden kann, werden ***Kriterienkataloge zur pädagogischen Qualität von Tageseinrichtungen*** (Tietze/Viernickel 2002) veröffentlicht und **Bildungsprogramme der Bundesländer** für den Elementarbereich entwickelt. Zudem sollen nach den Plänen der Bundesregierung Eltern ab 2013 einen Rechtsanspruch auf einen Betreuungsplatz für ein- bis dreijährige Kinder haben.

Die Mitarbeiter der Kindertageseinrichtungen haben den Auftrag, soziale und emotionale Kompetenzen eines jeden Kindes zu fördern und ihm die Chance zu geben, seine kindliche Aggression spielerisch auszuleben. Ergebnisse aus der Resilienzforschung (siehe Kapitel III, 3) zeigen, dass benachteiligte Kinder aus risikobelasteten Familien Strategien entwickeln, mit ihren Belastungen umzugehen, wenn mindestens eine einfühlsame und zuverlässige Bezugsperson außerhalb der Familie sie dabei unterstützt. Auf diese Weise ist es für das Kind sogar möglich, die wenig verlässlichen Beziehungen innerhalb der Familie durch positive Bindungserfahrungen mit „seiner" Erzieherin oder „seinem" Erzieher auszugleichen (Schneider 2004). Unter den derzeitigen strukturellen Bedingungen des Regel-Kindergartens sind die Fachkräfte jedoch oftmals überfordert, jedem einzelnen Kind gerecht zu werden. Studien zeigen, dass sie im Alltag den Unterstützungsbedarf von Kindern nicht immer wahrnehmen oder angemessen darauf reagieren. Oft greifen Erzieher oder Kinderpfleger erst ein, wenn ein Kind bereits weint oder schreit, im schlimmsten Fall verstärken sie sogar das aggressive Verhalten einzelner Kinder – etwa, indem sie sie, meist unbewusst, als „Problemfälle" klassifizieren und auch so behandeln (Dittrich et al. 2001). Daher sollte mehr in die Aus- und Fortbildung sowie in Supervision für das Erziehungspersonal investiert werden.

Im Optimalfall bekommt jedes Kind in einer Tageseinrichtung eine feste Bezugsperson. Diese Betreuungspersonen sollten Kinder mit extremen Emotionen über einen längeren Zeitraum aufmerksam im Blick behalten und sich mit ihnen befassen: So können sie bemerken, ob es sich dabei nur um eine vorübergehende Phase von Trotz und Aufmüpfigkeit handelt, in der Kinder ihre Grenzen testen, ängstlich, wütend oder traurig sind. Oder ob sich eine Problematik anbahnt, die sich langfristig verschärft. Wenn Erwachsene erkennen, welche Emotionen und Probleme der Aggressivität von Kindern zugrunde liegen, sind sie in der Lage, einfühlsam gegenzusteuern – indem sie beispielsweise ein ängstliches Kind ermuntern, auf andere Kinder zuzugehen, und es dadurch aus seiner frustrierenden Isolation herausholen. So können sie die Gefahr reduzieren, dass sich Gewaltneigungen in der Entwicklung dieses Kindes langfristig verhärten (Wahl 2007, 17).

Genauso wichtig ist es, die bereits vorhandenen **positiven Potenziale bzw. Persönlichkeitseigenschafen** von Kindern zu stärken: Wissenschaftliche Studien haben gezeigt, dass eine überschaubare Zahl „strategischer Faktoren" Kinder davor wappnet, auf den Pfad der Gewalttätigkeit zu geraten, sie dafür rüstet, auch unter widrigen Umständen einen friedlichen und stabilen Kurs beizubehalten. Zu diesen Faktoren oder Ressourcen gehören:

- Emotionale Kompetenz (sich über die eigenen Gefühle klar werden, sie kontrollieren)
- Impulskontrolle (eigene Spontanbedürfnisse regulieren oder zurückstellen können; besonders auch Aggressionsimpulse bei Frustration)
- Empathie (Einfühlungsvermögen in andere)
- soziale Offenheit, Neugier für andere Menschen und Dinge
- Gerechtigkeitsgefühl (Fairness beim Umgang mit anderen)
- Altruismus (Bereitschaft, anderen zu helfen)
- Kommunikationsfähigkeit
- Kooperationsfähigkeit
- angemessenes Selbstwertgefühl (weder zu gering, noch übersteigert, auch Selbstwertgefühl als Mädchen bzw. Junge)
- Resilienz (Widerstandsfähigkeit gegen Stress).

Diese Faktoren entwickeln sich als Potentiale früh im Leben eines Menschen und können gezielt gefördert werden: Sie sind abhängig vom emotionalen Klima, von Feinfühligkeit, Rücksicht und Unterstützung in Familie, Kindergarten und Schule (Wahl 2007; Wahl et al. 2005, 64ff).

Im Alltag von Kindertageseinrichtungen werden die Potenziale von Kindern gestärkt, indem die Mitarbeitenden pädagogische Prozesse aktiv steuern: Sie gestalten die Gespräche und Handlungen zwischen und mit den Kindern. Wichtig ist dabei, die Kinder an diesen pädagogischen Prozessen teilhaben zu lassen. Dazu bieten sich vielerlei Möglichkeiten – etwa Kinderkonferenzen oder Gesprächskreise. So sind die Kinder aufgefordert, ihre Probleme und Anliegen zunächst nicht an die Erzieher zu delegieren, sondern sie erst einmal selbst auszuhandeln und im Idealfall zu lösen. Sind sie dabei erfolgreich, wirkt sich dies positiv auf die Entwicklung ihrer sozial-emotionalen und kognitiven Kompetenzen aus. So können sie beispielsweise nur dann mit Konflikten konstruktiv umgehen und Kompromisse schließen, wenn sie zuvor gelernt haben, sich in andere Menschen hineinzuversetzen. Umgekehrt verhalten sich Kinder häufig aggressiv, wenn ihre Versuche wiederholt scheitern, sich in eine Gruppe einzubringen – sie fühlen sich hilflos und ausgeschlossen (Sturzbecher/Großmann 2003). Hier können sie von den Erzieherinnen unterstützt werden.

Programme zur Gewaltprävention im Kindergarten

Viele Tageseinrichtungen bieten spezielle Aktionen zur Gewaltprävention an (Sommerfeld 2007). Sie zielen darauf ab, das Selbstwertgefühl von Kindern zu erhöhen, sie in ihrer Identität als Junge oder Mädchen zu bestärken, ihre Wahrnehmung der eigenen und der Gefühle anderer Kinder zu verbessern, ihnen zu zeigen, wie sie mit ihren Gefühlen umgehen können, und ihnen Körper- und Bewegungserfahrungen sowie Entspannungstechniken zu vermitteln (Bewegungsmangel steht in Zusammenhang mit Wahrnehmungsstörungen, die dazu führen, dass Kinder das eigene wie auch das Verhalten anderer Kinder falsch einschätzen). Die Tageseinrichtung ist auch der Ort, an dem Kinder lernen, mit anderen Werten, Kulturen und Lebensweisen umzugehen. Familienkulturen können zum Beispiel durch Fotowände veranschaulicht werden. Eltern und Großeltern können die Tageseinrichtung besuchen und in ihrer Muttersprache vorlesen. Mittlerweile gibt es eine Fülle an Materialien zu verschiedenen Themen und Lernzielen, die Erziehern zur Verfügung stehen – darunter Spiele, Bilderbücher und andere Medien für Kinder.

Darüber hinaus nutzen inzwischen viele Tageseinrichtungen standardisierte Trainingsprogramme zur Gewaltprävention – z. B. **„Papilio“** (www.papilio.de), **„Kindergarten plus“** (www.kindergartenplus.de) und **„Faustlos“** (www.faustlos.de). Die meisten dieser Lernprogramme haben US-amerikanische Wurzeln und beruhen auf Erkenntnissen der Lerntheorie und der Kommunikationspsychologie. Nicht externe Personen führen das Programm durch, sondern zu diesem Zweck geschulte Erzieherinnen der Tageseinrichtung: Durch den alltäglichen Kontakt sind sie mit den Kindern vertraut und können das Programm langfristig durchführen. Durch die Trainingsprogramme sollen Kinder lernen, ihre Gefühle wahrzunehmen, Empathie zu entwickeln und mit Wut, Angst, Enttäuschung und Konflikten gewaltfrei umzugehen. Die Programme wenden sich nicht nur an einzelne „auffällige“ Kinder, sondern an alle Kinder der Tageseinrichtung. Sie werden dort über einen längeren Zeitraum eingesetzt und zu einem späteren Zeitpunkt ggf. wiederholt. Gemeinsam ist den Trainingsprogrammen zudem, dass sie altersgemäße Methoden und Medien verwenden. So personifizieren Tierfiguren oder Puppen – etwa der „Zornibold“ des Programms „Papilio“ – bestimmte Verhaltensweisen oder Emotionen. In (Bilder-)Geschichten werden typische Konflikte thematisiert, in Rollenspielen lernen die Kinder, diese Konflikte zu lösen. Rituale,

Lieder und Merksätze sollen sie dabei unterstützen, sich das Gelernte einzuprägen.

Die Programme unterscheiden sich allerdings im Umfang der Fachkräfte-Schulung: In manchen Programmen dauert sie nur einen Tag, in anderen mehrere Tage. Manche Programme schulen nur einen Erzieher, andere beziehen das gesamte Team der Tageseinrichtung ein. Auch die Bandbreite und die Formen zusätzlicher Unterstützung für die Erzieher – z. B. Supervisionen, Fallbesprechungen, Einzelcoaching – sind je nach Programm unterschiedlich. Die Eltern der Kinder werden verschieden stark eingebunden: Manchmal finden lediglich Elternabende statt, um sie über das Programm zu informieren. Andere Programme qualifizieren Erzieher dafür, selbst Elterntrainings durchzuführen (Sommerfeld 2007, 86ff).

„Papilio“

Das Programm „Papilio“ richtet sich an drei- bis sechsjährige Kinder. Es wird von Eltern und Erziehern durchgeführt. Ziel ist, langfristig zu verhindern, dass Kinder und Jugendliche gewalttätig bzw. süchtig werden. Zu diesem Zweck unterstützt Papilio Kinder, ihre emotionalen Kompetenzen zu stärken und prosoziales Verhalten zu trainieren. Es dient so der Primärprävention von Verhaltensproblemen. Elemente von Papilio sind der „Spielzeug-macht-Ferien-Tag“, das „Meinsdeinsdeins-unser-Spiel“ und „Paula und die Kistenkobolde“. Mit dem „Spielzeug-macht-Ferien-Tag“ lernen Kinder, sich mit sich selbst zu beschäftigen und kreativ, ohne herkömmliches Spielzeug, zu spielen. Mit dem „Meins-deinsdeins-unser-Spiel“ entwickeln sie spielerisch soziale Fähigkeiten für den Umgang miteinander. Die Geschichte „Paula und die Kistenkobolde“ handelt von den Gefühlen Wut, Traurigkeit, Angst und Freude. Diese Gefühle werden von Kobolden der Augsburger Puppenkiste verkörpert: Zornibold, Heulibold, Bibberbold und Freudibold. Das Programm beruht auf einer wissenschaftlichen Studie, die von 2003 bis 2005 das Papilio-Modellprojekt im Raum Augsburg begleitete und in die 700 Kinder, ca. 1200 Eltern und 100 Erzieherinnen einbezogen waren. Ein zentrales Ergebnis der Studie belegt, dass Kinder mit Verhaltensauffälligkeiten (z. B. Hyperaktivität, Aggressivität) von Papilio profitieren, weil sie diese mit Hilfe des Programms reduzieren können. Im Allgemeinen verbessert sich die Bereitschaft der Kinder, anderen zu helfen und mit anderen zu teilen. Mittlerweile ist das Programm bundesweit im Einsatz. Umfangreiche Informationen sind unter www.papilio.de erhältlich.

„PRiK: Prävention und Resilienzförderung in Kindertageseinrichtungen"

PRiK wurde an der Evangelischen Fachhochschule Freiburg entwickelt und erprobt. Das Programm strebt an, die Resilienz von Kindern im Alter von 4 bis 6 Jahren zu stärken, d. h. ihre Widerstandsfähigkeit gegen Stress, traumatische Erfahrungen und andere Entwicklungsrisiken zu festigen. Wenn Kinder diese Fähigkeit trainieren, wächst ihre Chance, künftige Belastungen besser zu bewältigen und z. B. nicht aggressiv zu reagieren. Ergänzend wurde ein Elternkurs entwickelt (Fröhlich-Gildhoff et al. 2008). Das Kinderprogramm umfasst Trainingseinheiten zur Selbstwahrnehmung, zu Selbststeuerung, Selbstwirksamkeit, sozialer Kompetenz, zum Umgang mit Stress und zum Problemlösen. Kinder lernen Neues über ihre Gefühle, den Stressabbau durch Bewegung, über alternative Handlungsmöglichkeiten und über die Folgen ihres Verhaltens. Dazu werden verschiedene Spielformen und Hilfsmittel eingesetzt wie etwa Bilder und Handpuppen. Das Programm umfasst 20 Einheiten von 35 bis 45 Minuten und ist für kleine Kindergruppen mit möglichst zwei Trainern gedacht. Der relativ hohe Zeit- und Arbeitsaufwand macht sich am Ende bezahlt: Evaluationsstudien haben gezeigt, dass Kinder nach der Teilnahme am Programm deutlich besser mit Aggressivität umgehen können als davor (Fröhlich-Gildhoff et al. 2007). Allerdings stehen noch Evaluationen aus, die nachweisen, ob die Resilienz auch langfristig gesteigert wird.

Eine Zusammenstellung verschiedener weiterer Präventionsprogramme für Kindertagesstätten bietet der Deutsche Bildungsserver (www.bildungsserver.de, Suchwort: „Programme, Projekte und Modelle in Kitas"). Von dort führen Links auf die Homepages der einzelnen Programme.

4 Schule: die Herausforderung nutzen

Berlin-Neukölln, Frühjahr 2006: Die Lehrer der Rütli-Schule kapitulieren, bitten darum, die Schule aufzulösen. Grund: Sie fühlen sich bedroht, haben das Gefühl, die Gewalt ihrer Schüler nicht mehr kontrollieren zu können. Der Fall ging bundesweit durch die Medien. Er zeigte, dass so manche Schule heute ohne Gewaltprävention nicht mehr funktioniert: Maßnahmen gegen Gewalt zu ergreifen ist für einige keine freiwillige Option, sondern ein Muss. Wenn eine Schule

Gewaltprävention in ihren Alltag integriert, kann dies daher bedeuten, dass es dort sehr viel Gewalt gibt und dies zu einem Problem geworden ist. Andererseits kann Gewaltprävention Qualitätsmerkmal einer guten Schule sein, die ihren Schülern nicht nur Lernstoff vermittelt, sondern auch ihre Persönlichkeit ausbilden möchte. Schulen als „Veranstaltungsorte" für Gewaltprävention bieten den Vorteil, dass dort alle Schülerinnen und Schüler täglich zusammenkommen und unkompliziert erreicht werden können.

Die Rolle der Schulentwicklung für die Gewaltprävention

Schulen, die das Thema Gewalt in ihr Curriculum aufnehmen möchten, sollten zunächst ihre Rahmenbedingungen überprüfen und generelle **„Schulentwicklung"** betreiben; d. h., den Unterricht, die Organisation und die Personalausstattung optimieren. Denn Faktoren wie die Gestaltung des Schulgebäudes, Klassengrößen, das Klima in den Klassen und an der Schule insgesamt oder die Anzahl und Professionalität der Lehrkräfte beeinflussen das Verhalten der Schüler in großem Maße: Die Gewaltforschung hat ergeben, dass Schulen allein schon durch solche guten Rahmenbedingungen gewaltpräventiv wirken (Olweus 1995). Manche Präventionsstrategien richten sich daher an die Schulverwaltung und sollen die schulischen Strukturen verbessern – zu diesen Strategien gehören Tagungen zur Gewaltprävention für Lehrer und Schulleitungen, die personelle oder technische Überwachung von Klassenräumen oder die Kooperation mit der Polizei.

Verantwortlich für die Einführung von Gewaltprävention an der Schule ist in erster Linie die jeweilige *Schulleitung* – von ihr hängt viel, wenn nicht gar alles, ab. Sie kann Gewaltprävention im Schulalltag verankern oder verhindern. Ohne ihr Einverständnis findet keine schulische Veranstaltung statt. Ausführendes Organ sind in der Regel die *Lehrerinnen und Lehrer.* Hierin liegt eine Herausforderung für die Zukunft, denn bisher werden gewaltpräventive Fähigkeiten in der Lehrerausbildung nicht genügend vermittelt. Zu diesen Fähigkeiten gehört, emotionale Auffälligkeiten bei Schülern rechtzeitig zu bemerken, mit Schülern gewaltfrei zu kommunizieren und niemanden zu diskriminieren, die Klasse kooperativ zu leiten, Streitigkeiten zu schlichten und sich den Problemen in der Klasse vorausschauend zu stellen.

Programme zur Gewaltprävention an der Schule

Die meisten Ansätze zur Gewaltprävention wenden sich direkt an *Schülerinnen und Schüler.* Viele Programme wurden von außerschulischen Akteuren entwickelt (Hanke 2007, 106ff). Die meisten Schulen, die Gewaltprävention anbieten, kooperieren daher mit externen Partnern – etwa mit Trägern der Jugendhilfe, Vereinen oder der Polizei. Einen ersten Überblick über solche Kooperationsprojekte bietet die DJI-Datenbank *Schule & Partner – schulische Kooperationspraxis auf einen Klick* (www.dji.de > schule-und-partner). Die Datenbank beinhaltet Ergebnisse einer bundesweiten Erhebung an Ganztagsschulen im Bereich Primarstufe und Sekundarstufe.

Mittlerweile existiert eine große Zahl unterschiedlicher Projekte: Einige Schulen veranstalten Projekttage und Workshops zum Thema Gewalt, anderswo realisieren Schüler zusammen mit Künstlern Bücher und Ausstellungen zum Thema, manche stellen in Schulkonferenzen spezielle Schulregeln auf. Eine Übersicht über die Initiativen an einzelnen Schulen bietet der Deutsche Bildungsserver unter dem Suchbegriff „Projekte zur Gewaltprävention" (www.bildungsserver.de).

Auch für Grundschulen wurden mehrere Gewaltpräventionsprogramme entwickelt (Hanke 2007): Das **„Sozialtraining"** nach Petermann eignet sich für die Klassenstufen drei bis sechs. Es umfasst zehn Lektionen und schult das Einfühlungsvermögen und die Kooperationsfähigkeit der Grundschüler (Petermann et al. 1999). Das **„Streittraining"** nach Schwarzhans (2001) umfasst zwölf Lektionen und richtet sich an Schüler der Klassen drei und vier. Es vermittelt Handlungsalternativen in Konfliktsituationen. Eines der bekanntesten Programme ist „Faustlos".

„Faustlos"

Faustlos ist ein Gewaltpräventionsprogramm, das aggressives und impulsives Verhalten von Kindern vermindern und ihre soziale Kompetenz erhöhen soll. Es gibt zwei verschiedene Versionen: Eine für den Kindergarten, eine andere für die Grundschule. Faustlos beruht auf dem US-amerikanischen Programm **Second Step**, das vom *Committee for Children* in Seattle entwickelt wurde und in den USA seit vielen Jahren angewendet wird. Das Programm baut auf entwicklungspsychologischen Forschungsbefunden zu den Ursachen aggressiven Verhaltens auf. Es vermittelt Fähigkeiten in den Bereichen Empathie,

Impulskontrolle und Umgang mit Ärger und Wut. Aufgrund der entwicklungspsychologischen Ausrichtung gibt es für Kinder unterschiedlicher Altersstufen jeweils dem Entwicklungsstand angemessene Materialien: Grundschüler arbeiten mit Fotofolien, die Kinder in verschiedenen sozialen Situationen zeigen, und mit einem Arbeitsheft. Es enthält eine Geschichte, Diskussionsfragen, Übungen und Rollenspiele. Für den Kindergarten gibt es Fotokartons, ein Heft und zwei Handpuppen: Einen Hund namens Wilder Willi und eine Schnecke namens Ruhiger Schneck. Sowohl Erzieher als auch Lehrer erhalten ein Handbuch. Das Grundschul-Curriculum umfasst 51 Lektionen, das Kindergarten-Curriculum 28 Lektionen. Sie werden von Erziehern bzw. Lehrkräften unterrichtet, die vorab an einer eintägigen Fortbildung des Heidelberger Präventionszentrums teilnehmen. Das Programm bietet zudem einen Elternkurs. Die Qualität und Wirkung von Faustlos wurde wissenschaftlich evaluiert: Demnach erreicht das Programm, dass Kinder weniger ängstlich und dafür sozial kompetenter werden, Mädchen auch weniger externalisierend, wenngleich ein direkter Effekt der Aggressionsverminderung ausblieb. Weitere Informationen zu Faustlos gibt es unter www.faustlos.de.

„Komm, wir finden eine Lösung!“

Dieses Programm richtet sich ebenfalls an Grundschulkinder, es wurde vom **KinderschutzZentrum** in München entwickelt. Mit vier bis fünf zweistündigen Trainingseinheiten ist es ein Kurzzeitprogramm. Es arbeitet mit geschulten Trainern, jeweils einem Mann und einer Frau. Das Programm vermittelt gewaltfreie Konfliktlösungsstrategien. Dabei stehen Themen wie Gemeinschaft, Regeln, Kommunikation, sowie die Gefühle und Wünsche der Kinder im Mittelpunkt. Die Kinder üben klare Strukturen und Rituale ein, z. B. die „Friedenstreppe“ (ein Schema für Lösungen bei unterschiedlichen Interessen). Erste Evaluationsauswertungen zeigen, dass die Mehrheit der Kinder nach dem Programm der Meinung ist, Streitfälle friedlicher zu lösen. Eine weitere Evaluation ist in Arbeit (Zwenger-Balink 2004; www.komm-wir-finden-eine-loesung.de).

Weitere Trainings

Auch für die Sekundarstufe wurden standardisierte Programme entwickelt, mit denen *Schulklassen* regelmäßig und teilweise über einen längeren Zeitraum hinweg soziale Fähigkeiten und gewaltloses Verhalten trainieren können: Das **Coolness-Training** etwa hat seinen Ursprung im Anti-Aggressivitäts-Training: Dabei besuchen zertifizierte Trainer über drei bis fünf Monate hinweg eine Klasse jeweils für zwei bis drei Schulstunden pro Woche. Sie üben mit ihnen, in Konfliktsituationen besonnen zu reagieren, z. B. mit Hilfe von Rollenspielen und Konfrontationsübungen. Auf dem „Heißen Stuhl" setzen sich die Jugendlichen den Fragen und Provokationen von Mitschülern und Trainern aus und sollen lernen, unter diesem „Beschuss" gelassen statt aggressiv zu reagieren. Die Jugendlichen werden nicht kritisiert, aber mit ihrem unerwünschten Verhalten konfrontiert (www.coolness-training.de oder www.anti-gewalt-training.de; siehe auch Kapitel IV, 5).

Außerdem sind **geschlechtsspezifische Trainingsprogramme** im Einsatz: In Selbstbehauptungstrainings lernen Mädchen bzw. auch Jungen deeskalierendes Verhalten, Selbstbehauptung und Selbstverteidigungstechniken. Das Programm **Eva Luna** zum Beispiel richtet sich an Mädchen (www.evaluna.de). Die Trainerinnen unterrichten in Zusammenarbeit mit Schulen, aber auch mit Jugendringen, Jugendämtern und kirchlichen Institutionen.

Manche Gewaltpräventionsmaßnahmen beziehen nicht die ganze Schulklasse ein, sondern arbeiten mit kleineren *Schülergruppen*. So können sich Schüler in einer Gruppe zu **Konfliktlotsen, Streitschlichtern bzw. Mediatoren** ausbilden lassen. Ziel ist, dass sie das Gelernte später an ihrer Schule einsetzen und bei Konflikten unter ihren Mitschülern vermitteln. Die Ausbildung findet in der Regel neben dem Unterricht statt und dauert teilweise mehrere Wochen. Die Mediation (lat. Vermittlung) hat sich aus dem Verfahren der außergerichtlichen Konfliktregelung entwickelt. Die Konfliktparteien wollen mit Unterstützung einer dritten unparteiischen Person („Mediator") zu einer einvernehmlichen Lösung gelangen, die beider Bedürfnisse und Interessen gerecht wird. Die künftigen Schüler-Streitschlichter erlernen die Phasen der Mediation und üben deeskalierende Gesprächstechniken ein. Sie nehmen an solchen Ausbildungsgruppen entweder freiwillig teil oder werden von der Schulleitung dazu verpflichtet bzw. angehalten. Für wiederholt gewalttätige Schülerinnen und Schüler kann der weitere Besuch der Schule davon abhängen, dass sie längerfristig und erfolgreich an einem klassenübergreifenden Sozialtraining teilnehmen.

Natürlich haben auch Lehrer die Möglichkeit, Eltern aggressiver Schüler anzusprechen, mit ihnen über die Problematik zu reden und sie zu ermutigen, sich z. B. bei einer Erziehungsberatungsstelle Hilfe zu holen. Ein Problem in diesem Zusammenhang ist, dass Eltern gewalttätiger Schüler meist nicht von sich aus in der Schule und zu den Elternabenden erscheinen. Auf der anderen Seite schrecken die meisten Lehrer davor zurück, die Familien zu Hause aufzusuchen. Vermutlich erscheint ihnen die Aussicht auf ein erfolgreiches Gespräch zu gering, oder es hält sie schlicht der Zeitmangel davon ab, sich weiter zu bemühen. Daher ist es sinnvoll, zusätzliches Personal an den Schulen einzustellen, wie z. B. einen Schulpsychologen, der die feste Aufgabe hat, sich um aggressive Schüler und deren Familien zu kümmern.

5 Kinder- und Jugendhilfe: Prävention statt Repression

Außerhalb der Schulen bieten vor allem die Träger der *Kinder- und Jugendhilfe* Gewaltprävention an. Aber auch die *Polizei* ist im Rahmen der Gefahrenabwehr mit Gewaltprävention beauftragt. So machen uniformierte Beamte Kontrollgänge und zeigen Präsenz, einige öffentliche Plätze werden per Video überwacht. Gerade in problembelasteten Wohngegenden und bei mehrfach auffällig gewordenen Kindern und Jugendlichen versucht die Polizei z. B. durch Jugendkontaktbeamte, als Ansprechpartner vor Ort zu bleiben. Sie bemüht sich, auf die Strukturen des Umfeldes und auf die Einstellungen der Betroffenen unmittelbar nach Delikten einzuwirken – z. B. durch „Erziehungsgespräche" (Lüders 2000; Steffen/Hepp 2007, 187).

Experten der Arbeitsstelle Kinder- und Jugendkriminalitätsprävention am DJI betonen den Aspekt, dass Menschen in unterschiedlichen regionalen, sozialen und kulturellen Milieus aufwachsen, die ihre Einstellungen und ihr Verhalten wesentlich prägen. So erleben Jugendliche, die auf dem Land oder in wohlhabenden Gegenden leben, die Welt anders als Jugendliche in sozialen Brennpunkten, wo Armut, Arbeits- und Perspektivlosigkeit zu den täglichen Erfahrungen gehören. In benachteiligten Vierteln entscheiden oft körperliche Stärke und Aggressivität darüber, wer Zugang zu Chancen hat und anerkannt wird. Die Jugendhilfe stellt sich auf solche regionalen, sozialen und kulturellen Milieus ein:

Beispiele für spezifische Angebote sind **Freizeitheime** in Brennpunktvierteln, aufsuchende Arbeit (**„Streetwork"**) oder **Fanarbeit** im Sport. In einigen Siedlungen leben besonders viele Jugendliche, die in anderen Kulturen bzw. in Ländern aufgewachsen sind, wo Bürgerkrieg herrschte – sie sind zum Teil traumatisiert und reagieren verstärkt aggressiv. Hier bemüht sich die Jugendhilfe seit einiger Zeit, internationale Fachkräfte aus den jeweiligen Ländern einzusetzen – es besteht allerdings noch Entwicklungsbedarf.

Auch die **geschlechtsspezifische Arbeit** steckt noch in den Anfängen: Zwar gibt es ausreichend Angebote für Mädchen, aber die Jungenarbeit steht dahinter weit zurück. In unserer Gesellschaft lernen viele Jungen immer noch, Konflikte mit körperlicher Kraft und Aggression zu lösen – geschlechtsspezifische Programme könnten männlichen Jugendlichen alternative Erfahrungen und Kompetenzen eröffnen.

Seit einigen Jahren arbeitet die Jugendhilfe in der Gewaltprävention auch verstärkt mit Schulen und mit der Polizei zusammen. In manchen Stadtteilen gibt es gemeinsame Projekte mit Sportvereinen. Solche **Kooperationsnetzwerke** haben die Funktion, Ressourcen zu bündeln, den Informationsaustausch zu fördern, um Probleme frühzeitig zu erkennen und in Brennpunktvierteln ein strukturelles Gegengewicht zu einer „Gewaltkultur" zu schaffen (Holthusen/Schäfer 2007, 134ff).

Programme für alle Jugendlichen

Jugendhilfe will sich nicht nur um verhaltensauffällige Jugendliche kümmern, sondern auch unauffällige im Sinne der primären Prävention fördern. Daher wenden sich einige Maßnahmen und Programme an *alle* Jugendlichen, sind aber meist nicht explizit gewaltpräventiv, d. h., sie verfolgen mehrere Ziele, beugen aber auch gewalttätigem Verhalten vor. Sie orientieren sich am Sozialraum und sind in der Regel als zeitlich befristete Projekte organisiert. Nächtliche Sportveranstaltungen wie „Basketball um Mitternacht" oder Selbstbehauptungstrainings zählen dazu. Die Jugendlichen können selbst entscheiden, ob sie an den Angeboten teilnehmen oder nicht, denn Freiwilligkeit ist eines der Grundprinzipen der Jugendhilfe (Holthusen/Schäfer 2007, 139f).

Programme für potentiell gewalttätige Jugendliche

Jugendliche, die ihre Freizeit auf öffentlichen Plätzen verbringen, werden von anderen Menschen oft als störend oder bedrohlich wahrgenommen. Bisweilen geraten sie tatsächlich in Konflikt mit Kindern und anderen Jugendlichen oder mit Erwachsenen. Hauptgrund sind die unterschiedlichen Auffassungen darüber, wie die öffentlichen Plätze genutzt werden sollten, Territorialstreitigkeiten zwischen verschiedenen Cliquen, das Hinterlassen von Unrat (etwa auf Kinderspielplätzen), das Sprayen von Graffitis, Sachbeschädigungen oder Lärm – Verhaltensweisen von Jugendlichen, wie sie in ähnlicher Weise aus der Sozialgeschichte seit Jahrtausenden bekannt sind und die stets zu Klagen von Erwachsenen und Obrigkeit geführt haben.

Um solche Konflikte zu deeskalieren, bietet die Jugendhilfe spezielle Programme an. Sie richten sich eher an Gruppen, weniger an Einzelne, und orientieren sich stark am Sozialraum und am Freizeitverhalten – also an der Lebenswelt – der Zielgruppen. Auch wenn diese Jugendlichen bedrohlich wirken bzw. tatsächlich zu Aggression und Gewalt neigen, bleibt es ihnen überlassen, ob sie von den Angeboten Gebrauch machen – auch hier greift das Prinzip der Freiwilligkeit. Daher versucht die Jugendhilfe, ihre Angebote möglichst attraktiv zu gestalten: Sie knüpft an den Interessen der Jugendlichen an und bezieht sie in die Gestaltung ein bzw. sucht gemeinsam mit ihnen nach Lösungen.

In **Jugendhäusern** und **Jugendgruppen** sind Pädagogen und Sozialarbeiter der Jugendhilfe präsent, dort können sie die Dynamik in und zwischen einzelnen Cliquen verfolgen und verhaltensauffällige bzw. gewaltbereite Jugendliche ansprechen, um ihnen Unterstützung anzubieten. Immer häufiger werden Trainingsprogramme eingesetzt, mithilfe derer Jugendliche friedliches und verantwortungsbewusstes Verhalten bei Konflikten einüben – z. B. das bereits erwähnte *Coolness-Training*.

In der **Mobilen Jugendarbeit** (z. B. Streetwork, Einzelfallhilfe, Gruppen- und Cliquenbetreuung) suchen Fachkräfte Jugendliche auf: Sie besuchen die Cliquen und Szenen an den öffentlichen Orten, an denen sie sich aufhalten, knüpfen Kontakte, bauen mit der Zeit Vertrauen auf und bieten schließlich ihre Hilfe an (Holthusen/Schäfer 2007, 144). Mit ihrer Unterstützung sollen sich die Jugendlichen die Auswirkungen ihres Verhaltens bewusst machen und erkennen, dass sie auf andere bedrohlich oder störend wirken. Gemeinsam wird dann nach Alternativen und Lösungen gesucht. Ziel ist, zu verhindern, dass Probleme und Gewalt eskalieren. Die Mobile Jugendarbeit bietet die Chance, „schwierige“ bzw. „schwer zugängliche“ Jugendgruppen, die von sich aus keine Jugendeinrichtung betreten würden, zu erreichen. Oftmals hat zumindest ein Mitarbeiter des Teams der Mobilen Jugendarbeit einen Migrationshintergrund.

„Wir kümmern uns selbst"

Ein ähnliches Ziel verfolgt das Modellprogramm „*Wir kümmern uns selbst*". Es erprobt neue Wege zur Bearbeitung von Konflikten im öffentlichen Raum, an denen Kinder und Jugendliche beteiligt sind. Im Zentrum der Auseinandersetzung stehen Territorialstreitigkeiten zwischen verschiedenen Jugendgruppen oder Uneinigkeiten zwischen jungen Menschen und Erwachsenen um die Nutzung öffentlicher Plätze. Die Beteiligten sollen mit der Unterstützung professioneller Berater ihre Konflikte selbst und gemeinsam lösen. Diesem Ansatz liegt der Gedanke zugrunde, dass auch die Gesellschaft Verantwortung für ihre Kinder und Jugendlichen trägt. Nicht nur Kinder- und Jugendhilfe, Polizei und Justiz sollten daher mit „schwierigen" Kindern und Jugendlichen umgehen – sondern auch diejenigen, die am Konflikt direkt beteiligt sind und im Rahmen ihrer Möglichkeiten einen positiven Beitrag leisten können (www.wirkuemmernunsselbst.de; Deutsches Jugendinstitut 2008).

Fanprojekte zielen darauf ab, Gewalt bei Fußballspielen zu reduzieren. Die Initiatoren wollen nicht nur Hooligans erreichen, sondern auch solche Jugendliche, die von den Ausschreitungen fasziniert sind, sich aber noch nicht aktiv daran beteiligen. In den vergangenen Jahren hat sich eine gute Zusammenarbeit zwischen der Jugendhilfe, der Polizei und Sportvereinen entwickelt. Die **Koordinationsstelle Fanprojekte** der Deutschen Sportjugend listet auf ihrer Homepage alle derzeit aktiven Fanprojekte mit weiterführenden Links auf und bietet umfangreiches Informationsmaterial an (www.kos-fanprojekte.info).

Die **Ambulante Intensive Begleitung (AIB)** stammt aus den Niederlanden. In Deutschland wurde sie im Rahmen eines Modellprogramms des Bundesministeriums für Familie, Senioren, Frauen und Jugend an fünf Orten erprobt und wissenschaftlich begleitet. Die AIB wendet sich – im Gegensatz zu den meisten anderen Programmen – vorwiegend an einzelne Jugendliche. Sie gelten als „schwierig", sind bereits durch gewalttätiges Verhalten und andere Probleme (z. B. Drogenkonsum) aufgefallen. Da sie mit den „herkömmlichen" Angeboten der Jugendhilfe kaum zu erreichen sind, arbeitet eine speziell ausgebildete Fachkraft eng mit ihnen zusammen. Unabhängig davon, ob ein Jugendlicher sich selbst meldet oder von Sozialen Diensten oder der Polizei geschickt wird, baut die AIB-Fachkraft zunächst eine stabile und von Vertrauen getragene Beziehung zu dem Jugendlichen auf. Dann versucht sie, sein Leben zu stabilisieren, indem sie ihm

Kontakte zu verlässlichen Personen und zu Hilfeeinrichtungen vermittelt, ihn also in ein Netzwerk einbindet, das ihn langfristig unterstützen und so sein gewalttätiges Verhalten reduzieren kann (Hoops/Permien 2003).

Maßnahmen für gewalttätige Jugendliche

Gewalttätige Jugendliche haben meist eine längere Geschichte hinter sich – noch bevor sie 14 Jahre alt und strafmündig sind: Entwicklungsauffälligkeiten seit frühester Kindheit, überforderte Eltern, Erzieher und Lehrer. Manchmal weiß nicht einmal mehr die Kinder- und Jugendhilfe weiter. Ein DJI-Forschungsprojekt über die „Delinquenz von Kindern“ hat sich mit ihren Lebensläufen befasst. Einer der befragten Jugendlichen ist Chris.

Chris oder die Grenzen der Kinder- und Jugendhilfe

Chris ist gerade einmal 14 Jahre alt. Seine Mutter wuchs in einem Heim auf, seinen Vater kennt er nur aus kurzen Telefongesprächen. In seiner Kindheit erfährt Chris Armut, Trennungen von Verwandten und Freunden und häufige Umzüge. Eine ältere Schwester lebt in einer Wohngruppe, seit sie 15 Jahre alt ist. Chris ist aggressiv, streunt herum, schwänzt die Schule, stiehlt, bedroht die Mutter.

Schließlich bittet Chris' Mutter den Allgemeinen Sozialen Dienst (ASD) des Jugendamts um Hilfe. Es beginnt eine „Jugendhilfe-Karriere“: Die Mutter will, dass Chris in einem „geschlossenen Heim“ untergebracht wird, Chris selbst möchte aber zu Hause und bei seinen Freunden bleiben. Der ASD vermittelt zu einer Erziehungsberatung, die Chris jedoch bald boykottiert. Die Konflikte zu Hause eskalieren. Chris kommt in eine Wohngemeinschaft, nimmt dort Drogen, schwänzt wieder die Schule, gelangt in die Bahnhofsszene. Wegen Einbruch, Waffendiebstahl und Dealerei hat er Kontakte zur Polizei. Nach sechs Monaten wirft ihn die WG hinaus, er lebt kurze Zeit zu Hause, zeitweilig auch in einer Unterkunft des Jugendnotdiensts.

Ein Neuanfang in der Schule scheitert. Aus einem weiteren Heim wird er nach vier Monaten wegen seines Drogen- und Alkoholkonsums hinausgeworfen. Kurzfristig ist er wieder bei der Mutter, dann in einer Wohngemeinschaft, wo er eine Drogentherapie bekommt. Nach zwei Wochen greift er eine Erzieherin an und wird erneut hinausgeworfen. Dasselbe Muster – Angriff auf eine Erzieherin und

Rauswurf – wiederholt sich nach nur sechs Wochen im Jugendnotdienst. Chris' eskalierende Aggressivität führt dazu, dass sich seine Betreuer aus Selbstschutz vor ihm zurückziehen und er sein Zuhause innerhalb kürzester Zeit mehrfach wechseln muss. Kaum am Ende seiner Kindheit angelangt, sind Chris' Erfahrungen mit der Erwachsenenwelt von Diskontinuität und Umbrüchen gezeichnet, er erfährt ein ständiges „raus, rein, raus, rein". Mit 15 Jahren bekommt Chris eine Bewährungsstrafe und landet in einer Obdachlosenunterkunft (Permien 2000).

Für gewalttätige Jugendliche, die bereits von Polizei und Justiz erfasst worden sind, werden von der Jugendhilfe spezielle Programme entwickelt. Hierbei tritt das Prinzip der Freiwilligkeit in den Hintergrund. Die Programme setzen meist am einzelnen Tatverdächtigen bzw. Täter an – auch dann, wenn er die Tat zusammen mit einer Gruppe begangen hat. In erster Linie ist für straffällige Jugendliche die Justiz zuständig, und deren Maßnahmen sind meist repressiv: sie erteilen Auflagen oder leiten strafrechtliche Verfahren ein. Pädagogische Angebote hingegen werden von der Jugendhilfe entwickelt, durchgeführt und in das strafrechtliche Verfahren eingebracht. Trotz ihrer unterschiedlichen Herangehensweisen arbeiten Jugendhilfe und Justiz eng zusammen. Inzwischen akzeptieren die Gerichte pädagogische Maßnahmen auch für Jugendliche, die schwerwiegendere Delikte begangen haben. Grundsätzlich ist die Zusammenarbeit der Institutionen von drei Prinzipien geprägt:

- Hilfe geht vor Strafe
- Ein informelles Verfahren hat Vorrang vor einem formellen Verfahren
- Ambulante Maßnahmen haben Vorrang vor stationären Maßnahmen (Holthusen/Schäfer 2007, 149ff).

Optimale Voraussetzungen für Kooperationen bietet z. B. das **Stuttgarter Haus des Jugendrechts**. In ihm sind alle Institutionen unter einem Dach zusammengefasst, die für den Umgang mit jungen Straftätern zuständig sind: Polizei, Staatsanwalt, Jugendgerichtshilfe. Wesentlicher Vorteil ist, dass die einzelnen Straffälle deutlich schneller als gewöhnlich bearbeitet werden, die Bearbeitungszeiten sind nur halb so lang (Kügler/Feuerhelm 2003).

Die Jugendhilfe versucht, eine frühzeitige *Diversion* (wörtl. Umleitung, Ablenkung) anzuregen. Sie ist ein Mittel der Staatsanwaltschaft, bei Ersttätern bzw. leichten und mittelschweren Delikten das Strafverfahren im Vorverfahren einzustellen, anstatt das Hauptverfahren zu eröffnen. Voraussetzung ist in der Regel, dass statt einer Haft erzieherische Maßnahmen verhängt werden – so muss der Täter etwa gemeinnützige Arbeiten leisten oder an einem Sozialen Trainingsprogramm teilnehmen. Zweck der Diversion ist es – neben der Entlastung der Gerichte von Bagatellfällen – , die formelle Verurteilung des Täters und damit seine Stigmatisierung zu vermeiden. Besonders gefördert wird diese Strategie z. B. vom **Berliner Büro für Diversionsberatung**: In jeder der sechs Berliner Polizeidirektionen berät ein Sozialarbeiter straffällige Jugendliche. Er unterstützt sie dabei, sich mit ihrer Tat auseinander zu setzen und nach Formen der Wiedergutmachung zu suchen. Auch die inzwischen als Modelle eingeführten **Teen Courts** nutzen die Möglichkeit zur Diversion. Dabei verhandelt ein Gremium Gleichaltriger gemeinsam mit dem Verdächtigten über die „Wiedergutmachung“. Ist die Verhandlung erfolgreich, wird das Strafverfahren in der Regel von der Staatsanwaltschaft eingestellt. Die Jugendhilfe beschränkt sich in den Teen Courts im Wesentlichen darauf, das Verfahren zu organisieren. Außerdem sorgt sie für Fairness und Angemessenheit der Vereinbarung (Holthusen/Schäfer 2007, 150).

Die **Jugendhilfe im Strafverfahren** (auch: „Jugendgerichtshilfe“) muss vom Jugendgericht zu allen Strafverfahren gegen Jugendliche (zur Tatzeit 14- bis 17-Jährige) oder Heranwachsende (zur Tatzeit 18- bis 20-Jährige) herangezogen werden. Ihre Vertreter bringen sozialpädagogische Aspekte vor den Jugendgerichten zur Geltung, indem sie über Lebenslauf und Persönlichkeit der Beschuldigten berichten. Außerdem prüfen sie, ob bzw. welche Leistungen der Jugendhilfe eingeleitet werden sollen und ob es Alternativen zu einem formellen Strafverfahren gibt (Diversion). Sie organisieren und überwachen gerichtlich angeordnete pädagogische Maßnahmen.

Auf Heranwachsende wird das Jugendstrafrecht oder das allgemeine Strafrecht angewandt. Ersteres kommt zum Zuge, sofern eine jugendtypische Straftat vorliegt oder der Heranwachsende in seiner Entwicklung noch auf einer jugendlichen Stufe steht – dazu nimmt die Jugendhilfe im Strafverfahren Stellung. Wird ein Jugendlicher oder Heranwachsender zur Haft verurteilt, muss die Jugendhilfe im Strafverfahren seine Reintegration in die Gesellschaft, den Übergang von der Haft ins „normale“ Leben, vorbereiten. Dazu unterstützt sie den Häftling dabei, soziale Netzwerke außerhalb der Haftanstalt (wieder) aufzubauen und klärt gemeinsam mit ihm alltagspraktische Fragen (Wohnungs- und Arbeitssuche usw.) (Holthusen/Schäfer 2007, 154).

Werden Jugendliche wegen einer Gewalttat verurteilt, werden häufig die folgenden Maßnahmen „verordnet“:

Soziale Trainingskurse

Jugendliche und Heranwachsende, die eine mittelschwere Straftat begangen haben, werden vom Jugendrichter oft zur Teilnahme an einem *Sozialen Trainingskurs* verpflichtet. Diese Kurse werden heute von den Jugendgerichten als Alternative zu Arbeitsauflagen, Geldstrafen oder Jugendarrest akzeptiert. Sie alle arbeiten nach dem Prinzip „nicht die Person, sondern ihr gewalttätiges Verhalten wird abgelehnt“. Die verurteilten Täter sollen sich im Kurs mit sich selbst und ihrer Lebenssituation auseinandersetzen, mit ihrem Verhältnis zur Gewalt, zu Problemen in Familie, Schule, Beruf oder Partnerschaft. Soziale Trainingskurse knüpfen also an der Lebenswelt der Täter an. Die Verurteilten sollen lernen, Regeln zu akzeptieren und einzuhalten, besonnen und vorausschauend zu handeln, besser zu kommunizieren und Konflikte gewaltfrei zu lösen, sie sollen Verantwortung übernehmen, ihr Selbstbewusstsein steigern und darüber nachdenken, warum sie Gewalt anwenden. An einem Sozialen Trainingskurs nehmen maximal zehn Personen teil, er läuft über mehrere Wochen, Veranstalter und Teilnehmer schließen einen Vertrag über die Teilnahme. Manche dieser Kurse beinhalten auch erlebnispädagogische Elemente (Holthusen/Schäfer 2007, 151f).

Auch das **Anti-Aggressivitäts-Training** arbeitet mit den Prinzipien „Akzeptanz der Person“ und „Konfrontation mit negativem Verhalten und der Tat“ (Weidner 1993). Diese Trainingsform ist für Täter gedacht, die mehrfach wegen Gewaltdelikten verurteilt wurden, sich häufig prügeln und ihre Probleme mit Gewalt lösen, die Macht über andere ausüben wollen und sich leicht provozieren lassen. Das Training arbeitet nach einem festen Curriculum, das aus vier Phasen besteht: Zuerst soll sich eine Gruppendynamik entwickeln. Dann werden die Teilnehmer mit ihrer Gewalt und deren Folgen konfrontiert. Im Anschluss muss jeder einzeln auf den „Heißen Stuhl“, wo er zunächst provoziert, bald konfrontiert wird: Mit seiner Verharmlosung der Tat, seinen Rechtfertigungen, mit den Folgen der Tat sowie mit seinen eigenen Widersprüchen und Schwächen. Für die meisten ist dies anfangs nur sehr schwer auszuhalten. Die Täter sollen nach und nach lernen, sich nicht bzw. weniger provozieren zu lassen und überlegter zu reagieren. Schließlich reflektieren sie ihre Tatschuld sowie die Eigen- und Fremdwahrnehmung. In der letzten Phase geht es darum, über die Zukunft nachzudenken.

Am Anti-Aggressivitäts-Training nehmen fast nur junge Männer teil, für Frauen existieren solche Kurse kaum. Für manche Täter erscheint den Jugendgerichten ein *sozial-kognitiv ausgerichtetes Einzeltraining*, wie es in Berlin erprobt wird, geeigneter als ein Training in der Gruppe (Holthusen/Schäfer 2007, 152f).

Einrichtungen der Jugendhilfe

Auch wenn Politik und Öffentlichkeit nach spektakulären Gewalttaten Jugendlicher regelmäßig nach sofortiger Untersuchungshaft rufen: Die Jugendhilfe hat durchaus Gründe, zu versuchen, die U-Haft auch bei schwerwiegendem Tatverdacht zu vermeiden oder wenigstens zu verkürzen: Sie wirkt darauf hin, dass die Tatverdächtigen stattdessen in geeigneten *Einrichtungen der Jugendhilfe* untergebracht werden. Dort bleiben den Tätern die negativen Erfahrungen erspart, die sie in der Haftanstalt machen würden und die oftmals dazu führen, dass sie noch gewalttätiger werden. In den Einrichtungen der Jugendhilfe hingegen haben sie teilweise die Möglichkeit, eine Ausbildung zu absolvieren, zur Schule oder in die Arbeit zu gehen. Fachkräfte können sie dort unterstützen und mit ihnen positivere Verhaltensweisen trainieren. Oftmals machen Jugendliche in diesen Einrichtungen zum ersten Mal in ihrem Leben die Erfahrung, was es heißt, sich an eine geregelte Tagesstruktur mit festen Zeiten und Pflichten zu halten. So werden sie auf künftige Anforderungen in Ausbildung oder Beruf vorbereitet. Teilweise handelt es sich um **geschlossene Einrichtungen**, die sich jedoch schrittweise in ein selbstbestimmtes Leben öffnen, sobald sich der Jugendliche positiv entwickelt (Holthusen/Schäfer 2007, 153). Geschlossene Erziehungsheime waren seit Ende der 1960er Jahre in der Bundesrepublik in die öffentliche Kritik geraten, weil in manchen unmenschliche Zustände herrschten und Jugendliche immer wieder flohen. Gegenwärtig gibt es in Deutschland etwa 289 Heimplätze für geschlossene Unterbringung, die meisten davon in in Bayern und Baden-Württemberg. Um mit Aggressionsausbrüchen und dem Verhalten der Jugendlichen umgehen zu können, arbeiten diese Einrichtungen mit einer festen Alltagsstruktur und „harten“ Bedingungen wie etwa Isolationsräumen, in denen es nur eine Matratze gibt. Bei aller Strenge legen sie jedoch Wert darauf, die Jugendlichen schrittweise an die Freiheit heranzuführen (Hoops 2005). Neue Heime sind in Planung. In München wird eine kleine Einrichtung für extrem schwierige Kinder und Jugendliche entstehen, die sich selbst oder andere gefährden. Der Aufenthalt in der Einrichtung soll auf maximal drei Monate begrenzt werden. Nach Auskunft der Münchner Jugendamtsleiterin wird eine aufwändige, an der Psychiatrie orientierte Versorgung zu einem Tagessatz von 350 Euro pro Platz zu Grunde gelegt (www.merkur-online.de 15.2.2008).

Erziehungsheim Birkeneck

Im Erziehungsheim Birkeneck bei Freising wohnen 125 verhaltensauffällige Jugendliche in einer geschlossenen (7 Plätze) oder in einer der offenen Wohngruppen. Unter ihnen sind notorische Schulschwänzer und Schläger, die vom Jugendrichter zum Heimaufenthalt als Bewährungsauflage verurteilt wurden. Vorraussetzung dafür, dass Jugendliche geschlossen untergebracht werden können, ist eine familienrichterliche Genehmigung, die nur erteilt wird, wenn das Kindeswohl gefährdet ist. Ein Teil der Jugendlichen holt hier den Schulabschluss nach, andere machen eine Ausbildung. Erzieher und Psychologen helfen ihnen, in Einzel- und Gruppengesprächen ihre Lebensgeschichte aufzuarbeiten, Probleme zu analysieren, Lösungen zu finden und sich auf die Zukunft vorzubereiten. Viele der Jugendlichen erleben erstmals einen geregelten Tagesablauf. Sie wohnen in kleinen Einzelzimmern, in denen die Möbel vorsichtshalber festgeschraubt sind.

Der Tagesablauf

7.00 Uhr Wecken
7.15 Uhr Frühstück
7.50 Uhr Schule oder Ausbildung
12.05 Uhr Mittagessen
12.30 Uhr Schule oder Ausbildung
17.00 Uhr Freizeit
18.00 Uhr Abendessen
18.30 Uhr Klo putzen oder andere Dienste
19.00 Uhr Sport
21.15 Uhr Duschen
21.35 Uhr Auswertung des Tages mit einem Erzieher
22.00 Uhr Bettruhe.

Der Erzieher Roman Neumann: „Wir suchen das Positive in jedem Menschen, bauen darauf auf, vermitteln Selbstvertrauen, zeigen, wie man sich Erfolge holt." Eine mühevolle Aufgabe. „Aber wenn die Jungs hier raus kommen, haben sie wenigstens die Möglichkeit, etwas Neues anzufangen" (www.pnp.de 22.1.2008).

Schulen und Camps nach amerikanischem Vorbild

Als vor einigen Jahren einmal wieder nach neuen Antworten auf jugendliche Gewalt gesucht wurde, stürzten sich Medien, Politiker und Pädagogen auf die **Glen Mills Schools** (www.glenmillsschool.org). Erwartet wurde, dass mit rigiden Methoden, die diese Schulen auszeichnen, junge Kriminelle wieder „auf die richtige Spur" gebracht werden können. Deutsche Experten reagieren mit Anerkennung, aber auch mit Kritik auf diesen Ansatz. Bemängelt wird, dass die Jugendlichen nicht lernen, demokratisch am Leben teilzuhaben, sondern dass ihnen stattdessen Anpassung und Gehorsam eingebleut werden. Zudem nehmen die Glen Mills Schools „harte Fälle" erst gar nicht auf, d. h. delinquente Einzelgänger und Jugendliche mit sehr dissozialem Verhalten und starken psychischen Belastungen. Genau für diese wird jedoch hierzulande verzweifelt nach Lösungen gesucht (Deutsches Jugendinstitut 2002; www.glenmillsschool.org). Die letzte Mediendiskussion zum Jahreswechsel 2007/2008 fokussierte unter anderem auf amerikanische *Boot Camps*, die mit militärischem Drill dasselbe Ziel erreichen wollen.

Glen Mills Schools

Wer die Glen Mills Schools in der Nähe von Philadelphia besucht und eine Art US-Marine-Lager erwartet, in dem junge Leute in Lederstiefeln unter dem Gebrüll von Vorgesetzten hundert Liegestützen machen, wird enttäuscht: Wie viele amerikanische Colleges liegen auch die Glen Mills Schools in einem Park mit alten und neuen Gebäuden und mit bestens präparierten Sportstätten. Die Atmosphäre auf dem Campus ist ruhig: Die Jugendlichen gehen miteinander, aber auch mit dem Personal, entspannt um. Dabei handelt es sich um von Gerichten überwiesene Täter, die den Aufenthalt hier anstelle einer normalen Haft gewählt haben. Doch gegenseitige Wertschätzung gehört zur Philosophie dieser Einrichtung. Ebenso, dass man nicht von „bad boys", sondern von „Schülern" spricht, die zwar durch eine schlechte soziale Umgebung zu Verfehlungen gebracht wurden, in denen aber auch das „unbegrenzte Potential zum Lernen und Wachsen" schlummert – Wachsen vor allem vom antisozialen zum prosozialen Verhalten.

Die Glen Mills Schools arbeiten mit Zuckerbrot und Peitsche. In den ersten Tagen fängt der Neuankömmling „ganz unten" an: Er muss besonders früh aufstehen, hat bei Sitzungen schweigend am Boden zu sitzen, darf nicht an Schul- oder Sportprogrammen teilnehmen. Hält er sich an die Regeln, kann er sich nach ein paar Tagen langsam in der Hierarchie hocharbeiten – und bei Nichtbewährung zurückgestuft werden. Die Jungen wohnen in spartanisch eingerichteten Schlafräumen ohne Türen (zur Kontrolle). Persönliche Gegenstände sind verboten (um sich von der schlechten Vergangenheit zu lösen). Eine zentrale pädagogische Rolle spielt die Gleichaltrigengruppe. Indem einer dem anderen in der Gruppe hilft, steigt seine Akzeptanz. In der Gruppe werden Probleme besprochen, es gibt aber keinen „heißen Stuhl" wie beim Anti-Aggressions-Training, wo der Täter den Provokationen der anderen Teilnehmer ausgesetzt wird. Die Einrichtung nutzt ein anderes Konfrontationssystem, in dem ein Jugendlicher dem anderen von Stufe zu Stufe deutlicher durch Gesten, Worte usw. klarmacht, wenn er gegen Normen verstoßen hat. Wer die positiven Normen der Gruppe gelernt hat und praktiziert, steigt auf zum Mitglied des „Bulls Club", mit mehr Rechten (z. B. er darf länger aufbleiben), aber auch mehr pädagogischen Pflichten.

Glen Mills bietet in technisch gut ausgestatteten Räumen sehr differenzierte Angebote für Schule und Berufausbildung, einschließlich Bewerbungstraining vor der Entlassung und Hilfe bei der Jobsuche. Trotz dieser Angebote arbeitet die Einrichtung kostengünstiger als die Jugendhaft.

Die amerikanischen **Boot Camps** setzen auf militärischen Drill. Laut Studienergebnissen haben sie keineswegs den Erfolg, der ihnen von manchen Befürwortern in Deutschland zugeschrieben wird: Jugendliche, die sich dort aufgehalten haben, werden mit ähnlich hohen Quoten rückfällig wie Jugendliche in Vergleichsgruppen ohne eine derartige Intervention (Sherman et al. 1998; Heinz 2008). Selbst der Leiter eines kleinen Boxcamps in Nordhessen und der Leiter einer etablierten stationären Jugendhilfeeinrichtung, die ebenfalls geschlossene Plätze anbieten, sind sich darin einig, dass besser in frühe Präventionsmaßnahmen investiert werden sollte als in den Ausbau von geschlossenen Heimen (Kannenberg/Enser 2008). Auch internationale Untersuchungen über die Wirksamkeit geschlossener Heimunterbringungen haben ergeben, dass dort nur in etwa 50 bis 60% der Fälle die Probleme der Jugendlichen (moderat) abnehmen bzw. sich die sozialen Kompetenzen verbessern. Schon kurze Zeit, nachdem die Jugendlichen aus dem geschlossenen Heim entlassen werden, steigt das Risiko der Straffälligkeit wieder an. Zudem werden Jugendliche in den Heimen häufig selbst Opfer der Gewalt anderer und verstärken gegenseitig ihre antisozialen Neigungen (Kindler et al. 2007).

Eine Alternative kann eine **„Multisystemische Therapie“** bieten, die z. B. in den USA erprobt wurde. Sie findet nicht in speziellen Einrichtungen, sondern in der Lebenswelt der Jugendlichen statt (z. B. Wohnung, Jugendtreff). Die Therapie setzt in allen Lebensbereichen des Jugendlichen gleichzeitig an, bezieht die Familie mit ein, vermindert langfristig seine Strafanfälligkeit, erhöht den Schulerfolg und verbessert die Familienbeziehungen (Kindler et al. 2007).

Sonderprogramme für fremdenfeindliche und rechtsextreme gewalttätige Jugendliche

Im Kampf gegen **Rechtsextremismus** werden aus gutem Grund nach wie vor in erster Linie „täterbezogene“ Projekte gefördert. Da jedoch die Gefahr besteht, dass Kinder und Jugendliche von Gewaltopfern schnell zu Gewalttätern werden und neue Opfer erzeugen („Täter-Opfer-Statuswechsel“; siehe Kapitel I, 1), sollten Präventionsprogramme viel stärker als bisher auch die Situation der Opfer einbeziehen, und dabei auch auf unterschiedliche kulturelle Hintergründe deutscher Opfer einerseits und von Opfern mit Migrationshintergrund andererseits eingehen. Erste Ansätze existieren seit einigen Jahren: Manche beraten nicht nur die Opfer, sondern auch Eltern, deren Kinder mit einer fremdenfeindlichen Jugendszene konfrontiert sind oder die in Stadtvierteln mit einer solchen Szene leben. Interkulturelle Begegnungsveranstaltungen und sozialpädagogische Programme zielen darauf ab, die persönlichen Probleme und Aggressionsneigungen fremdenfeindlicher Jugendlicher direkt anzugehen und sie beim Ausstieg aus der rechten Szene zu unterstützen (Holthusen/Schäfer 2007, 158ff). Viele opferbezogene Strategien setzen primär auf zivilgesellschaftliches Engagement – so auch eine Strategie gegen Rechtsextremismus, die Böckmann beschreibt: Viele Neonazi-Gruppen und rechtsextreme Skinheads propagieren, „national befreite Zonen“ als „No-go-Areas“ erkämpft zu haben, in denen sich Migranten, Punks und weitere Andersdenkende besser nicht aufhalten sollten. Häufig ist diese Behauptung zwar reichlich übertrieben, doch in einigen Städten werden tatsächlich ganze Straßenzüge von rechtsextremen Jugendgruppen kontrolliert. Jugendliche mit anderen Einstellungen oder Kulturen haben das Gefühl, sich dort nicht mehr sicher bewegen zu können. Fachkräfte der opferorientierten Gewaltprävention versuchen zunächst, diese „Angst-Räume“ (z. B. Orte, Plätze, Zeiten, Situationen, Erfahrungen von Bedrohung mit Gewalt) zu ermitteln. Auch die lokale Öffentlichkeit soll für das Problem sensibilisiert werden. Anschließend wird daran gearbeitet, die Angst-Räume zusammen mit den Jugendlichen – im Sinne des „Empowerment“ (Ermutigung zur Nutzung der eigenen Fähigkeiten und zu selbstbestimmter Lebensgestaltung) – zu verändern. Dies passiert in Gruppen – etwa in Workshops oder Zukunftswerkstätten (vgl. Böckmann 2005).

Auch einige der jüngeren Programme auf Bundes- und Landesebene wie z. B. das *Aktionsprogramm für Demokratie und Toleranz – gegen Rechtsextremismus, Fremdenfeindlichkeit und Antisemitismus* mit den Teilprogrammen **Civitas, Entimon** und **Xenos** setzen in erster Linie an den zivilgesellschaftlichen Potenzialen an und wollen die demokratischen Strukturen vor Ort stärken. Dieses „Rezept“, bei Jugendlichen ein erhöhtes zivilgesellschaftliches Engagement zu fördern, reicht jedoch keineswegs aus, um rechtsextreme Einstellungen zu verändern: Fatal ist, dass viele Projekte „gegen Rechts“ immer noch kaum berücksichtigen, dass die Ursachen erhöhter Aggressivität meist im Kindesalter entstehen und daher auch dann zu behandeln sind, während sich rechtsextreme Einstellungen erst im Jugendalter dazugesellen und den Jugendlichen gleichsam als nachträgliche Rechtfertigung der eigenen Gewalttätigkeiten dienen. Sind Jugendliche schließlich in solidarisch eng verknüpften Skinhead- oder Neonazigruppen integriert, erreicht man sie auf pädagogischem Weg so gut wie gar nicht mehr (Möller 2002; Pingel/Rieker 2002; Wahl et al. 2005). Ein weiteres Problem ist, dass viele Präventionsansätze und Modellprojekte der Jugendarbeit gegen Fremdenfeindlichkeit und rechtsextreme Gewalt immer noch mit teils unklaren pädagogischen Zielen und Mitteln arbeiten. Und auch das empirische Wissen über die Wirksamkeit der Maßnahmen ist bislang begrenzt. Zudem kritisieren Experten, dass wichtige Zielgruppen wie z. B. Hauptschüler kaum angesprochen werden.

Lange Zeit standen bei der Bekämpfung rechtsextremer Organisationen repressive Maßnahmen im Mittelpunkt. Da jedoch fremdenfeindliche und rechtsextreme Einstellungen und Gewalttaten unter jungen Leuten nach wie vor sehr verbreitet sind, ja zeitweilig und in bestimmten Bereichen sogar zugenommen haben, ist fraglich, inwieweit solche Maßnahmen überhaupt wirken. Auch hier gilt: Da sich aggressive Neigungen und schwierige Beziehungen zu Fremden schon in der Kindheit entwickeln, müssen präventive Programme schon in dieser Phase ansetzen – repressive Maßnahmen kommen viel zu spät, um wirklich wirksam zu sein.

Präventive Maßnahmen sollten von den Wissenschaften und der Praxis gemeinsam entwickelt und durch langfristig angelegte Wirksamkeitsuntersuchungen begleitet werden. Leider steht es mit der Evaluation nicht besser als mit anderen Bereichen der Jugendhilfe: Es wird vieles gemacht, was sich Evaluation nennt, auch darüber diskutiert, doch die Ziele, Methoden und Ergebnisse bleiben meist recht diffus (Glaser/Schuster 2007). Hier stehen Politik, Wissenschaft, Bildungssystem und Jugendhilfe vor der Herausforderung, die Veränderungen der Einstellungen, des Wissens und Verhaltens, die Programme bei Kindern und Jugendlichen bewirken, viel präziser zu messen als bisher. Angehörige der (sozial-)pädagogischen Berufe sind daran interessiert zu erfahren, wie langfristig ihre Anstrengungen wirken. Dem Staat böte sich durch angemessene Evaluation die Chance, seine Mittel deutlich wirtschaftlicher und effizienter einzusetzen – für Programme, die tatsächlich nachhaltig verändern.

Ausblick

Ob heute mehr Kinder und Jugendliche gewalttätig sind als früher, ob ihre Gewalttaten brutaler und die Täter immer jünger werden, das lässt sich verlässlich nicht sagen, denn die Aussagekraft von Daten wie der Polizeilichen Kriminalstatistik ist eingeschränkt. Mangels besserer Alternativen stützt man sich dennoch darauf: Demnach haben in den letzten Jahren bestimmte Gewaltdelikte junger Menschen in einigen Altersgruppen statistisch zugenommen (z. B. Körperverletzung). Für die beliebte Behauptung der Medien, heute seien deutlich mehr Mädchen gewalttätig als früher, gibt es nur eingeschränkte statistische Hinweise: Tatsächlich sind gewaltkriminelle Mädchen im Vergleich zu gewaltkriminellen Jungen nach wie vor deutlich in der Minderzahl.

Gewalt unter Jugendlichen hat es seit jeher gegeben: Raufereien der Dorfjugend, Schlägereien auf dem Schulhof, Studentenrebellionen, kriminelle Jugendbanden in Großstädten. Kinder und Jugendliche haben schon immer in ihren Spielen aggressive Verhaltensweisen eingeübt. Insbesondere Jungen fühlen ab der Pubertät zeitweilig den Drang, sich selbst darzustellen, ihre Grenzen durch kleine Delikte und durch den Einsatz ihrer Körperkräfte zu testen. Was sich in den vergangenen Jahrzehnten geändert hat, sind die Bedingungen, unter denen junge Menschen leben. Einerseits stehen Jugendliche heute einem weiten Spektrum schulischer und beruflicher Chancen gegenüber. Von der Werbewirtschaft als finanzstarke Konsumentengruppe intensiv umworben, werden ihnen täglich die „Must haves" vor Augen geführt: Handys, PCs, Computerspiele, MP3-Player, CDs, DVDs, coole Klamotten und Accessoires, kostspielige Hobbys, Drinks und Fast Food, tolle Reisen. In den Schulklassen zeigt sich dann, wer sich all dies tatsächlich leisten kann – und wer nicht. Jene, bei denen Wünsche und tatsächliche Möglichkeiten auseinanderklaffen, fühlen oft Druck, Neid, Frust und Aggressionen. Fatal, dass auch die Bildungs- und Arbeitsmarktchancen der weniger wohlhabenden Jugendlichen schlechter stehen als die der besser gestellten: Eine gute Schule, Nachhilfeunterricht und außerschulische Bildung, z. B. Musikunterricht oder Sprachkurse im Ausland, all das muss man sich erst einmal leisten können. Von der sozialen und finanziellen Situation hängen heute in hohem Maße die Möglichkeiten zur Teilhabe am gesellschaftlichen Leben ab, auch der Migrantenjugendlichen, die zudem mit der Vorurteilsschranke der Mehrheitsgesellschaft konfrontiert sind. Heute leben mehr Kinder und Jugendliche in unzureichenden finanziellen Verhältnissen als noch vor einigen Jahrzehnten. Bereits in den neunziger Jahren wurde der Begriff der „Infantilisierung der Armut" geprägt, seither hat der Anteil armer junger Menschen weiter zugenommen. Heute sind sie die am häufigsten von Armut betroffene Bevölkerungsgruppe. Jeder sechste Jugendliche bzw. junge Erwachsene lebte 2004 unter der Armutsgrenze.

Doch nicht nur die finanzielle und berufliche Sicherheit schwindet, auch familiale und zwischenmenschliche Bindungen, die Halt und Stabilität geben könnten, sind in einigen Bereichen der Gesellschaft unverbindlicher geworden. Mehr Ehescheidungen, Stiefelternschaften und andere moderne Familienstrukturen können für besonders sensible Kinder das Risiko psychischer, aggressionsfördernder Belastungen erhöhen. Kinder und Jugendliche brauchen ein sicheres, emotional warmes, sozial und kulturell unterstützendes Umfeld, um zu stabilen, friedlichen Persönlichkeiten. heranzuwachsen.

Wiederholt gewalttätige Jugendliche wurden in der Regel bereits als Kleinkinder auf einen riskanten Entwicklungspfad gesetzt: Oft kommen sie mit einer Persönlichkeit auf die Welt, die sie für Erwachsene „schwierig" macht (z. B. sehr lebhafte Kinder), wachsen in Elternhäusern auf, in denen sie verprügelt, gedemütigt oder vernachlässigt werden, Gewalt oder Missachtung erleben. Aus diesen traumatischen Kindheitserfahrungen entstehen emotionale Probleme wie Ängste, Ohnmacht, Frustration, Trauer und Wut, die sich schließlich in eigener Gewalt ausdrücken. Abneigung und Widerstandskraft gegen Gewalt hingegen entstehen aus Gefühlen von Sicherheit und Wohlbefinden sowie aus emotionalen Fähigkeiten wie Empathie. Diese emotionalen Grundlagen und Kompetenzen bilden sich insbesondere in den ersten Lebensjahren eines Menschen aus und sollten in diesem Stadium gezielt gefördert werden.

Hierfür ist präventive Arbeit dringend nötig. Auch der Staat erkennt inzwischen an, welche Bedeutung (Gewalt-)Prävention für die Gesellschaft hat, und investiert seit einigen Jahren wieder mehr Geld in die Jugendhilfe, insbesondere in die „Frühen Hilfen" und in Kinderbetreuung, allerdings zu Lasten der Jugendarbeit. Der Anteil junger Menschen, die erzieherische Hilfen erhalten, ist in dieser Zeit erheblich gewachsen. Außerdem wurden neue Einrichtungen der

Kinder- und Jugendhilfe eröffnet und mehr Beschäftigte eingestellt, vor allem in den neuen Bundesländern. Dennoch klagen viele Hilfeeinrichtungen und Jugendämter nach wie vor über Personalmangel. Die wachsende Armut unter Kindern und Jugendlichen bleibt eine Herausforderung (siehe Kapitel III, 4): Wirtschafts- und Sozialpolitiker unternehmen bislang zu wenig, um gegenzusteuern.

Aggressive Kinder und Jugendlichen benötigen so früh wie möglich in ihrem Leben professionelle Hilfe, im Idealfall noch bevor sie andere schädigen und als „unverbesserliche Tunichtgute" abgeschoben oder weggesperrt werden. Prävention kann die Fähigkeiten von Kindern und Jugendlichen stärken, mit schwierigen Situationen und Gefühlen besser umzugehen. Zugleich unterstützt sie Eltern dabei, die Bedürfnisse ihres Nachwuchses wahr- und ernst zu nehmen und familiale Probleme gewaltfrei zu lösen. Solche Hilfe ist anstrengend, teuer und keineswegs immer sofort wirksam. Aber sie ist – aus wissenschaftlicher Sicht – die einzige Alternative.

Literatur

Agnew, R. (1997): Stability and Change in Crime over Life Course: A Strain Theory Explanation. In: Thornberry, T. P. (ed.): Developmental Theories of Crime and Delinquency. New Brunswick, 101–132

Albrecht, G. (2002): Soziologische Erklärungsansätze individueller Gewalt und ihre empirische Bewährung. In: Heitmeyer, W., Hagan, J. (Hrsg.): Internationales Handbuch der Gewaltforschung. Wiesbaden, 763–818

Alsaker, F. D. et al. (2005): Mobbing im Kindergarten. Beschimpft, geplagt und ausgelacht. Bern. www.praevention-alsaker.unibe.ch/Mobbing%20im%20Kindergarten%20-%20Januar%202006.pdf, 26.7.2008

Andreou, E. (2006): Overt and Relational Aggression, Social Preference, Perceived Popularity and Social Intelligence: Relations to Overt and Relational Aggression. In: School Psychology International 27, 339–351

Arbeitsstelle Kinder- und Jugendkriminalitätsprävention am Deutschen Jugendinstitut und Bundesjugendkuratorium (Hrsg.) (1999): Der Mythos der Monsterkids. Strafunmündige „Mehrfach- und Intensivtäter." München

– (Hrsg.) (2007): Strategien der Gewaltprävention im Kindes- und Jugendalter. Eine Zwischenbilanz in sechs Handlungsfeldern. München

Archiv der Jugendkulturen (Hrsg.) (2003): Der Amoklauf von Erfurt. Bad Tölz

Asendorpf, J. B. (1998): Entwicklungsgenetik. In: Keller, H. (Hrsg.): Lehrbuch Entwicklungspsychologie. Bern, 97–118

Bahnmüller, H., von Wulfen, Y. (2004): Liebend gern erziehen – Triple P – Positives Erziehungsprogramm. Landeskommission Berlin gegen Gewalt: Berliner Forum Gewaltprävention Nr. 19, 20–25

Baier, D. et al. (2006): Schülerbefragung 2005. Gewalterfahrungen, Schulschwänzen und Medienkonsum von Kindern und Jugendlichen. KFN-Materialien für die Praxis Nr. 3. Hannover. www.kfn.de/versions/kfn/assets/mfp3.pdf, 10.1.2008

–, Pfeiffer, Ch. (2007): Gewalttätigkeit bei deutschen und nichtdeutschen Jugendlichen – Befunde der Schülerbefragung 2005 und Folgerungen für die Prävention. KfN Forschungsbericht Nr. 100. Hannover. www.kfn.de/versions/kfn/assets/fb100.pdf, 10.1.2008

Baker, L. (2002): Das Anlage-Umwelt-Problem im Zusammenhang mit Gewalt. In: Heitmeyer, W., Hagan, J. (Hrsg.): Internationales Handbuch der Gewaltforschung. Wiesbaden, 735–760

Baumeister, R. F., Bushman, B. J. (2002): Emotionen und Aggressivität. In: Heitmeyer, W., Hagan, J. (Hrsg.): Internationales Handbuch der Gewaltforschung. Wiesbaden, 598–618

Björkqvist, K. et al. (2000): Social intelligence – Empathy = Aggression? In: Aggression and Violent Behavior 5, 2, 191–200

Böckmann, Ch. (2005): Aktiv gegen Angsträume von Jugendlichen. Opferorientierte Gewaltprävention im ländlichen Raum. In: Kerner, H.-J., Marks, E. (Hrsg.): Internetdokumentation Deutscher Präventionstag Hannover. www.praeventionstag.de/nano.cms/de/Dokumentation/Details/XID/117, 18.4.2008

Bowlby, J. (1995): Bindung: Historische Wurzeln, theoretische Konzepte und klinische Relevanz. In: Spangler, G., Zimmermann, P. (Hrsg.): Die Bindungstheorie. Grundlagen, Forschung und Anwendung. Stuttgart, 17–26

Braun, K., Bock, J. (2003): Die Narben der Kindheit. Gehirn und Geist 1

Brendgen, M. et al. (2005): Examining Genetic and Environmental Effects on Social Aggression: A Study of 6-Year-Old Twins. Child Development 76, 4, 930–946

Brenner, G. (2008): Maßnahmen gemeinsam erarbeiten (Jugendkriminalität). Öffentliche Sicherheit 3–4, 45–46

Brettfeld, K., Wetzels, P. (2007): Muslime in Deutschland. Integration, Integrationsbarrieren, Religion sowie Einstellungen zu Demokratie, Rechtsstaat und politisch-religiös motivierte Gewalt. Hamburg

Brown, J. et al. (1998): A Longitudinal Analysis of Risk Factors for Child Maltreatment. Findings of a 17-Year Prospective Study of Officially Recorded and Self-Reported Child Abuse and Neglect. Child Abuse & Neglect 22, 1065–1078

Bruhns, K., Wittmann, S. (2002): „Ich meine, mit Gewalt kannst du dir Respekt verschaffen." Mädchen und junge Frauen in gewaltbereiten Jugendgruppen. Opladen

–, – (2006): Umstände und Hintergründe der Einstellungen von Mädchen zur Gewalt. In: Heitmeyer, W., Schröttle, M. (Hrsg.): Gewalt. Beschreibungen, Analysen, Prävention. Bonn, 294–317

Buford, B. (1992): Geil auf Gewalt. Unter Hooligans. München

Bundesamt für Statistik (Schweiz) (2007): Zur Entwicklung der Jugendkriminalität. Jugendstrafurteile von 1946 bis 2004. Neuchâtel. www.bfs.admin.ch/bfs/portal/de/index/infothek/publ.html?publicationID=2839, 26.7.2008

Bundeskriminalamt (2008): PKS-Zeitreihen 1987 bis 2007. Wiesbaden. www.bka.de, 26.7.2008

Bundesministerium des Innern (Hrsg.) (2008): Polizeiliche Kriminalstatistik 2007 – Die Kriminalität in der Bundesrepublik Deutschland. Berlin

– (Hrsg.) (2007): Migrationsbericht des Bundesamtes für Migration und Flüchtlinge im Auftrag der Bundesregierung. Migrationsbericht 2006. Berlin

Bundesministerium des Innern (2002 bis 2008): Verfassungsschutzbericht 2001 bis 2007. Berlin

–, Bundesministerium der Justiz (2006): Zweiter Periodischer Sicherheitsbericht. Berlin. www.bka.de/lageberichte/ps/psb2_langfassung.pdf, 18.4.2008

Bundesministerium für Familie, Senioren, Frauen und Jugend (Hrsg.) (2005): Bericht über die Lebenssituation junger Menschen und die Leistungen der Kinder- und Jugendhilfe in Deutschland – Zwölfter Kinder- und Jugendbericht. Berlin

Bundesministerium für Gesundheit, Familie und Jugend (Österreich) (o. J.): WHO-Studie „Health Behaviour in School-Aged Children". Wien. www.bmgfj.gv.at/cms/site/attachments/1/5/8/CH0776/CMS1191842242195/hbsc_factsheet_5_internet.pdf, 18.4.2008

Bundesministerium für Inneres (Österreich) (2007): Kriminalstatistik des BMI für das Jahr 2007. Wien. www.bmi.gv.at/kriminalstatistik, 18.4.2008

Bundesministerium für Unterricht, Kunst und Kultur (Österreich) (o. J.): Weiße Feder. Wien. www.gemeinsam-gegen-gewalt.at/de/pages/die%20wei%DFe%20feder.php?lng=de&m=1&s=0, 27.7.2008

Bundesverband der Unfallkassen (2005): Neue Studie: Weniger physische Gewalt an Schulen. München. www.unfallkassen.de/webcom/show_article.php/_c-738/_nr-14/_p-1/i.html, 18.4.2008

Bund-Länder-AG (2007): Entwicklung der Gewaltkriminalität junger Menschen mit einem Schwerpunkt auf städtischen Ballungsräumen. o. O.

Bussmann, K.-D. (2005): Report über die Auswirkungen des Gesetzes zur Ächtung der Gewalt in der Erziehung. Vergleich der Studien von 2001, 2002 und 2005 – Eltern-, Jugend- und Expertenbefragung. Bundesministerium der Justiz. Berlin. www.bmj.de/files/-/1375/Bussmann-Report.pdf, 18.4.2008

Coie, J. D., Dodge, K. A. (1998): Aggression and Antisocial Behavior. In: Damon, W., Eisenberg, N. (eds.): Handbook of Child Psychology. Vol. 3: Social, Emotional, and Personality Development. New York, 779–862

Daly, M., Wilson, M. (2002): Tödliche interpersonelle Gewalt aus Sicht

der Evolutionspsychologie. In: Heitmeyer, W., Hagan, J. (Hrsg.): Internationales Handbuch der Gewaltforschung. Wiesbaden, 709–734
Deegener, G. (2005): Formen und Häufigkeiten der Kindesmisshandlung. In: Deegener, G., Körner, W. (Hrsg.): Kindesmisshandlung und Vernachlässigung. Ein Handbuch. Göttingen, 37–58
Der Spiegel (1997): Ausländer und Deutsche: Gefährlich fremd (Titel). Heft 16
– (2002): Das Spiel seines Lebens. Heft 19, 118–144
Der Spiegel online (2007): Der Bombenbauer aus der Provinz. www.spiegel.de/politik/deutschland/0,1518,504464,00.html, 7.9.2007
– (2007): Verfassungsschützer empört über BKA-Vorwürfe. www.spiegel.de/politik/deutschland/0,1518,522986,00.html, 12.12.2007
– (2008): Wir geben den Leuten zu wenig Gründe, uns toll zu finden. www.spiegel.de/politik/deutschland/0,1518,526373,00.html, 4.1.2008
Deutscher Bundestag (2008): Drucksache 16, 7967: Antwort der Bundesregierung auf die Kleine Anfrage der Abgeordneten Jörg van Essen u. a. und der Fraktion der FDP. Berlin
Deutsches Jugendinstitut (2008): Wissenschaftliche Begleitung des Modellprogramms „Wir kümmern uns selbst". München. www.dji.de/cgi-bin/projekte/output.php?alleszeigen=1&projekt=394, 18.4.2008
– (Hrsg.) (2002): Die Glen Mills Schools, Pennsylvania, USA. Ein Modell zwischen Schule, Kinder- und Jugendhilfe und Justiz? Eine Expertise. München
– (2007a): Tatort Internet – Sexuelle Gewalt in den neuen Medien. Thema 2007, 08. München. www.dji.de/cgi-bin/projekte/output.php?projekt=752&Jump1=LINKS&Jump2=20, 18.4.2008
– (2007b): Kinderarmut: einmal arm – immer arm? Thema 2007, 11. München. www.dji.de/cgi-bin/projekte/output.php?projekt=790&Jump1=LINKS&Jump2=15, 18.4.2008
Deutsches PISA-Konsortium (Hrsg.) (2001): PISA 2000. Basiskompetenzen von Schülerinnen und Schülern im internationalen Vergleich. Opladen
Dirscher, Th. et al. (2005): Liebend gern erziehen – Prävention mit Triple P. In: Tschöpe-Scheffler, S. (Hrsg.): Konzepte der Elternbildung – eine kritische Übersicht. Opladen, 51–66
Dittrich, G. et al. (2001): Wenn Kinder in Konflikt geraten. Neuwied
Dodge, K. A. (2003): Do Social Information-Processing Pattern Mediate Aggressive Behavior? In: Lahey, B. B. et al. (eds.): Causes of Conduct Disorder and Juvenile Delinquency. New York, 254–274
Dollard, J. et al. (1970): Frustration und Aggression. Weinheim
Dölling, D., Hermann, D. (2001): Anlage und Umwelt aus der Sicht der Kriminologie. In: Wink, M. (Hrsg.): Vererbung und Milieu. Berlin, 153–182

Dörries, B., Ramelsberger, A. (2007): Die Terror-Verwandlung. www.sueddeutsche.de, 31.10.2007

Eckert, R. et al. (2000): „Ich will halt anders sein wie die anderen!“ Abgrenzung, Gewalt und Kreativität bei Gruppen Jugendlicher. Opladen

Eidgenössisches Justiz- und Polizeidepartement: Jugendgewalt. Bericht des EJPD vom 11. April 2008. Bern. www.ejpd.admin.ch/ejpd/de/home/themen/kriminalitaet/ref_jugendgewalt.html, 26.7.2008

Eisner, M. (2002): Langfristige Gewaltentwicklung: Empirische Befunde und theoretische Erklärungsansätze. In: Heitmeyer, W., Hagan, J. (Hrsg.): Internationales Handbuch der Gewaltforschung. Wiesbaden, 58–80

– et al. (2006): Prävention von Jugendgewalt. Wege zu einer evidenzbasierten Präventionspolitik. Bern. www.eka-cfe.ch/d/Doku/jugend gewalt_web.pdf, 26.7.2008

ETH Life (2001): Randale statt Ideale. ETH-Professor und 1. Mai-Demonstrant im Streitgespräch. Zürich 1.5.2001. http://archiv.ethlife.ethz.ch/articles/im_gespraech/1MaiMarcos.html, 18.4.2008

Fahr, M. (1995): Frank Rennicke – Der „Nationale Barde“. PopScriptum 1995, 5, 116–137

Farin, K. (2001): generation kick.de. Jugendsubkulturen heute. München

Fatke, R., Fontanellaz, B. (2003): Nachdemonstrationen zum 1. Mai 2002 in Zürich: Wer sind die Akteure und was wollen sie? Pädagogisches Institut der Universität Zürich. Zürich

Faust, V. (o.J.): Amok. Zentrum für Psychiatrie Ravensburg der Universität Ulm. www.psychosoziale-gesundheit.net/psychiatrie/amok.html, 18.4.2008

Findeisen, H.-V., Kersten, J. (1999): Der Kick und die Ehre. Vom Sinn jugendlicher Gewalt. München

Focus 1, 2008: Schädliche Neigungen

Foster, H., Hagan, J. (2002): Muster und Erklärungen der direkten physischen und indirekten nichtphysischen Aggression im Kindesalter. In: Heitmeyer, W., Hagan, J. (Hrsg.): Internationales Handbuch der Gewaltforschung. Wiesbaden, 676–706

Frindte, W., Neumann, J. (Hrsg.) (2002): Fremdenfeindliche Gewalttäter. Biografien und Tatverläufe. Wiesbaden

Fröhlich-Gildhoff, K., Dörner, T., Rönnau, M. (2007): Prävention und Resilienzförderung in Kindertageseinrichtungen – PRiK. Trainingsmaterial für ErzieherInnen. München

–, Rönnau, M., Dörner, T. (2008): Eltern stärken mit Kursen in Kitas. Handreichungen für Erzieherinnen. München

Gabaglio, S. (2005): Hat die Jugendkriminalität wirklich zugenommen? Zur Entwicklung des Anzeigeverhaltens gegenüber Jugendlichen zwischen 1981 und 2000. Crimiscope 30. www.unil.ch/webdav/site/esc/shared/Crimiscope/crimiscope030_2005_D.pdf, 26.7.2008

Gaiser, W., de Rijke, J. (2006): Gesellschaftliche und politische Beteiligung. In: Gille, M. et al.: Jugendliche und junge Erwachsene in Deutschland. Lebensverhältnisse, Werte und gesellschaftliche Beteiligung 12- bis 29-Jähriger. Jugendsurvey Band 3. Wiesbaden, 213–275

Galm, B. et al. (2007): Kindeswohl und Kindeswohlgefährdung. In: Arbeitsstelle Kinder- und Jugendkriminalitätsprävention am Deutschen Jugendinstitut (Hrsg.): Strategien der Gewaltprävention im Kindes- und Jugendalter. Eine Zwischenbilanz in sechs Handlungsfeldern. München, 31–59

Gamper, M., Willems, H. (2006): Rechtsextreme Gewalt – Hintergründe, Täter und Opfer. In: Heitmeyer, W., Schröttle, M. (Hrsg.): Gewalt. Beschreibungen, Analysen, Prävention. Bonn, 439–461

Gaßebner, M. (2003): Gruppen, Szenen, Parteien. In: Wahl, K. (Hrsg.): Skinheads, Neonazis, Mitläufer. Täterstudien und Prävention. Opladen, 174–197

– et al. (2003): Fremdenfeinde und Rechtsextremisten vor Gericht. In: Wahl, K. (Hrsg.): Skinheads, Neonazis, Mitläufer. Täterstudien und Prävention. Opladen, 29–80

Gasser, K. H. et al. (2004): Bericht der Kommission Gutenberg-Gymnasium. Erfurt

Gasteiger-Klicpera, B., Klein, G. (2006): Das Friedensstifter-Training. Grundschulprogramm zur Gewaltprävention. München

Germanische Weltnetzgemeinschaft (o. J.): Doitsche Stimmungshits. http://forum.thiazi.net/showthread.php?t=11876, 26.7.2008

Glaser, M., Schuster, S. (Hrsg.) (2007): Evaluation präventiver Praxis gegen Rechtsextremismus. Positionen, Konzepte und Erfahrungen. Halle

Grauer, G. et al. (1976): Gewalt in der Schule – Schule als Gewalt oder kommen die Vandalen wie weiland aus dem Osten? Betrifft: Erziehung 9, 7, 34–47

Guggenbühl, A. (2007): Die Waffen der Mädchen. Weltwoche 50

Gull, Th. (2004): Rache ist süß. unimagazin 26.8.2004, Zürich. www.unipublic.unizh.ch/magazin/wirtschaft/2004/1350.html, 18.4.2008

Hamer, D., Copeland, P. (1998): Das unausweichliche Erbe. Wie unser Verhalten von unseren Genen bestimmt ist. Bern

Hanke, O. (2007): Strategien der Gewaltprävention an Schulen. In: Arbeitsstelle Kinder- und Jugendkriminalitätsprävention am Deutschen Jugendinstitut (Hrsg.): Strategien der Gewaltprävention im Kindes- und Jugendalter. Eine Zwischenbilanz in sechs Handlungsfeldern. München, 104–130

Heinz, W. (2008): Stellungnahme zur aktuellen Diskussion um eine Verschärfung des Jugendstrafrechts. DVJJ – Deutsche Vereinigung für Jugendgerichte und Jugendgerichtshilfen e. V. www.dvjj.de/artikel.php?artikel=989, 18.4.2008

Heitkötter, M. et al. (2007): Einleitung. In: Arbeitsstelle Kinder- und Jugendkriminalitätsprävention am Deutschen Jugendinstitut (Hrsg.): Strategien der Gewaltprävention im Kindes- und Jugendalter. Eine Zwischenbilanz in sechs Handlungsfeldern. München, 13–28

Heitmeyer, W. et al. (1995): Gewalt. Schattenseiten der Individualisierung bei Jugendlichen aus unterschiedlichen Milieus. Weinheim

–, Müller, J., Schröder, H. (1997): Verlockender Fundamentalismus. Türkische Jugendliche in Deutschland. Frankfurt am Main

Helming, E. et al. (1997): Handbuch Sozialpädagogische Familienhilfe. Hrsg. durch Bundesministerium für Familie, Senioren, Frauen und Jugend. Stuttgart

Hippler, J. et al. (2006): Krieg, Repression, Terrorismus. Politische Gewalt und Zivilisation in westlichen und muslimischen Gesellschaften. Stuttgart

Hjern, A. et al. (2008): School Stressors, Psychological Complaints and Psychosomatic Pain. Acta Paediatrica 97, 1, 112–117

Holthusen, B., Lüders, Ch. (2003): Evaluation in der Kriminalitätsprävention – Eine thematische Einleitung. In: Arbeitsstelle Kinder- und Jugendkriminalitätsprävention (Hrsg.): Evaluierte Kriminalitätsprävention in der Kinder- und Jugendhilfe. Erfahrungen und Ergebnisse aus fünf Modellprojekten. München, 9–30

– Schäfer, H. (2007): Strategien der Gewaltprävention in der Kinder- und Jugendhilfe im Jugendalter. In: Arbeitsstelle Kinder- und Jugendkriminalitätsprävention am Deutschen Jugendinstitut (Hrsg.) (2007): Strategien der Gewaltprävention im Kindes- und Jugendalter. Eine Zwischenbilanz in sechs Handlungsfeldern. München, 131–168

Honkanen-Schoberth, P. (2003): Starke Kinder brauchen starke Eltern. Der Elternkurs des Deutschen Kinderschutzbundes. Berlin

– (2005): Starke Eltern – Starke Kinder. Elternkurs des Deutschen Kinderschutzbundes – mehr Freude, weniger Stress mit den Kindern. In: Tschöpe-Scheffler, S. (Hrsg.): Konzepte der Elternbildung – eine kritische Übersicht. Opladen, 41–49

Hoops, S. (2005): Die Geschlossene Unterbringung nach §1631b BGB in Heimen der Jugendhilfe. Blickpunkt Jugendhilfe 10, 1, 13–20

–, Permien, H. (2003): Evaluation des Pilotprojektes Ambulante Intensive Begleitung (AIB). München

–, Permien, H. (2006): „Mildere Maßnahmen sind nicht möglich!“ Freiheitsentziehende Maßnahmen nach §1631b BGB in Jugendhilfe und Jugendpsychiatrie. München

– et al. (2001): Zwischen null Toleranz und null Autorität. Strategien von Familien und Jugendhilfe im Umgang mit Kinderdelinquenz. München

Huesmann, L. R. et al. (2003): Longitudinal Relations Between Children's Exposure to TV Violence and Their Aggressive and Violent Behavior in Young Adulthood: 1977–1992. Developmental Psychology 39, 2, 201–221

Huntington, S. P. (1993): The Clash of Civilizations? Foreign Affairs, Summer

Imbusch, P. (2002): Der Gewaltbegriff. In: Heitmeyer, W., Hagan, J. (Hrsg.): Internationales Handbuch der Gewaltforschung. Wiesbaden, 26–57

Jugendszenen.com (o. J.): Antifa. www.jugendszenen.com/Antifa/Antifa.html, 26.7.2008

Jugendszenen.com (o. J.): Skinheads. www.jugendszenen.com/Skinheads/Intro.html, 26.7.2008

Jung, V., Wahl, K. (2008): Kindliche Aggressivität im Zeitverlauf. In: Alt, Ch. (Hrsg.): Kinderleben – Persönlichkeit und soziale Struktur. Wiesbaden, S. 99–124

Kannenberg, L., Enser, M. (2008): „Schrei nach Grenzen". Streitgespräch. Der Spiegel 2, 2008, 52–55

Kempowski, W. (1976): Immer so durchgemogelt – Erinnerungen an unsere Schulzeit. Frankfurt am Main

Kindler, H. et al. (2007): Geschlossene Formen der Heimunterbringung als Maßnahme der Kinder- und Jugendhilfe. Eine empirische Forschungsübersicht zu Wirkungen, Alternativen und Indikationen. Zeitschrift für Jugendkriminalrecht und Jugendhilfe 1, 40–48

Klewin, G., Tillmann, K.-J. (2006): Gewaltformen in der Schule – ein vielschichtiges Problem. In: Heitmeyer, W., Schröttle, M. (Hrsg.): Gewalt. Beschreibungen, Analysen, Prävention. Bonn, 191–208

Kokko, K., Pulkkinen, L. (2000): Aggression in Childhood and Long-Term Unemployment in Adulthood: A Cycle of Maladaption and Some Protective Factors. Developmental Psychology 36, 463–472

Köttig, M. (2007): Nicht nur Mitläuferinnen. Mädchen und junge Frauen in der rechtsextrem orientierten Szene. proJugend 4, 11–16

Kriminalistisch-Kriminologische Forschungsstelle (2007): Amoktaten – Forschungsüberblick unter besonderer Beachtung jugendlicher Täter im schulischen Kontext. Düsseldorf

Kügler, N., Feuerhelm, W. (2003): Das Modellprojekt „Haus des Jugendrechts" in Stuttgart-Bad Cannstatt. In: Arbeitsstelle Kinder- und Jugendkriminalitätsprävention (Hrsg.): Evaluierte Kriminalitätsprävention in der Kinder- und Jugendhilfe. Erfahrungen und Ergebnisse aus fünf Modellprojekten. München, 133–166

Kuntsche, E. et al. (2006): Alkohol und Gewalt im Jugendalter. Gewaltformen aus Täter- und Opferperspektive, Konsummuster und Trinkmotive – Eine Sekundäranalyse der ESPAD-Schülerbefragung. Schweizerische Fachstelle für Alkohol- und andere Drogenprobleme. Lausanne. www.sfa-ispa.ch/index.php?IDtheme=64&IDarticle=1446&IDcat24visible=1&langue=D, 26.7.2008

Kuschel, A. et al. (2000): Prävention von oppositionellen und aggressiven Verhaltensstörungen bei Kindern: Triple P – ein Programm zu einer positiven Erziehung. Kindheit und Entwicklung 9, 1, 20–29

Laabs, D. (2006): Warum Gotteskrieger töten – Die Motivation islamistischer Selbstmord-Attentäter. Bayerischer Rundfunk, B5 aktuell, 25.12.2006

Löchte, A., Sill, O. (1994): Rechtsextremismus bei westdeutschen Jugendlichen. Erklärungsansätze und Interventionsmöglichkeiten aus der Sicht der Sozialarbeit. Münster

Lösel, F. (2008): Becksteins Pläne sind ein guter Ansatz. Nürnberger Zeitung, 16.01.2008

– et al. (2001): Hooliganismus in Deutschland: Ursachen, Entwicklung, Prävention und Intervention. Berlin: Bundesministerium des Innern

Lück, M. et al. (Hrsg.) (2005): Psychobiologische Grundlagen aggressiven und gewalttätigen Handelns. Oldenburg

Lüders, Ch. (2000): „Wenn zwei das Gleiche tun, ist es noch lange nicht dasselbe." Kind Jugend Gesellschaft. Zeitschrift für Jugendschutz 45, 3, 73–76

Mansel, J. (2000): Determinanten für Gewaltbereitschaft und Gewalt im Jugendalter. Journal für Konflikt- und Gewaltforschung 1, 70–96

McBurnett, K. et al. (2000): Low Salivary Cortisol and Persistent Aggression in Boys Referred for Disruptive Behavior. Archives of General Psychiatry 57, 1, S. 38–43

Medina, J. (2002): Am Tor zur Hölle. Die Biologie der sieben Todsünden. Heidelberg

merkur-online.de (2008): Experten einig über Bau von geschlossenem Heim. http://www.merkur-online.de/regionen/mstadt/Jugendgewalt-Heim-Kriminalitaet-;art8828,890634, 15.2.2008, 26.7.2008

Moffitt, T.E. (2003): Life-Course-Persistent and Adolescence-Limited Antisocial Behavior. A 10-Year Research Review and a Research Agenda. In: Lahey, B. B. et al. (eds.): Causes of Conduct Disorder and Juvenile Delinquency. New York, 49–75

Möller, K. (2002): Politische Programme zur pädagogischen und sozialarbeiterischen Bekämpfung von Rechtsextremismus und Gewalt – Aktuelle Ansätze und ihre Probleme aus der Praxisperspektive. Journal für Konflikt- und Gewaltforschung 4, 1, 74–100

Möller-Frommann, G. (2004): „Starke Eltern – Starke Kinder". Elternkurse des Deutschen Kinderschutzbundes. In: Landeskommission Berlin gegen Gewalt: Berliner Forum Gewaltprävention 19, 16–19

Neue Zürcher Zeitung (2008): 22-Jähriger an der Fasnacht zu Tode geprügelt, 4.2.2008

– (2008): Gewalttätige Jugendliche und widersprüchliche Studien, 6.2. 2008. www.nzz.ch/nachrichten/schweiz/gewalttaetige_jugendliche_und_widerspruechliche_studien_1.666727.html, 6.2.2008, 26.7.2008

Neumann, J., Frindte, W. (2001): Der biographische Verlauf als Wechselspiel von Ressourcenerweiterung und -einengung. In: Wahl, K. (Hrsg.): Fremdenfeindlichkeit, Antisemitismus, Rechtsextremismus. Drei Studien zu Tatverdächtigen und Tätern. Berlin, 251–267

Olweus, D. (1978): Aggression in the School. Bullies and Whipping Boys. Washington

– (1995): Gewalt in der Schule. Was Lehrer und Eltern wissen sollten – und tun können. Bern

ORF (2008): Hohe Jugendgewalt soll bekämpft werden, 17.4.2008. http://salzburg.orf.at/stories/268875, 26.7.2008

Papoušek, M. (2005): Baby schreit dauernd, isst nicht und schläft schlecht. Was dahinter steckt und wie man abhilft. In: MMW. Fortschritte der Medizin 147, 12, 208–214

Permien, H. (2000): Kinderdelinquenz: Wirksame Jugendhilfe oder Warten auf die Justiz? Forum Erziehungshilfen 6, 2, 88–95

–, Zink, G. (1998): Endstation Straße? Straßenkarrieren aus der Sicht von Jugendlichen. München

Petermann, F. et al. (1999): Sozialtraining in der Schule. Weinheim

Peucker, Ch. et al. (2003): Die Sicht der Polizei: Strukturanalyse fremdenfeindlicher, rechtsextremer und antisemitischer Tatverdächtiger. In: Wahl, K. (Hrsg.): Skinheads, Neonazis, Mitläufer. Täterstudien und Prävention. Opladen, 207–258

Pfeiffer, Ch., Wetzels, P. (2001): Zur Struktur und Entwicklung der Jugendgewalt in Deutschland: Ein Thesenpapier auf Basis aktueller Forschungsbefunde. In: Oerter, R., Höfling, S. (Hrsg.): Mitwirkung und Teilhabe von Kindern und Jugendlichen. München, 108–141

Pingel, A., Rieker, P. (2002): Pädagogik mit rechtsextrem orientierten Jugendlichen. Ansätze und Erfahrungen in der Jugendarbeit. Leipzig

Pnp.de (2008): Gekuschelt wird hier nicht. (Passauer Neue Presse 22.1.2008)

Richter, M. et al. (2007): Bullying, psychosoziale Gesundheit und Risikoverhalten im Jugendalter. Gesundheitswesen 69, 475–482

Rommelspacher, B. (1991): Rechtsextreme als Opfer der Risikogesellschaft – zur Täterentlastung in den Sozialwissenschaften. „1999“, 6, 4–15; 75–87

Roth, G. (2008): Sind wir alle Mörder? Biopsychologische Grundlagen normaler und krankhafter Gewalt. Vortrag auf der Tagung „Extreme Gewalt". Berlin-Brandenburgische Akademie der Wissenschaften. Berlin 19.5.2008

Rucht, D. (Hrsg.) (2003): Berlin, 1. Mai 2002 – Politische Demonstrationsrituale. Leverkusen

Rutter, M. L. (1997): Nature-Nurture Integration. The Example of Antisocial Behavior. American Psychologist 52, 4, 390–398

Sanders, M. R. et al. (2000): Triple P – Positive Parenting Program: A Comparison of Enhanced, Standard, and Self-Directed Behavioral Family Intervention for Parents of Children with Early Onset Conduct Problems. Journal of Consulting and Clinical Psychology 68, 624–640

Sann, A., Thrum, K. (2005): Opstapje – Schritt für Schritt. Abschlussbericht des Modellprojekts. München

Scarr, S. (1992): Developmental Theories for the 1990: Development and Individual Differences. Child Development 63, 1–19

Scheithauer, H. et al. (2007): Gewalt an Schulen am Beispiel von Bullying. Zeitschrift für Sozialpsychologie 38, 3, 141–152

Schlack, R., Hölling, H. (2007): Gewalterfahrungen von Kindern und Jugendlichen im subjektiven Selbstbericht. Erste Ergebnisse aus dem Kinder- und Jugendgesundheitssurvey (KiGGS) Bundesgesundheitsblatt – Gesundheitsforschung – Gesundheitsschutz 50, 5-6, 819–826

Schlögl, G. (2008): Grundlos angepöbelt. Die Nürnberger Polizei über kriminelle Jugendliche. Nürnberger Nachrichten, 15.1.2008

Schmeck, K., Poustka, F. (2000): Biologische Grundlagen von impulsiv-aggressivem Verhalten. Kindheit und Entwicklung 9, 1, 3–13

Schmidtke, A. et al. (2002): Imitation von Amok und Amok-Suizid. Suizidprophylaxe 29, 97–106

Schneider, K. (2004): Qualitätskriterien zur Förderung sozialer und kognitiver Kompetenz von Kindern unter drei Jahren. Vortrag 12.11.2004. www.beta-diakonie.de/cms/041112_Schneider.pdf, 18.4.2008

Schopenhauer, A. (1946): Sämtliche Werke, Bd. 5. Wiesbaden

Schubarth, W., Melzer, W. (1994): Gewalt an Schulen. Ergebnisse einer Schulleiterbefragung zum abweichenden Verhalten an Schulen in Sachsen. Dresden

Schwarzhans, F. et al. (2001): Streit-Training. Faires Streiten lernen in der Grundschule. Weinheim

Schweizerische Kriminalprävention (SKP) (2008): Detailkonzept „Maßnahmenplan 2008 Jugend und Gewalt". Neuchâtel. www.skppsc.ch/1/downloads/de/Massnahmen_JG_D.pdf, 26.7.2008

Schwind, H.-D., Baumann, J. et al. (Hrsg.) (1990): Ursachen, Prävention und Kontrolle von Gewalt. 4 Bände. Berlin

Selg, H. et al.. (1988): Psychologie der Aggressivität. Göttingen

Shell Deutschland Holding (Hrsg.) (2006): Jugend 2006. Eine pragmatische Generation unter Druck. (15. Shell Jugendstudie). Frankfurt am Main

Sherman, L. W. et al. (1997): Preventing Crime. A Report to the United States Congress, Prepared for the National Institute of Justice. Washington, D. C.

Silkenbeumer, M. (2007): Biografische Selbstentwürfe und Weiblichkeitskonzepte aggressiver Mädchen und junger Frauen. Berlin

Sommerfeld, V. (2007): Strategien der Gewaltprävention im Bereich der Kindertageseinrichtungen. In: Arbeitsstelle Kinder- und Jugendkriminalitätsprävention am Deutschen Jugendinstitut (Hrsg.) (2007): Strategien der Gewaltprävention im Kindes- und Jugendalter. Eine Zwischenbilanz in sechs Handlungsfeldern. München, 74–103

Spröber, N. (2006): ProACT + E - Entwicklung und Evaluation eines Mehrebenen-Programms zur Prävention von „Bullying“ an weiterführenden Schulen und zur Förderung der positiven Entwicklung von Schülern. Dissertation, Universität Tübingen

Statistisches Bundesamt (Hg.) (2006): Datenreport 2006, Auszug aus Teil II. https://www-ec.destatis.de/csp/shop/sfg/bpm.html.cms.cBroker.cls?CSPCHD=0000000100003to0iRrh000000s3ygTeC7P1R8QTNzhu5Cdg-&cmspath=struktur,vollanzeige.csp&ID=1019108, 18.4.2008

– (2007): Bevölkerung mit Migrationshintergrund. Ergebnisse des Mikrozensus 2005. Fachserie 1 Reihe 2.2. Bevölkerung und Erwerbstätigkeit. Wiesbaden

– (2007): Kinder und Jugendhilfe. www.destatis.de/jetspeed/portal/cms/Sites/destatis/Internet/DE/Presse/pm/2007/11/PD07_474_225.psml, 18.4.2008

– (2008 a): Pressemeldung Nr. 31 vom 23.01.2008. www.destatis.de/jetspeed/portal/cms/Sites/destatis/Internet/DE/Presse/pm/2008/01/PD08_031_225,templateId=renderPrint.psml, 18.4.2008

– (2008 b): Pressemeldung Nr. 38 vom 30.01.2008. www.destatis.de/jetspeed/portal/cms/Sites/destatis/Internet/DE/Presse/pm/2008/01/PD08_038_225,templateId=renderPrint.psml, 18.4.2008

Steffen, W. (1999): Delinquenz strafunmündiger Kinder. In: Arbeitsstelle Kinder- und Jugendkriminalitätsprävention am Deutschen Jugendinstitut und Bundesjugendkuratorium (Hrsg.): Der Mythos der Monsterkids. Strafunmündige „Mehrfach- und Intensivtäter.“ München, 5–14

– (2003): Mehrfach- und Intensivtäter: Aktuelle Erkenntnisse und Strategien aus dem Blickwinkel der Polizei. Zeitschrift für Jugendkriminalitätsrecht und Jugendhilfe, 2, 152–158

– Hepp, R. (2007): Strategien polizeilicher Gewaltprävention im Kindes- und Jugendalter. In: Arbeitsstelle Kinder- und Jugendkriminalitätsprävention am Deutschen Jugendinstitut (Hrsg.): Strategien der Gewaltprävention im Kindes- und Jugendalter. Eine Zwischenbilanz in sechs Handlungsfeldern. München, 169–195

stern.de (2006): Das Tagebuch des Sebastian B. http://www.stern.de/politik/panorama/:Amoklauf-Emsdetten-/577024.html?p=4&postid=4, 22.11.2006

Strüber, D. et al. (2008): Sex, Aggression and Impulse Control: An Integrative Account. In: Neurocase 14, 1, S. 93-121

Sturzbecher, D., Großmann, H. (2003): Soziale Partizipation im Vor- und Grundschulalter. München.

Tedeschi, J. T. (2002): Die Sozialpsychologie von Aggression und Gewalt. In: Heitmeyer, W., Hagan, J. (Hrsg.): Internationales Handbuch der Gewaltforschung. Wiesbaden, 573–597

The New York City Police Department (2007): Radicalization in the West: The Homegrown Threat. New York

Thomas, A., Chess, St. (1977): Temperament and Development. New York

Tietze, W. (Hrsg.) (1998): Wie gut sind unsere Kindergärten? Eine Untersuchung zur pädagogischen Qualität in deutschen Kindergärten. Neuwied

–, Viernickel, S. (Hrsg.) (2002): Pädagogische Qualität in Tageseinrichtungen für Kinder. Ein Nationaler Kriterienkatalog. Berlin

Tillmann, K.-J. (1994): Gewalt in der Schule. Was sagt die erziehungswissenschaftliche Forschung dazu? Recht der Jugend und des Bildungswesens 42, 2, 163–172

Time (2008): Unhappy, Unloved and Out of Control. 7.4.2008

Tramitz, Ch. (2003): Licht in ein Forschungsdefizit: Emotionen fremdenfeindlicher Gewalttäter. In: Wahl, K. (Hrsg.): Skinheads, Neonazis, Mitläufer. Täterstudien und Prävention. Opladen, 144–170

Tremblay, R. E. (2000): The Development of Aggressive Behavior During Childhood: What Have We Learned in the Past Century? International Journal of Behavior Development 24, 2, 129–141

– (2003): Why Socialization Fails. The Case of Chronic Physical Aggression. In: Lahey, B. et al. (eds.): Causes of Conduct Disorder and Juvenile Delinquency. New York, 182–224

Trivers, R. L. (1972): Parental Investment and Sexual Selection. In: Campbell, B. (ed.): Sexual Selection and The Descent of Man. Chicago, 136–179

Tschöpe-Scheffler, S. (Hrsg.) (2005): Konzepte der Elternbildung – eine kritische Übersicht. Opladen

Van den Oord, E. J. C. G. et al. (1994): A study of problem behaviors in

10- to 15-year-old biologically related and unrelated international adoptees. Behavior Genetics 24, 193–205
– (2000): A Study of Genetic and Environmental Effects on the Co-Occurence of Problem Behaviors in Three-Year-Old Twins. Journal of Abnormal Psychology 109, 3, 360–372
Varisco, R. (2000): Drug Abuse and Conduct Disorder Linked to Maternal Smoking During Pregnancy. NIDA Notes 15, 5
Viehmann, H. (2007): Strategien der Gewaltprävention im Rahmen des Jugendkriminalrechts. In: Arbeitsstelle Kinder- und Jugendkriminalitätsprävention am Deutschen Jugendinstitut (Hrsg.): Strategien der Gewaltprävention im Kindes- und Jugendalter. Eine Zwischenbilanz in sechs Handlungsfeldern. München, 206–229
Vitaro, F. et al. (2006): Do Early Difficult Temperament and Harsh Parenting Differentially Predict Reactive and Proactive Aggression? Journal of Abnormal Child Psychology 34, 5, 685–695
Wahl, K. (1989): Die Modernisierungsfalle. Gesellschaft, Selbstbewußtsein und Gewalt. Frankfurt am Main
– (1995): Fremdenfeindlichkeit, Rechtsextremismus, Gewalt. Eine Synopse wissenschaftlicher Untersuchungen und Erklärungsansätze. In: Deutsches Jugendinstitut (Hrsg.): Gewalt gegen Fremde. Rechtsradikale, Skinheads und Mitläufer. Zweite aktualisierte Auflage, München, 11–74
– (2007): Vertragen oder schlagen? Biografien jugendlicher Gewalttäter als Schlüssel für eine Erziehung zur Toleranz in Familie, Kindergarten und Schule. Berlin
– (Hrsg.) (2001): Fremdenfeindlichkeit, Antisemitismus, Rechtsextremismus. Drei Studien zu Tatverdächtigen und Tätern. Berlin
– (Hrsg.) (2003): Skinheads, Neonazis, Mitläufer. Täterstudien und Prävention. Opladen
– et al. (2001): Fremdenfeindlichkeit. Auf den Spuren extremer Emotionen. Eine interdisziplinäre Untersuchung. Opladen
– et al. (2005): Entwicklungs- und Sozialisationsbedingungen für Toleranz. In: Bertelsmann Stiftung, Bertelsmann Forschungsgruppe Politik (Hrsg.): Strategien gegen Rechtsextremismus. Bd. 1: Ergebnisse der Recherche. Gütersloh
–, Hees, K. (Hrsg.) (2007): Helfen „Super Nanny“ und Co.? Ratlose Eltern – Herausforderung für Elternbildung. Berlin
Waldmann, P. (2005): Islamistischer Terrorismus: Ideologie, Organisation und Unterstützungspotenzial. In: Bundeskriminalamt (Hrsg.): Netzwerke des Terrors – Netzwerke gegen den Terror. Wiesbaden 31–44
Walper, S. (2007): Was die Wissenschaft über Erziehung weiß. In: Wahl, K. , Hees, K. (Hrsg.): Helfen „Super Nanny“ und Co.? Berlin, 22–31

Weidner, J. (1993): Anti-Aggressivitäts-Training für Gewalttäter. Bonn.
Werner, E. E., Smith, R. S. (1989): Vulnerable but Invincible. A Longitudinal Study of Resilient Children and Youth. New York
– (2001): Journeys from Childhood to Midlife. Risk, Resilience, and Recovery. Ithaca
Wustmann, C. (2003): Was Kinder stärkt. Ergebnisse der Resilienzforschung und ihre Bedeutung für die pädagogische Praxis. In: Fthenakis, W. E. (Hg.): Elementarpädagogik nach PISA. Wie aus Kindertagesstätten Bildungseinrichtungen werden können. Freiburg, 106–135
Zimmermann, P. (2002): Bindungsentwicklung von der frühen Kindheit bis zum Jugendalter und ihre Bedeutung für den Umgang mit Freundschaftsbeziehungen. In: Spangler, G., Zimmermann, P. (Hrsg.): Die Bindungstheorie. Grundlagen, Forschung und Anwendung. Stuttgart, 203–231
Zwenger-Balink, B. (2004): Komm, wir finden eine Lösung! Training zur Gewaltprävention mit Grundschulkindern. München
Zoccolillo, M. et al. (2005): The Intergenerational Transmission of Aggression and Antisocial Behavior. In: Tremblay, R. E., Hartup, W. W., Archer, J. (eds.): Developmental Origins of Aggression. New York, 353–375

Sachregister